युग निर्माता
जे.आर.डी.टाटा

युग निर्माता
जे.आर.डी.टाटा

बख्तियार के. दादाभाई

प्रभात
प्रकाशन

प्रकाशक • **प्रभात प्रकाशन प्रा. लि.**
4/19 आसफ अली रोड,
नई दिल्ली–110002

संस्करण • 2026
मूल्य • चार सौ रुपए
मुद्रक • आर–टेक ऑफसेट प्रिंटर्स, दिल्ली

YUG NIRMATA J.R.D. TATA
by Shri Bhakhtiar K. Dadabhai ₹ 400.00
Published by Prabhat Prakashan Pvt. Ltd., 4/19 Asaf Ali Road, New Delhi-2
e-mail: prabhatbooks@gmail.com ISBN 978-81-7315-698-4

मेरे दादा दादाभाई मेहरवनजी दादाभाई
और मेरी दादी दिनबाई बुरजोर तानावल्ला
की स्मृति में।

आभार

मैं जे.आर.डी. टाटा के प्राधिकृत जीवनी लेखक आर.एम. लाला का अत्यधिक आभारी हूँ कि उन्होंने उनके जीवन से संबंधित संकलित कार्य को इस पुस्तक में प्रस्तुत करने की अनुमति प्रदान की। उनकी सहायता के बिना इस पुस्तक को अस्तित्व में लाना संभव न था। मैं जे.आर.डी. के करीबी मित्र और 'एयरक्राफ्ट ऐंड इंजिन परफेक्ट' के लेखक श्री मुराद फैज़ी का भी अनुगृहीत हूँ, जिन्होंने संबंधित पांडुलिपियों के हवाले से मूल्यवान् सुझाव दिए। मैं टाटा केंद्रीय पुरातत्त्व, पुणे की इस महत्त्वपूर्ण भूमिका के प्रति अपना आभार प्रकट करता हूँ कि उन्होंने इस पुस्तक में प्रकाशित छाया प्रतियों को उपलब्ध कराने का मार्ग प्रशस्त किया। इस अनुक्रम में एच. रघुनाथ और फ्रेनी श्रॉफ का योगदान विशेष रूप से उल्लेखनीय है, जिसके लिए मैं उन दोनों का ऋणी रहूँगा। मैं एयर वाइस मार्शल (सेवानिवृत्त) श्री इराच लाला को भी धन्यवाद देना चाहूँगा, जिन्होंने इस पुस्तक के प्रयोगार्थ निजी फोटोग्राफों के संकलन को सहृदयतापूर्वक उपलब्ध कराया।

अंततः अपनी बहन तुशना कोतवाल और बहनोई फिरोज के प्रति दिल की गहराई से आभार व्यक्त करता हूँ, जिन्होंने पुणे स्थित अपने घर में प्रवास के दौरान मेरे इस शोध कार्य में भरपूर मदद की और साथ ही मैं अपने भतीजे नवरोज का शुक्रगुजार हूँ, जिन्होंने इस कार्य के प्रयोजनार्थ निर्बाध व सुचारु संचालन में एक संदेशवाहक, कूरियर और जटिल कार्य-निष्पादक के रूप में महत्त्वपूर्ण भूमिका अदा की। (तथापि वे भरपूर आवाज के साथ आश्चर्य व हैरानी प्रदर्शित करते रहते थे कि क्या कोई मेरे द्वारा लिखित इस पुस्तक को प्रकाशित कर पाएगा।)

सूची-क्रम

1

एक युग का प्रारंभ

15 अक्तूबर, 1932 को सफेद पाजामे और छोटी आस्तीनोंवाली सफेद कमीज पहने हुए दुबला-पतला एक युवक दक्षिण दिशा की ओर अहमदाबाद के मार्ग से बंबई जाने के लिए ड्रिग रोड एयरपोर्ट, कराची से उड़ान भरता है। उसके पास केवल धूपवाला चश्मा और एक स्लाइड रूल है। कराची नगरपालिका के मुख्य अधिकारी और पोस्टमास्टर उस छोटे से दल का एक हिस्सा हैं, जो उन्हें वहाँ विदाई देने के लिए एकत्र हुआ है। सुबह के 6.35 बजे हैं। यह एक पुराना पस मॉथ वायुयान है। कुछ घंटों के बाद यह छोटा वायुयान जमीन पर उतरता है। दोपहर के 1.50 बजे हैं और स्थान है बंबई का जुहू हवाई अड्डा। यान के कार्गो में 55 पाउंड वजनी डाक मौजूद है। यह भारत की पहली वायु डाक प्रक्रिया की एक सफल गाथा है। यह एक ऐतिहासिक क्षण है, चूँकि भारत में नागर विमानन प्रक्रिया इन्हीं मामूली शुरुआतों की ऋणी है।

समय तेजी से अपने गंतव्य की ओर सफर करता रहा, यहाँ तक कि उषा-काल के क्षितिज पर 18 अप्रैल, 1971 की तारीख परिलक्षित हो उठी। स्थान-सांताक्रूज हवाई अड्डा। सुबह के 8.20 बजे हैं। भारतीय वायुसेना के दो मिग-21 लड़ाकू विमानों की अभिरक्षा में चमचमाते लाल और सफेद रंगों का एक शानदार बोइंग-747 प्रात:काल के आसमान पर प्रकट होता है। एक दुबला-पतला, अपने शरीर को बिलकुल सीधे किए हुए चमकदार आँखोंवाला साठ वर्षीय व्यक्ति गण्यमान्य लोगों को संबोधित करने के लिए अपनी जगह से उठता है। यह व्यक्ति उस एयरलाइन का अध्यक्ष है, जो अपने बेड़े में पहली बार जंबो जेट को शामिल कर

रहा है। उस व्यक्ति के लिए यह एक यादगार क्षण है, चूँकि वह इस प्रथम उड़ान का पायलट भी है। उसका नाम जहाँगीर रतनजी दादाभाई टाटा है, जिसे लोग 'जे.आर.डी.' के नाम से जानते हैं और उसके दोस्त व संबंधी उसे प्रेम से 'जेह' कहकर पुकारते हैं। एयरलाइन का नाम एयर इंडिया इंटरनेशनल है।

□

2

विरासत

जहाँगीर रतनजी दादाभाई टाटा (जे.आर.डी.) 29 जुलाई, 1904 को पेरिस में जनमे थे। वे रतनजी दादाभाई टाटा (आर.डी.) और उनकी फ्रांसीसी पत्नी सुजाने (बाद का नाम सूनी) की पाँच संतानों में दूसरे नंबर पर थे। जे.आर.डी. के पिता रतनजी दादाभाई टाटा दादाभाई टाटा के पुत्र थे, जो नुशेरवनजी टाटा के बहनोई होने के साथ-साथ टाटा घराने के सुविख्यात संस्थापक जमशेदजी नुशेरवनजी टाटा के दूर के संबंधी भी थे। जमशेदजी नुशेरवनजी टाटा ने सन् 1887 में टाटा ऐंड संस की स्थापना की थी और अपने सबसे बड़े बेटे दोराब तथा छोटे चचेरे भाई रतनजी दादाभाई टाटा को अपने कारोबार में भागीदार बनाया था। रतनजी दादाभाई टाटा ही जे.आर.डी. के पिता थे। टाटा घराने की कहानी जमशेदजी नुशेरवनजी टाटा के साथ शुरू होती है। यह दृष्टिकोण अपने आप में प्रासंगिक एवं जिज्ञासापूर्ण होगा कि भारत के इस सबसे पुराने और सर्वाधिक सम्मानित औद्योगिक घराने के इस प्रख्यात संस्थापक की जिंदगी का निकट से अवलोकन किया जाए।

जमशेदजी नुशेरवनजी टाटा नवसारी, गुजरात के पारसी पुजारियों के परिवार में सन् 1839 में जनमे थे। वे 14 वर्ष की आयु में बंबई आए, जहाँ उन्होंने 17 वर्ष की आयु में एलफिंस्टन कॉलेज में दाखिला लिया। यहाँ से उन्होंने कुछ वर्षों बाद ग्रीन स्कॉलर (उस समय स्नातक के समकक्ष) की परीक्षा उत्तीर्ण की। सन् 1868 में सुदूर पूर्व और यूरोप में व्यापारिक गतिविधियों में व्यस्त रहने के बाद उन्होंने 21,000 रुपए की पूँजी से एक निजी ट्रेडिंग फर्म प्रारंभ की। उस समय अबीसीनिया में जनरल नेपियर की युद्धरत सेना को आवश्यक वस्तुओं की आपूर्ति करने संबंधी

आकर्षक करार होने पर उन्होंने इतना धन कमाया कि उनके लिए टेक्सटाइल के क्षेत्र में पदार्पण करना आसान हो गया। सन् 1874 में उन्होंने 15 लाख रुपए की लागत से सेंट्रल इंडिया स्पिनिंग वेविंग ऐंड मैन्युफेक्चरिंग कंपनी की बुनियाद डाली। यह रकम उन्होंने और उनके दोस्तों ने मिलकर एकत्रित की थी।

1 जनवरी, 1877 को जब महारानी विक्टोरिया औपचारिक रूप से भारत की सम्राज्ञी घोषित की गईं, उसी दिन नागपुर में एंप्रेस मिल का उद्घाटन किया गया। अपने जमाने से काफी आगे बढ़कर जमशेदजी ने सन् 1886 में अपने मिल कामगारों के लिए एक पेंशन निधि कायम की और सन् 1895 में उन्होंने दुर्घटना मुआवजा व्यवस्था की बुनियाद रखी। उन्हें पूर्ण विश्वास था कि भारत की अधिकतर निर्धनता सुअवसर प्राप्त न होने के कारण है। इस तथ्य को ध्यान में रखते हुए उन्होंने सन् 1892 में प्रतिभावान् भारतीय युवकों के लिए उच्चतर शिक्षा हेतु जे.एन. टाटा एंडॉमेंट की स्थापना की। भारत में कुछ श्रेष्ठतम व्यावसायिक टाटा स्कॉलर ही हैं।

जमशेदजी को विश्वास था कि औद्योगिक प्रगति के लिए अनुसंधान संयोजित तीन आधारभूत संघटक जैसे—स्टील, हाइड्रो-इलेक्ट्रिक पावर और तकनीकी शिक्षा सर्वाधिक आवश्यक हैं। सन् 1896 में उन्होंने विज्ञान विश्वविद्यालय स्थापित करने के प्रयोजनार्थ ब्रिटिश सरकार को अपनी आधी दौलत दे दी थी, जिसमें उनकी चौदह इमारतें और चार जमीनों के प्लॉट शामिल थे, जिनकी कीमत 30 लाख रुपए थी। अपने जीवन के पिछले आठ वर्षों से वे ब्रिटिश सरकार को समझाने की नाकाम कोशिश करते रहे थे कि सरकार उनके द्वारा प्रदत्त उपहार के बराबर योगदान देते हुए विश्वविद्यालय खोलने संबंधी अधिनियम पारित करे। लॉर्ड कर्जन, जो सन् 1899 में भारत आए थे, को यह गलतफहमी थी कि इसके माध्यम से जमशेदजी का उद्देश्य अपनी नवाबी शान-शौकत को प्रदर्शित करना है। अतएव उन्होंने इस योजना को अनुमोदित करने में विलंब किया। मई 1904 में जमशेदजी की मृत्यु के केवल एक वर्ष बाद ही लॉर्ड कर्जन ने विज्ञान विश्वविद्यालय से संबंधित योजना पर इस शर्त के साथ अपनी सहमति प्रदान कर दी कि उसमें सरकार और जमशेदजी बराबर के हिस्सेदार होंगे। इस प्रकार बंगलौर में भारतीय विज्ञान संस्थान अस्तित्व में आया, जो अगली आधी शताब्दी तक वैज्ञानिक एवं प्रौद्योगिकी मानव शक्ति की आधारशिला बना रहा। (स्वामी विवेकानंद सन् 1893 में अपनी अमेरिका यात्रा के दौरान 'एंप्रेस ऑफ इंडिया' नामक जलयान में जमशेदजी के साथी थे। टाटा घराने के संस्थापक स्वामीजी के आत्मबोध से बहुत प्रभावित थे। बाद में स्वामीजी ने बंगलौर में भारतीय विज्ञान संस्थान को स्थापित करने में

जमशेदजी की सहायत्ता की।)

भारत का पहला स्टील संयंत्र स्थापित करने के बारे में जमशेदजी का सपना 16 फरवरी, 1912 को उस समय साकार हुआ, जब साकची संयंत्र की लाइनों पर पहली बार स्टील का कैनवस बिछा हुआ नजर आया। अगले एक दशक में टाटा कंपनी ने प्रथम विश्व युद्ध के दौरान मेसोपोटामिया, मिस्र, फिलिस्तीन और उत्तरी अफ्रीका को 1,500 मील लंबे स्टील के रेल पथ निर्यात किए। उस समय के वायसराय लॉर्ड चेम्सफोर्ड ने वर्ष 1919 में उनके सहयोग के प्रति अपना आभार व्यक्त करते हुए आदेश दिया था कि आगे से साकची को जमशेदपुर के नाम से जाना जाए।

जमशेदजी ने अपने पहले बेटे दोराब और युवा आर.डी. को भागीदार बनाते हुए सन् 1887 में टाटा ऐंड संस की स्थापना की थी। वे नागपुर में टेक्सटाइल कारोबार को संचालित करने संबंधी रतनजी की योग्यताओं से इतने प्रभावित थे कि उन्होंने जब 13 वर्ष के बाद टाटा ऐंड संस की स्थापना की तो रतनजी को उसमें भागीदार बनाने का निर्णय लिया। आर.डी. सन् 1856 में नवसारी में पैदा हुए थे। काफी वर्षों बाद जे.आर.डी. द्वारा दिए गए एक साक्षात्कार के सर्वाधिक संभाव्य मंतव्य के अनुसार उन्हें एक निर्धन परिवार से गोद लिया गया था। मुंबई (तत्कालीन बंबई) में एलफिंस्टन कॉलेज से स्नातक की उपाधि प्राप्त करने के उपरांत आर.डी. ने सुदूर पूर्व में अपने परंपरागत व्यापार में शामिल होने से पूर्व मद्रास में कृषि विषय पर भी एक पाठ्यक्रम पूरा किया था। उन्होंने इस दौरान हांगकांग में अपना समय व्यतीत किया, जहाँ से चीन से रेशम का आयात करके उसे भारत भेजा। वहाँ से उन्होंने बर्मा से चावल का आयात करके उसे सुदूर पूर्व के देशों में भेजा। उन्होंने कोबे और दूरस्थ न्यूयार्क में भी अपनी व्यापारिक शाखाएँ खोलीं।

आर.डी. का विवाह छोटी सी उम्र में बनाजी परिवार की एक लड़की से हुआ था, जो अपने पाणिग्रहण के शीघ्र बाद ही संतानहीन स्थिति में स्वर्ग सिधार गई। वे 40 वर्ष के मध्य तक विधुर रहे। तब पेरिस में फ्रांसीसी भाषा के अध्यापक की 20 वर्षीया सुंदर पुत्री सुजाने ब्रायर के रूप में भाग्य ने उनके जीवन में हस्तक्षेप किया। आर.डी. मोतियों और रेशम का व्यापार करने की प्रत्याशा में पेरिस गए थे। 46 वर्षीय रतनजी ने स्वीकार किया था कि वे सुजाने के सौंदर्य पर मुग्ध हो चुके थे। उन्होंने इस विवाह के लिए अपने पितामह जमशेदजी से अनुमति माँगी। उस जमाने में पारसी समुदाय के बाहर विवाह करने पर जबरदस्त पाबंदी थी और उन्हें उम्मीद नहीं थी कि वे इस दिशा में सफल हो जाएँगे, तथापि व्यापार जगत् के

दूरगामी द्रष्टा जमशेदजी ने सिद्ध कर दिया कि वे सामाजिक दृष्टिकोण से भी प्रगति-पथ की ओर अग्रसर हैं। उनकी सहर्ष सहमति के बाद सन् 1902 में पेरिस में रतनजी और सुजाने का विवाह हो गया।

विवाह के फौरन बाद आर.डी. ने अपनी पत्नी का पारसी नाम 'सूनी' रखा। सूनी एक अच्छी बावर्ची भी थीं। वे पेस्ट्री बहुत अच्छी बनाती थीं। सतर्क और चौकस मस्तिष्क के साथ हर समय हाजिर जवाब रहती थीं। उनके बाल सुनहरे और आँखें नीली थीं। वे कपड़े बहुत अच्छे सिलती थीं। भारत आने के छह माह के भीतर उन्होंने गुजराती भाषा सीख ली थी। यह स्पष्ट है कि आर.डी. ने अपनी पत्नी के चयन में बड़े विवेक और दूरदृष्टि से काम लिया था।

इस विवाह से बंबई में सनसनी जैसी फैल गई थी, क्योंकि आर.डी. ने न केवल समुदाय के बाहर विवाह किया था अपितु उन्होंने अपनी पत्नी को पारसी धर्म में शामिल करने संबंधी क्रांतिकारी कदम भी उठाया था। उनके विवाह के समय उत्पन्न हंगामे की गूँज 90 साल के अंतराल में उनके देहावसान के बाद आज भी कायम है। जब जे.आर.डी. के जीवनी लेखक आर.एम. लाला ने उनसे पूछा कि क्या इस घटना से उनके दृष्टिकोण में पारसियों के प्रति कोई बदलाव आया है, तो उन्होंने जवाब दिया था, ''मैं ऐसा नहीं समझता।'' अपने संपूर्ण जीवन काल में जे.आर.डी. पारसी धर्म सहित संगठित मजहब के खिलाफ रहे। उन्होंने पुजारियों द्वारा सृजित धर्म के बाहरी दिखावे का विरोध किया था। उनका विचार था कि ये सब बातें विखंडन और पिछड़ेपन को जन्म देती हैं। जे.आर.डी. रूढ़िवादी पारसियों के इस दृष्टिकोण के भी विरुद्ध थे कि समुदाय से बाहर विवाह करनेवाली पारसी लड़कियों के बच्चों को पारसी मजहब के दायरे में शामिल न किया जाए। यह एक ऐसा अत्यधिक विवादास्पद व अनन्य विषय था, जो पारसी लोगों के बीच भावनात्मक हलचल पैदा कर देता है। जे.आर.डी. का धर्मनिरपेक्ष और राष्ट्रीय दृष्टिकोण उस समय बिलकुल स्पष्ट हो गया था, जब उन्होंने बंबई में आयोजित पारसी पंचायत में यह कहा था, ''मैं एक भारतीय हूँ और मुझे पारसी होने पर गर्व है।''

जमशेदजी न केवल वैवाहिक अवसरों पर व्याख्यान देते थे अपितु किंगस्टन ऑन थेम्स पर होनेवाली नई शादियों का भी भरपूर आनंद उठाते थे। उक्त स्थान पारसियों का सबसे बड़ा मिलन-स्थल माना जाता था और इसे 'स्वेज नहर का पश्चिम' कहकर पुकारा जाता था। इत्तिफाक से यह जमशेदजी का अंतिम मिलन समारोह सिद्ध हुआ। वे मई 1904 में गंभीर रूप से बीमार पड़ गए और 19 मई,

1904 को जर्मनी के शहर बैडनॉहेम में उनका निधन हो गया। उनकी मृत्यु के समय दोराब और आर.डी. उनके पास ही बैठे हुए थे। यद्यपि उन दोनों के रिश्ते में कुछ तनाव व्याप्त था, तथापि जमशेदजी के लक्ष्य को प्राप्त करने के लिए उन्होंने मिलकर काम करने का निर्णय लिया। उनके सुयोग्य नेतृत्व में अगले आठ वर्षों के भीतर जमशेदजी के तीन सपने साकार हुए।

□

3

बचपन

जे. आर.डी. पेरिस में ओपेरा के बाईं ओर जानेवाले लंबे-चौड़े मार्ग रुई डी हालेवी पर स्थित दूसरे मकान में 29 जुलाई, 1904 को (जमशेदजी की मृत्यु के सत्तर दिन बाद) पैदा हुए थे। इसी वर्ष पाब्लो नेरुदा, ग्राहम ग्रीन, बिंग क्रॉसबी, मार्लिन डाइटरिच, एलेक्सी कॉसीगिन, लाल बहादुर शास्त्री (और लगभग आधी शताब्दी तक टाटा में उनके सहयोगी नवल टाटा) का भी जन्म हुआ था। यह वह वर्ष था जिसमें किंग कैंप जिलेट ने सेफ्टी रेजर ईजाद किया था और इसी वर्ष पनामा नहर का कार्य भी शुरू किया गया था ।

उनका नाम जहाँगीर यानी 'विश्व-विजेता' रख गया था । जे.आर.डी. को अपने प्रारंभिक बचपन की वह बात अच्छी तरह याद है, जब वे चार वर्ष के थे और नौकरानी को लात मारने के कारण पिता द्वारा उनकी पिटाई की गई थी। उन्होंने अपने इस दुर्व्यवहार का औचित्य यह कहकर प्रस्तुत किया था कि वह गरीब है (मैं तुम्हें पीट नहीं सकता, लात मार सकता हूँ, चूँकि तुम गरीब हो)। उनके जीवनी लेखक आर.एम.लाला कहते हैं कि वे दो महाद्वीपों की एक दिलचस्प पैदावार थे। उनकी शिक्षा-दीक्षा पेरिस, बंबई और योकोहामा के स्कूलों में हुई। उनकी शिक्षा में लगातार व्यवधान पड़ता रहा। पेरिस में उनकी शिक्षा कुछ वर्षों तक फ्रांसीसी माध्यम से हुई। वे बंबई में अंग्रेजी माध्यम से पढ़े । तदुपरांत एक बार फिर बंबई लौटने से पूर्व उनकी शिक्षा पेरिस में हुई। इस बीच उन्होंने दो वर्ष जापान में गुजारे। उनकी अधिकतर शिक्षा फ्रांस में हुई। जहाँगीर को सर्वाधिक समस्या सम्मिश्रित भाषाओं के कारण हुई, जो उन्हें विरासत में मिली थी।

जे.आर.डी. अपने गुजरे जमाने को याद करते हुए कहते थे कि जब मैंने पेरिस के स्कूल जॉनसन डी सेली में दाखिला लिया तब मैं बंबई स्थित कैथेड्रल स्कूल में अंग्रेजी की अपेक्षा फ्रांसीसी भाषा को बेहतर तौर पर समझता था। गणित और भौतिक-शास्त्र में उनकी रुचि थी। तथापि ब्रितानवी इतिहास सीखने में उनका मन नहीं लगता था। जे.आर.डी. को कैथेड्रल हाई स्कूल में गुजरी हुई बातों की यादें मुश्किल से आती थीं। उस समय की प्रचलित शिक्षा-प्रणाली से अप्रभावित रहकर उन्होंने दावा किया था कि वे शिक्षा की उस पद्धति से बहुत बोर होते हैं, जिससे उन्हें पढ़ाया जाता है। उन्हें शुरू से ही कारें और हवाई जहाज बहुत आकर्षित करते थे। उन्होंने विश्व के मानचित्र पर भारत में अपनी विमानन रुचि को साकार रूप दिया। उनकी बचपन की यादों से जुड़ी एक विडंबना यह थी कि उन्हें अधिकतर खानाबदोशी का जीवन जीना पड़ा। "मेरे मस्तिष्क पर जो अमिट छाप रही वह यह थी कि हम निरंतर एक स्थान से दूसरे स्थान तक जाते रहते थे और मेरी प्यारी सुसंस्कृत माँ को प्रत्येक दो या अधिक वर्षों में वैकल्पिक रूप से फ्रांस या भारत में नया मकान खोजना पड़ता था।"

इस बात से इनकार नहीं किया जा सकता कि उनका बचपन असाधारण था, जिसमें खानाबदोश जिंदगी का प्रभाव स्पष्ट था। उनके पिता अधिकतर घर से बाहर रहते थे और वे किसी एक मकान को अपना घर नहीं कह सकते थे। अलबत्ता फ्रांस के चैनल तट पर हार्डलॉट में एक ग्रीष्मकालीन आवास को वे अपना स्थायी घर कहने के हकदार थे। उन्हें कुछ ही महीनों में एक मकान से दूसरा मकान बदलना पड़ता था। उनके जीवन में उस समय कुछ स्थिरता आई, जब उन्होंने बंबई में रिज रोड, मलाबार हिल पर स्थित एक मकान लिया, जिसका नाम उन्होंने सूनी के नाम पर 'सुनीता' रखा। दुर्भाग्य से सूनी इस मकान की खुशियाँ पूरी तरह से प्राप्त करने के लिए ज्यादा समय के लिए जीवित नहीं और केवल 43 वर्ष की आयु में उन्होंने पेरिस में अपने प्राण त्याग दिए।

आर.डी. का विचार था कि उनका परिवार फ्रांस में ज्यादा सुखमय जीवन व्यतीत करता है, इसलिए उन्होंने अपने परिवार को वहीं रखा। सूनी निरंतर गुजराती लिपि में फ्रांसीसी भाषा का इस्तेमाल करते हुए अपनी संकेताक्षरोंवाली विशेष शैली में उन्हें पत्र लिखती थीं। शीघ्र ही उनके परिवार में वृंद्धि हुई। साइला और जहाँगीर के बाद उनके यहाँ सन् 1909 में एक बेटी रोदाबेह और सन् 1912 में एक बेटे दाराब ने जन्म लिया। सभी बच्चों का जन्म पेरिस में हुआ। तथापि जिमी (जमशेद), जो सबसे छोटे बेटे थे, बंबई में सन् 1916 में अपने समय से पहले ही

We are giving
A Little Party
on the occasion of Jehangir Birth
on Sunday 29 July at 4 o'clock.
CAN YOU COME?
From Jehanghir & Shylla Tata
To Mademoiselle Miny Patell
R.S.V.P.

जे.आर.डी. टाटा की जन्मदिन पार्टी का निमंत्रण-पत्र

इसलिए पैदा हो गए थे, चूँकि सूनी ताजमहल होटल की सीढ़ियों से गिर गई थीं। उन्हें ब्रेन हैमरेज हो जाता, अगर उन्हें समय पर चिकित्सा सुविधा प्राप्त न होती।

जब अगस्त 1914 में प्रथम विश्व युद्ध प्रारंभ हुआ तो उस समय आर.डी. बंबई में और सूनी पेरिस में थीं। बच्चे अपनी नानी के साथ छुट्टियों में स्विट्जरलैंड गए हुए थे। जे.आर.डी. के अनुसार उनकी नानी एक विकराल व्यक्तित्ववाली महिला थीं। जैसा कि जे.आर.डी. ने कई वर्षों के बाद आर.एम. लाला को बताया था, ''उनके नाना एक विनोदप्रिय व्यक्ति थे, किंतु कुछ समय उनके साथ रहने के बाद वे भले आदमी घर से भाग गए।'' उन्होंने बताया कि ''किसी भी व्यक्ति की मेरी नानी से शादी होती तो वह इसी प्रकार भाग जाता।'' संभवत: जे.आर.डी. को विनोदप्रिय स्वभाव अपने फ्रांसीसी नाना से मिला था। जब वे छुट्टियों से वापस लौटे तो उन्हें पता चला कि उनकी माँ ने पेरिस स्थित एक अमेरिकी अस्पताल में नर्स के रूप में अपनी स्वैच्छिक सेवाएँ प्रस्तुत कर दी थीं, तथापि अपने परिवार की देखभाल और इसके साथ नर्स के रूप में दोगुनी मेहनत ने अपना दुष्प्रभाव दिखाया,

जिसके फलस्वरूप सूनी को तपेदिक की बीमारी हो गई। जे.आर.डी. ने अपने परिवार को बंबई पहुँचने के लिए संदेश भेजा। लेकिन जब तक उनका परिवार उस जमाने के युद्धरत माहौल में फ्रांस से सुरक्षित भारत नहीं पहुँच गया, तब तक वे निरंतर बेचैन रहे। यह यात्रा बिना किसी अनहोनी के सकुशल संपन्न हुई।

सूनी के तपेदिक से प्रभावित फेफड़ों के लिए बंबई की आर्द्र जलवायु रास न आई। चूँकि आर.डी. के जापान के साथ अच्छे व्यापारिक संबंध थे और वहाँ की जलवायु भी उपयुक्त थी, इसलिए उन्होंने अपने परिवार को योकोहामा भेजने का निर्णय लिया, जहाँ उन्होंने सन् 1917 तक का समय गुजारने के साथ सन् 1918 के कुछ महीने भी व्यतीत किए। जे.आर.डी. की प्रारंभिक शिक्षा पेरिस के प्रसिद्ध लाइसी (हाई स्कूल) ऑफ जानसन डी सेली और बंबई के कैथेड्रल स्कूल में हुई थी। जानसन डी सेली उस स्थान के बहुत निकट था, जहाँ वे रहते थे। वे इसे पेरिस का एक बहुत अच्छा और महान् पब्लिक स्कूल कहते थे, तथापि वे यह भी कहते थे कि ब्रिटिश दृष्टिकोण के साथ यह वाक्य सही नहीं है। जे.आर.डी. अपने गुजरे हुए जमाने को याद करते हुए कहते थे कि वह किस प्रकार बहुत तेजी के साथ सीढ़ियों से नीचे उतरते थे। वह यह भी बताते थे कि किसी अज्ञात कारण से उनके अध्यापक उन्हें 'ला इजिप्शन' कहकर पुकारते थे। उन्होंने लेखन के प्रति भी अपनी कुछ प्रतिभा दिखाई और कहानी लेखन प्रतियोगिता में पुरस्कार जीता।

जे.आर.डी. एक नटखट व शरारती बालक थे। वे लोगों के साथ व्यावहारिक हास-परिहास किया करते थे। वे भोजन के मामले में बड़ा उपद्रव खड़ा कर देते थे। उनकी बहन रोदाबेह ने एक घटना को याद करते हुए बताया था कि एक बार उनकी इस आदत से क्षुब्ध होकर आर.डी. उन्हें सबक सिखाने के लिए डिनर टेबल पर अपनी कुरसी से खड़े हो गए थे और जे.आर.डी. मेज के चारों ओर दौड़ते हुए कह रहे थे, 'नो पापा, नो पापा'। इस बात की केवल कल्पना की जा सकती है कि उस समय से लेकर अब तक जे.आर.डी. व्यक्तित्व-निर्माण के कितने आयामों से गुजरकर इस स्थान पर पहुँचे होंगे। यह प्रक्रिया उनके संपूर्ण जीवन काल में अनवरत आगे बढ़ती रही। जे.आर.डी. को भोजन में कोई आनंद नहीं आता था। उनके लिए भोजन महज भोजन होता था। वे अकसर भूल जाया करते थे कि उन्होंने क्या खाया है। अलबत्ता झींगे खाना उनकी कमजोरी थी, जिसके कारण उनका पेट अकसर खराब हो जाता था। अपने आपको एक सामान्य युवा बताते हुए जे.आर.डी. कहते थे कि उन्हें खेल का बड़ा शौक था। वे यह भी स्वीकार करते थे कि वे शुरू में लड़कियों से शरमाते थे। जापान की ओर कूच

करने का मतलब यह था कि एक बार फिर नया स्कूल और नया वातावरण। उन्हें मसीही पादरियों द्वारा संचालित एक ऐसे अमेरिकी स्कूल में दाखिल कराया गया जहाँ के अध्यापकों ने एक मोटे यहूदी लड़के के साथ दुर्व्यवहार किया था, तथापि जे.आर.डी. ने आम धारणा से हटकर उस लड़के से दोस्ती की, चूँकि उस जमाने में अधिकांश अमेरिकी लड़के यहूदियों से नफरत करते थे।

उनका परिवार सन् 1918 तक जापान में रहा। प्रथम विश्व युद्ध लगभग समाप्त होने जा रहा था। इस दौरान जे.आर.डी. ने अपने परिवार को बंबई वापस लाने का निर्णय लिया। इसके लिए एक जापानी जलयान 'हीरानो मारू' में स्थान आरक्षित किए गए। इस यात्रा के दौरान 14 वर्षीय जे.आर.डी. ने जलयान के लाउंज से प्राप्त किए गए एक पुराने रेमिंग्टन टाइपराइटर से टंकण कार्य सीखते हुए अपने यात्रा समय को सार्थक रूप में गुजारा। यह वह विद्या थी, जो बाद में फ्रांस में कुछ वर्षों तक उनके काम आई। कोलंबो में जहाज से उतरने के बाद उनके परिवार ने वहाँ से बंबई के लिए दूसरा जहाज पकड़ा। बदनसीब हीरानो मारू ने अपनी यात्रा जारी रखी, पर इंग्लैंड के समुद्र के किनारे इसे टारपीडो द्वारा नष्ट कर दिया गया।

टाटा परिवार सन् 1919 में फ्रांस से उस समय वापस लौटा जब वारसा शांति सम्मेलन का आयोजन किया जा रहा था। जे.आर.डी. उस समय 15 वर्ष के थे। फ्रांस के प्रत्येक स्कूली छात्र की भाँति वे भी यह महसूस करते थे कि आलसेस लारेन का क्षेत्र फ्रांस का है। वारसा की संधि होने के बाद जब यह इलाका फ्रांस को वापस मिल गया तो उन्होंने अपनी भरपूर खुशी का इजहार किया था। □

4

एक नई आधारशिला

आर.डी. ने यह निर्णय लिया था कि उनके पास एक ऐसा मकान होना चाहिए, जहाँ उनका परिवार अपनी छुट्टियाँ गुजार सके। उन्होंने हार्डलॉट के नाम से विख्यात फ्रांस के चैनल तट पर स्थित एक नए बीच रिसॉर्ट को पसंद किया था। वहाँ उन्होंने एक विला खरीदा, जिसका नाम 'ला मेस्कोट' रखा। फ्रांस में युद्ध के बाद के समय में उनका परिवार हर ग्रीष्म ऋतु में हार्डलॉट के बीच रिसॉर्ट पर स्थित अपने मकान में जाया करता था। (हार्डलॉट क्लॉथ ऑफ गोल्ड के क्षेत्र में स्थित वह स्थान था, जहाँ सन् 1520 में इंग्लैंड के हैरी अष्टम और फ्रांस के फ्रांसिस प्रथम ने एक गठबंधन बनाने के प्रयोजनार्थ परस्पर मुलाकात की थी। दोनों ही शासक अपने साथ बड़े लाव-लश्कर लाए थे, इसलिए मुलाकात का यह स्थान बेमिसाल शान-शौकत और वैभव को अभिव्यक्त करता है। यद्यपि इसके राजनीतिक परिणाम नाम मात्र को ही सार्थक हुए थे।) बाद में आर.डी. ने एक रियल एस्टेट विकासकर्ता के रूप में कुछ और विलाओं व दुकानों को अपने मालिकाना हक में शामिल किया। वहाँ छुट्टियाँ गुजारने के दौरान जे.आर.डी. की मुलाकात प्रख्यात लुइस ब्लेरियट के पुत्र लुइस ब्लेरियट जूनियर से हुई, जिन्होंने सन् 1909 में चैनल के पार हवाई जहाज उड़ाकर विश्व ख्याति प्राप्त की थी। (उन्हें उस बात का भी गौरव प्राप्त था कि वे सेंड यार्टिंग के जनक थे।) ब्लेरियट उनके पड़ोसी थे और ला विला ब्लेरियट के अलावा उन्होंने टाटा होम के निकट बीच पर एक हैंगर भी बनाया था। यह वह स्थान था, जहाँ उनके निजी जहाज उतरा करते थे, जिन्हें देखकर वहाँ मौजूद लोग आश्चर्य से भर जाते थे। यही वह

समय था, जब जे.आर.डी. को जहाज उड़ाने का शौक हुआ। इसी शौक की बदौलत भारत विश्व के विमानन मानचित्र पर एक शक्ति बनकर उभरा।

टाटा परिवार समय-समय पर बीच हैंगर पर ब्लेरियट के जहाजों को उतरते हुए देखता था। इन जहाजों को ब्लेरियट ही नहीं, अपितु एडोल्फ पेगाउद भी उड़ाया करते थे। इन दोनों व्यक्तियों की गिनती प्रारंभिक पायलटों में सर्वाधिक निडर और दुःसाहसी लोगों में होती थी। यह पेगाउद का जुनूनी हौसला ही था कि उन्होंने हवाई कलाबाजी की बुनियाद रखी। वे पहले व्यक्ति थे, जिन्होंने जहाज को विभिन्न दिशाओं में गोता खिलाने और उलटकर चलाने में महारत हासिल की थी। जे.आर.डी. इस फ्रांसीसी विमान चालक से संबंधित घटना को याद करते हुए कहते थे, ''मुझे याद है कि एक बार पेगाउद हमारे घर के पास बीच पर उतरे; लेकिन जमीन की सतह रेतीली होने के कारण जहाज का अगला हिस्सा जमीन में धँसता चला गया, जिसके फलस्वरूप उसका लकड़ी से बना प्रोपेलर टूट गया। पेगाउद ने उस प्रोपेलर के छोटे-छोटे टुकड़े किए और उन पर अपने हस्ताक्षर करके उन्हें वहाँ मौजूद सभी लोगों के बीच बाँट दिया। इस घटना से लोगों को एक स्पंदन और रोमांचक जैसी अनुभूति हुई।''

जे.आर.डी. प्रथम विश्व युद्ध के बाद के दिनों यानी सन् 1919 में एक प्रारंभिक फ्रांसीसी हवाई जहाज कौडरॉन बैगनेट पर अपनी पहली उड़ान के तौर पर बैठे थे। उस जमाने में युद्ध के पायलट चारों ओर तफरीही उड़ानें भरा करते थे, जिसे अमेरिका में 'बार्नस्टार्मिंग' कहा जाता था। जे.आर.डी. उस समय 15 वर्ष के थे। वे कहते थे कि यही वह समय था, जब उन्होंने पायलट बनने का निर्णय लिया था। लुइस ब्लेरियट जूनियर के अलावा जे.आर.डी. के दूसरे प्रिय मित्रों में एक युवक और था, जिसका नाम जेंट डी अलनोइस था। दुर्भाग्यवश दोनों का ही युवावस्था में देहांत हो गया था। अपने समय के महान् हवाई चैंपियन ब्लेरियट जूनियर लगभग उसी समय अटलांटिक महासागर के उस पार फ्रांस से अमेरिका की ऐतिहासिक उड़ान भरने का कार्यक्रम बना रहे थे, जिस समय चार्ल्स लिंडबर्ग न्यूयार्क से पेरिस की यात्रा करके एक और नए युग का निर्माण करने जा रहे थे। यह दुःखद है कि ब्लेरियट अपनी इस कोशिश के फौरन बाद एपेंडिक्स का ऑपरेशन होने के बाद स्वर्ग सिधार गए थे। जेंट डी अलनोइस को द्वितीय विश्व युद्ध के दौरान युद्धबंदी बना लिया गया था। इस घटना के बाद उनका कोई अता-पता नहीं चल सका।

सन् 1922 में आर.डी. ने अपने परिवार को फ्रांस से बंबई ले जाने का निर्णय

लिया। वहाँ उन्होंने मलाबार हिल पर एक सुंदर मकान बनवाया। सूनी बड़े उत्साह के साथ अपने घर की व्यवस्था में जुट गईं। उन्होंने बड़ी सावधानीपूर्वक अपने इस घर के लिए फर्नीचर और अन्य वस्तुओं का चयन किया। लेकिन उनका स्वास्थ्य तेजी से गिर रहा था। यह सन् 1923 का वह दिन था, जब आर.डी. उनसे पेरिस में मिलने के लिए पी ऐंड ओ लाइनर पर सवार हो रहे थे। उसी समय उन्हें सूनी के निधन का दुःखद समाचार मिला। मलाबार स्थित इस मकान का नाम सूनी की याद में 'सुनीता' रखा गया। जब तक वे पेरिस पहुँचे उस समय तक सूनी के नश्वर अवशेषों को प्यरे लेचेज के कब्रिस्तान में पहुँचा दिया गया था। आर.डी. का एक सप्ताह बहुत अधिक भाग-दौड़ में गुजरा। चूँकि उन्हें अपने परिवार को वापस भारत ले जाना था। सभी क्रियाकलाप निर्धारित फैसलों के अनुसार संपन्न हुए। जे.आर.डी. को इंग्लैंड में अपनी अंग्रेजी सुधारने के लिए एक क्रैमर में भेज दिया गया, ताकि कैंब्रिज में दाखिला लेने से पूर्व उन्हें कोई परेशानी न हो। जे.आर.डी. द्वारा आर.डी. को लिखे गए पत्रों से पता चलता है कि वे अंग्रेजी में सारगर्भित बातें करने में अक्षम रहते थे। सच्चाई तो यह थी कि फ्रांसीसी भाषा का ज्ञान भविष्य में उनके लिए पूर्णतः व्यर्थ था, किंतु कैंब्रिज में दाखिला लेना सार्थक एवं अर्थपूर्ण रहा। जे.आर.डी. गॉनविले और केइअस कॉलेज से मेकैनिकल इंजीनियरिंग करना चाहते थे। इस कॉलेज को उनके चचेरे भाई दोराब द्वारा 25,000 पाउंड का भारी-भरकम अंशदान दिया गया था। अतएव इस दिशा की ओर अभिमुख होना उनके लिए सहज और स्वाभाविक था। (कैंब्रिज जे.आर.डी. के लिए एक झूठा सपना सिद्ध हुआ। परिस्थितियोंवश वे वहाँ से डिग्री हासिल नहीं कर सके, तथापि इस घटना के पाँच वर्ष बाद यानी 1927 में उनके एक दूर के रिश्तेदार और भविष्यद्रष्टा होमी जे. भाभा ने वहाँ अपना अध्ययन कार्य संपन्न किया था।)

जे.आर.डी. को जिस क्रैमर में भेजा गया था, वह इंग्लैंड के उत्तरी तट पर साउथवड सफॉक में स्थित था। यह स्थान ऐसा लगता था जैसे उत्तरी समुद्र के बर्फीले दायरे में कोई उजाड़ स्थान हो। इस क्रैमर में बहुत से छात्र थे, जिनमें अधिकांशतः विदेशी थे, जिन्हें ब्रिटिश विश्वविद्यालयों में प्रवेश के लिए प्रशिक्षण की आवश्यकता थी। जे.आर.डी. के लिए यह बड़ा व्यस्तता का समय था। उनके अपने शब्दों में, ''मैंने कठिन मेहनत की। मैंने अंग्रेजी सीखी और बॉक्सिंग का खेल भी खेला।'' वह अपने गुजरे हुए समय को याद करते हुए कहते हैं कि ग्रीष्मकाल के एक रोशन दिन में कैसे उन्होंने उत्तरी समुद्र में छलाँग लगाई थी, जिससे वे लगभग बर्फ के समान जमकर रह गए थे। स्पष्ट है कि 'भारत की

गरमियों' ने बर्फ से जमे उत्तरी समुद्र को और अधिक स्वीकार्य बनाने के लिए कुछ भी नहीं किया था। जे.आर.डी. द्वारा उस समय में अपने पिता को लिखे गए पत्रों से बहुत कुछ स्पष्ट होता है। वे स्वयं अपने शब्दों में कहते हैं, ''वे खुद को तनहा और बेगाना महसूस करते हैं, लेकिन बाद में धीरे-धीरे उस माहौल के अभ्यस्त होते चले गए।'' अपने पिता को लिखे गए पत्र में वे अपने स्कूल के साथियों के रूखे व्यवहार का भी जिक्र करते हैं। वे कहते हैं, ''वे सभी बेईमान तथा पूरी तरह से झूठे हैं।'' इस टिप्पणी पर आर.डी. ने उन्हें तीखे ढंग से डाँट पिलाई। उन्होंने कहा कि ऐसे जल्दबाजी के फैसले और ऐसे दृष्टिकोण उन्हें संसार में असफल सिद्ध कर देंगे। बाद में जे.आर.डी. ने अपनी रोजमर्रा की जिंदगी के बारे में लिखा है कि उन्होंने फुटबॉल और बॉक्सिंग खेलना शुरू कर दिया है।

पिता व पुत्र के बीच हुए पत्राचार से एक और बात जाहिर होती है कि जे.आर.डी. को अपने शरीर के कम वजन, दुबले बदन और पीले चेहरे के बारे में बड़ी चिंता थी। ऐसे ही विषय पर उनके द्वारा लिखे पत्र से ये रोचक तथ्य सामने आते हैं, ''विदा होते हुए मैंने आपको वचन दिया था, इसलिए मैं प्रतिदिन दो या तीन बार नियमित रूप से व्यायाम करता हूँ। इसके अतिरिक्त मैंने एक सैंडो-एक्सरसाइजर खरीद लिया है, जिससे मेरी मांसपेशियाँ मजबूत होने के साथ सीने की चौड़ाई भी बढ़ी है। मैंने अपने शरीर को पर्याप्त रूप से पुष्ट कर लिया है। लेकिन मेरे शरीर का प्रमुख अंग यानी मेरा चेहरा अब भी काफी पतला है। यद्यपि, इसका रंग इतना पीला नहीं है। दुर्भाग्य से यह व्यक्ति का चेहरा ही होता है, जिसे लोग सामान्यत: देखते हैं।''

जे.आर.डी. ने अपने शरीर को स्वस्थ रखने संबंधी सिद्धांतों पर सारी जिंदगी अमल किया और निस्संदेह इस संबंध में उनके पिता आर.डी. की नसीहत का उन पर भरपूर प्रभाव पड़ा। इसका नतीजा यह हुआ कि वे 80 वर्ष की आयु में भी पूरी तरह स्वस्थ थे। संभवत: जे.आर.डी. सन् 1989 में 80 वर्ष की आयु में यूरोप की बर्फीली पहाड़ियों पर स्कीइंग करनेवाले प्रथम व्यक्ति थे। उन्होंने 42 वर्ष की आयु में स्कीइंग शुरू की थी और तभी से यह खेल उनके जीवन में एक जुनून की तरह शामिल हो गया था। इस क्षेत्र में उन्होंने काँसे का 'चेमोइस पुरस्कार' भी प्राप्त किया था, जो उस समय में इस क्षेत्र में कौशल प्राप्त करने पर 'चेमोइस डी ओर' (स्वर्णिम चेमोइस) द्वारा प्रदान किया जाता था। उनके हृदय रोग विशेषज्ञ डॉ. फारूख उदावादिया याद करते हुए कहते हैं कि जे.आर.डी. 70 वर्ष की आयु में भी 25 उठक-बैठक लगा लिया करते थे, जबकि वे स्वयं उनसे बहुत छोटे होने के

बावजूद केवल 10 ही बैठकें लगा पाते थे (अपने स्कीइंग अभियानों को जारी रखने के लिए वे स्पष्ट रूप से पथ्यापथ्य नियमों का पालन करते थे)। उन्हें टेनिस का खेल भी बहुत पसंद था और बंबई स्थित उनके घर 'द केअन' में एक कार्यशाला होने के साथ-साथ एक व्यायामशाला भी थी। जे.आर.डी. ने अपनी वृद्धावस्था में भी अपने शरीर के संतुलन को बनाए रखा। वे सन् 1980 तक गोल्फ भी खेलते रहे। उन्हीं दिनों उनकी पत्नी थेली को पक्षाघात हुआ। इस घटना का प्रभाव जे.आर.डी. पर भी पड़ा। इस विषय पर अगर हम केशव महेंद्र पर विश्वास करें तो हमें मानना पड़ेगा कि जे.आर.डी. पर पड़नेवाला आघात उन्हें खेल में महेंद्र के मुकाबले कम सफलता तक ही ले जा सका। वे महेंद्र को यह बताते हुए संकोच नहीं करते थे कि उनके द्वारा खेले जानेवाले खेलों का अच्छा परिणाम क्यों नहीं निकल रहा है।

पिता और पुत्र के बीच पत्राचार की एक रोचक कड़ी से पता चलता है कि जे.आर.डी. ने अपने पिता से एक मोटर साइकिल दिलवाने की इच्छा व्यक्त की थी। उन्होंने इस वांछित वाहन के औचित्य का जिक्र अपने पिता से किया था। उन्होंने कहा था कि उन्हें केवल एक हलकी पावरवाली मोटर साइकिल दिला दी जाए। उन्होंने प्रत्येक बच्चे की तरह अपने पिता से जिद करते हुए कहा था, "अब यह मत कहिएगा कि माँ से पूछो, चूँकि वे कहेंगी कि पापा से पूछो।" पर उन्हें इसकी अनुमति कभी न मिल सकी। यहाँ यह फैसला करना तो बहुत कठिन है कि क्रैमर में उनकी अंग्रेजी में किस हद तक सुधार हुआ था, पर इस संबंध में वे इतने सक्षम जरूर हो गए थे कि संदर्भ के लिए सही शब्दों का प्रयोग कर सकें। वे अपने अंग्रेजी प्रारूपों में बार-बार सुधार करके उन्हें एक रत्न की भाँति प्रदर्शित करना चाहते थे। उनकी इस अभिलाषा में उस समय और अभिवृद्धि हुई, जब उन्हें टिस्को के तत्कालीन प्रभारी निदेशक और सेवानिवृत्त आई.सी.एस. अधिकारी पीटरसन के विंग के अंतर्गत कार्य करना पड़ा। कालांतर में डॉ. जॉन मथाई ने उनसे कहा था कि वे अपने प्रारूपों के साथ खिलवाड़ करना बंद करें। उनके सलाहकारों ने महसूस किया कि इस घटना से इस क्षेत्र में उनके उत्साह को आघात पहुँचा। वे कहते हैं कि उनके प्रारूपों में लोगों के सुझावों को शामिल करने संबंधी प्रयास उनके अपने ही दृष्टिकोण की पारदर्शिता को दुर्बोध एवं अस्पष्ट कर देते थे।

अपने क्रैमर पाठ्यक्रम के अंतिम दिनों में, जब जे.आर.डी. कैंब्रिज की ओर प्रस्थान करने की योजना बना रहे थे, उसी समय फ्रांस में इस आशय का कानून पास किया गया कि 20 वर्ष की आयुवाले सभी फ्रांसीसी लड़कों को अनिवार्य रूप से सैन्य सेवा करनी होगी, तथापि इस संबंध में यह प्रावधान किया गया था कि

परिवार के सबसे बड़े लड़के को छूट देते हुए उससे केवल एक वर्ष की ही सेवा कराई जाएगी। फ्रांसीसी नागरिक होने के नाते जे.आर.डी. को इस सेवा में शामिल होना पड़ा और कैंब्रिज की ओर कूच करने का उनका स्वप्न अधूरा ही रह गया।

बंबई और पूना में पोलो के खेल देखने के बाद जे.आर.डी. को घुड़सवारी का शौक पैदा हुआ। उन्होंने सोचा कि अगर वे सेना के घुड़सवार दस्ते में शामिल हो जाएँ तो उनकी यह इच्छा भलीभाँति पूरी हो जाएगी। अपनी नानी (जिनकी जान-पहचान एक फ्रांसीसी जनरल से थी) के माध्यम से संस्तुति कराकर जे.आर.डी. को ला सैफिस की पाँचवीं कैवेलरी रेजीमेंट में शामिल कर लिया गया। यह रेजीमेंट आईसियरे की खूबसूरत घाटी में वियाने नाम के एक छोटे से कस्बे में स्थित थी, परंतु संबंधित प्रशिक्षण में कुछ समस्याएँ सामने आईं। ला सैफिस में अरबी नस्ल के घोड़ों पर सवारी करनी पड़ती थी। उन पर सवारी करने के लिए यूरोपियन नस्ल के घोड़ों के मुकाबले एक अलग ही तकनीक का इस्तेमाल करना पड़ता था। इसके अलावा उनकी पीठ पर रखी जानेवाली जीन भी अलग तरह की होती थी। जे.आर.डी. याद करते हुए कहते थे कि पहले दो दिनों में ही उनके छाले पड़ गए थे।

रेजीमेंट में अल्जीरिया, ट्यूनीशिया, मोरक्को और फ्रांस के कुछ सिपाही शामिल थे। उनमें से अधिकांश निरक्षर थे और उनके तौर-तरीके बड़े ही फूहड़ व भद्दे थे। जे.आर.डी., जो कि एक उच्च कुलीन वर्ग के व्यक्ति थे, को इन लोगों से अपना तारतम्य स्थापित करने में बड़ी परेशानी हुई। यह वह समय था, जब हिरानो मारू में सीखी गई टंकण कला उनके काम आई। जब उनके कैप्टन को यह पता चला कि उनके दस्ते में एक ऐसा साक्षर रंगरूट शामिल है, जो टाइप करना भी जानता है तो उसने उन्हें अपने दफ्तरी कार्य में लगाने की घोषणा की। जे.आर.डी. को हिदायत दी गई कि वे अपनी बैरक से निकलकर कैप्टन के कार्यालय की बगल में अवस्थित भंडार गृह में आ जाएँ। उन्हें एक छोटी सी मेज और एक पुराना सा टाइपराइटर उपलब्ध कराया गया। इस प्रक्रिया से कैप्टन की यह इच्छा साकार हुई कि उसे कोई साक्षर व्यक्ति काम करने के लिए मिल गया। किंतु, वस्तुस्थिति यथावत् बरकरार नहीं रही, क्योंकि कर्नल को जब टाइपराइटरवाली घटना का पता चला तो उसने आदेश दिया कि जे.आर.डी. उनके कार्यालय में कार्य करेंगे।

जे.आर.डी. को तत्काल कर्नल के कार्यालय में स्थानांतरित कर दिया गया, जो अपेक्षाकृत ज्यादा आरामदेह था। जे.आर.डी. को वे अधिकारी बहुत पसंद करते थे, जो उनसे अपनी छुट्टी के आवेदन-पत्र टाइप करवाते थे। उन्होंने कहा,

''सैफिस में प्रवास के दौरान मैं एक अच्छा क्लर्क अवश्य बन गया था, पर फ्रांस की संभाव्य सुरक्षा के लिए मुझे कोई भी सैन्य कौशल प्राप्त नहीं हो सका।''

बारहवें महीने के अंत में जे.आर.डी. को पता चला कि स्वेच्छा से छह महीने बढ़ानेवाले शिक्षित सिपाहियों को लोयरे घाटी स्थित एक छोटे से कस्बे सौमूर के प्रसिद्ध कैवेलरी स्कूल में अधिकारी के रूप में कमीशन प्राप्त हो सकता है। जे.आर.डी. ने इसके लिए आवेदन करने का फैसला किया। इसके लिए उन्होंने अपने माता-पिता से सलाह माँगी। लेकिन उन्हें इसमें शामिल होने के लिए मना कर दिया गया। फलस्वरूप जे.आर.डी. को भारत वापस आना पड़ा। जैसा कि भविष्य की घटनाओं से पता चला, आर.डी. की सलाह गहरी दूरदर्शिता की द्योतक थी। उस रेजीमेंट, जिसे मोरक्को में प्रसिद्ध सरदार अब्दुल करीम द्वारा की गई बगावत को दबाने के लिए भेजा गया था, का नामोनिशान तक मिटा दिया गया।

□

5

घर वापसी

सन् 1925 में फ्रांस से भारत लौटने पर जे.आर.डी. ने टाटा उद्यम में एक अवैतनिक प्रशिक्षु के रूप में कार्य किया। कैंब्रिज से जुदाई ने जे.आर.डी. पर गहरा असर छोड़ा था, जिसका उन्हें जीवनपर्यंत दुःख रहा। उन्हें यह अहसास सताता रहा कि वे विश्वविद्यालय की शिक्षा पूरी न कर सकने के कारण किसी भी क्षेत्र में विशेषज्ञता प्राप्त नहीं कर सके। इस यथार्थ ने उन्हें अपने कृत्यों में पराकाष्ठा पर पहुँचने के लिए और अधिक मेहनती एवं दृढ़ संकल्पी बना दिया। इस संबंध में जे.आर.डी. ने कई वर्षों बाद आर.एम. लाला को बताया, ''संभवत: पिताजी इस वास्तविकता को नहीं समझ सके कि विश्वविद्यालय की शिक्षा आवश्यक न होने के बावजूद महत्त्वपूर्ण होती है।'' औपचारिक शिक्षा प्राप्त न करने के बावजूद जे.आर.डी. की अंग्रेजी बहुत शानदार थी। वे अंग्रेजी और फ्रांसीसी साहित्य से अवगत होने के साथ-साथ एक अच्छे संपादक भी थे। एक प्रिय विषय होने के कारण उन्होंने इतिहास का व्यापक अध्ययन किया था। उनकी पुस्तकों की अलमारियों में विमानन, सैनिक अभियान और युद्ध, स्पोर्ट्स कारों और मोटर दौड़ से संबंधित विषयों पर पुस्तकें भरी हुई थीं। अमेरिकी लेखक ओ' हेनरी की लघु कहानियाँ उन्हें बहुत पसंद थीं। उन्हें लुई ला एमर द्वारा लिखित अर्नेस्ट हैमिंग्वे वेस्टर्न्स की पुस्तकें भी बहुत अच्छी लगती थीं।

उनके भारत लौटने से कुछ पहले टाटा स्टील में उस समय एक संकट उठ खड़ा हुआ था, जब बेल्जियम और इंग्लैंड के स्टील का भारत में ढेर लगा दिया गया था। टाटा उद्यम ने युद्ध की विभीषिका के दौरान बहुत लाभ कमाया था,

जिससे प्रेरित होकर उन्होंने स्टील के उत्पादन में पाँच गुना वृद्धि करने के प्रयोजनार्थ धन का निवेश किया था। भारतीय स्टील उद्योग को बचाने के लिए कानून बनाने के उद्देश्य से सन् 1924 में केंद्रीय विधानसभा में स्टील उद्योग (संरक्षण) विधेयक पेश किया गया था। यह एक ऐतिहासिक विधेयक था, क्योंकि ऐसा पहली बार हुआ था कि भारतीय उद्योग को ब्रिटिश उद्योग के मूल्य पर संरक्षित किया जा रहा था। इस विधेयक को जून 1924 में पारित किया गया था, तथापि कंपनी इस क्षेत्र में व्याप्त पेचीदगियों के विरुद्ध बहुत पहले से संघर्ष कर रही थी और फिर वह दिन भी आ गया कि जमशेदपुर में केबल के द्वारा सूचित किया गया कि उनके पास पारिश्रमिक देने के लिए धन नहीं है। सर दोराब ने उस समय यथापेक्षित 2 करोड़ रुपए के ऋण के लिए अपनी संपूर्ण वैयक्तिक संपत्ति को गिरवी रख दिया था। भाग्यवश सन् 1924 के अंत तक भाग्य की तसवीर बदल गई और टाटा उद्योग सुरक्षित बच गया। टाटा स्टील को बचाने के लिए किए गए संघर्ष और राष्ट्रवादी अभियान पर पड़े प्रभाव के कारण मोतीलाल नेहरू और आर.डी. एक-दूसरे के करीब आ गए। यहाँ तक कि जब मोतीलाल बंबई आते तो 'सुनीता' निवास में ही ठहरते। जे.आर.डी. के अनुसार, जवाहरलाल और विजयलक्ष्मी भी अपनी यात्राओं के दौरान वहीं ठहरते थे।

आर.डी. ने जे.आर.डी. को जॉन पीटरसन की देख-रेख में रखा, जो एक मधुर और मित्रवत् व्यवहारवाले सेवानिवृत्त स्कॉट आई.सी.एस. ऑफीसर थे। आर.डी. टाटा की उनसे प्रथम विश्व युद्ध के दौरान उस समय मुलाकात हुई थी, जब वे युद्ध सामग्री विभाग में निदेशक थे। आर.डी. को उस समय यह सुनिश्चित करना था कि टिस्को वहाँ गोला-बारूद और स्टील के रेल पथों की आपूर्ति करेगा। इस बीच दोनों के मध्य संबंध गहरे होते गए। युद्ध के बाद आर.डी. ने उन्हें टाटा उद्योग में शामिल होने के लिए आमंत्रित किया। वे इस बात पर सहमत हो गए और उन्होंने नवसारी नाम की इमारत में अपना कार्यालय बनाया। यह स्थान आर.डी. के कार्यालय की बगल में स्थित था। (टाटा उद्यमी फ्लोरा फाउंडेशन के निकट जॉर्ज विटेट द्वारा डिजाइन किए गए बॉम्बे हाउस और सन् 1924 में इसका उद्घाटन होने तक नवसारी भवन से ही अपना व्यापार संचालित करते थे)। आर.डी. द्वारा उन्हें पीटरसन की देख-रेख में इन शब्दों के साथ छोड़ा गया था, "मैं चाहूँगा कि आप मेरे बेटे की देखभाल करें।" पीटरसन के पास उनकी अपनी डेस्क के निकट एक और डेस्क थी। आगामी चार अथवा पाँच वर्षों तक जे.आर.डी. उनके पास बैठकर उनके पास आने और जानेवाले प्रत्येक कागज-पत्र की जाँच-पड़ताल करते रहे।

जे.आर.डी. याद करते हुए कहते थे, "कोई भी ऐसा कागज-पत्र नहीं होता था, जो मुझसे गुजरता हुआ उनकी डेस्क पर न जाए। उस कागज को भेजने से पूर्व मैं उसका पूरा अध्ययन करता था। मैं उन्हें भेजने से पहले उन पर लिखी हुई टिप्पणियों का जायजा लेता था। यहाँ मैं यह कहूँगा कि यह मेरे जीवन का बहुत ही रचनात्मक और महत्त्वपूर्ण समय था, जब मुझे यह देखने का मौका मिला कि उच्च प्रशिक्षित आई.सी.एस. ऑफीसर किस प्रकार कार्य करते हैं।"

सन् 1926 के प्रारंभ में आर.डी. ने यह निर्णय लिया कि जे.आर.डी. कंपनी की कार्यशैली को समझने के लिए एक वर्ष तक जमशेदपुर में ठहरें। वहाँ पहुँचने पर उन्हें एक विशाल बँगला मिला, जिसमें तीन कनिष्ठ प्रबंधक जे.के. सोंधी, जहाँगीर जो घांडी और 'जो' के भाई दिनशा, जिन्हें 'दिनसी' भी कहते थे, रहते थे। बाद में जे.के. सोंधी और जहाँगीर जो घांडी ने जे.आर.डी. का कैरियर बनाने में महत्त्वपूर्ण भूमिका अदा की। 'जो' टाटा स्टील के पहले महाप्रबंधक बने।

जब जे.आर.डी. ग्रेट इंडियन पेनिनसुलर रेलवे (महान् भारतीय प्रायद्वीपीय रेलवे) पर 1,600 कि.मी. की यात्रा शुरू करने के लिए विक्टोरिया टर्मिनस से सवार हुए तो उन्हें इस बात का बिलकुल अंदाजा न था कि वह अपने पिता को फिर कभी नहीं देख पाएँगे। सन् 1926 की ग्रीष्म ऋतु के दौरान आर.डी. अपने बच्चों के साथ रहने के लिए फ्रांस रवाना हुए। हार्डलॉट में शनिवार के दिन आर.डी. ने शिकायत की कि उन्हें साइला के साथ नृत्य करने के बाद अपना स्वास्थ्य सही महसूस नहीं हो रहा है। वे शौचालय में गिर पड़े और उन्हें ऐसा घातक हृदयाघात हुआ कि वे जीवित न रह सके। यद्यपि वे शारीरिक रूप से पूर्णतः स्वस्थ थे, तथापि वे दिन-रात कठोर परिश्रम करते रहे थे। जे.आर.डी. के द्वारा विएना से अगस्त 1925 में लिखे गए पत्र से यह स्पष्ट होता है—"नृत्य आयोजनों के प्रति आपके उत्साह के बारे में पढ़कर मैं आपकी सराहना किए बगैर नहीं रह पाता। मैं दिल की गहराई से आपका प्रशंसक बन गया हूँ। सच बात तो यह है कि सारे दिन के तनावपूर्ण कार्य के बाद इतना समय निकाल लेना कि रात की महफिलों में नृत्य के साथ-साथ जश्नपूर्ण माहौल बनाया जाए, बड़ी ही आश्चर्यजनक बात है। मैं समझता हूँ कि आपसे तीन गुना कम आयु का व्यक्ति भी ऐसी गतिविधियों को ज्यादा समय तक संचालित करने में असमर्थ रहेगा।"

जब आर.डी. का देहावसान हुआ तो वे 70 वर्ष के थे। उस समय जे.आर.डी. की उम्र 22 वर्ष थी। ऐसे समय में वे परिवार के प्रमुख घोषित किए गए। उस समय साइला 24 वर्ष की थीं और अभी तक अविवाहित थीं। रोदाबेह 19 वर्ष की

थीं; दाराब 14 वर्ष और जिमी केवल 10 वर्ष के थे। जे.आर.डी.को टाटा संस के स्थायी निदेशक के रूप में अपने पिता का पद विरासत में मिला, जो उनके जीवन-पर्यंत बना रहा। यह उनके जीवन का एक चुनौतीपूर्ण समय था। इस समय उनके पास चार बच्चों की देखभाल और अपने पिता के औद्योगिक व्यवसाय को कौशलपूर्वक संचालित करने की जबरदस्त जिम्मेदारियाँ थीं। जे.आर.डी. के पास ऐसा कोई भी विश्वसनीय संबंधी अथवा आर.डी. का कोई मित्र नहीं था, जिससे वे सलाह ले पाते। सलाह लेने के लिए उनके पास केवल एक व्यक्ति था, जिसका नाम दिनशॉ दाजी था। वे क्राफोर्ड बेली ऐंड कंपनी के सॉलीसिटर थे।

अत्यधिक व्यस्त गतिविधियों के साथ व्यापार और परिवार के बीच सामंजस्य बनाए रखने के लिए बड़े कौशल और विवेक का इस्तेमाल करना पड़ता है। इधर चिड़चिड़े मिजाजवाले सर दोराब के कारण जीवन किंचित् और कठोर हो गया था। वे मधुमेह के रोगी थे। उन्हें बहुत जल्दी गुस्सा आ जाता था। तब उनके गुजरे हुए दिन केवल एक अतीत की कहानी बनकर रह गए थे। उन्हें घुड़सवारी का बड़ा शौक था और अपनी जवानी के दिनों में उन्होंने खनिजों की खोज में सारे बिहार के जंगलों को छान डाला था। वे एक ऐसे बहादुर व्यक्ति के रूप में मशहूर थे, जिन्होंने टाटा स्टील को बचाने के लिए अपनी संपूर्ण परिसंपत्ति (जिसमें प्रसिद्ध जुबली हीरा भी शामिल था, जो कोहिनूर हीरे से दुगुना बड़ा था) को गिरवी रख दिया था। सर दोराब ही वे व्यक्ति थे, जिन्होंने ओलंपिक्स में भारत की प्रतिभागिता को सुनिश्चित कराया था। उस समय सन् 1920 के खेलों में उन्होंने वहाँ खिलाड़ियों का एक दस्ता भेजने के लिए आवश्यक कदम उठाए थे। लेकिन अब यह अतीत की बात हो चुकी थी। अब वे बहुत अधिक चिड़चिड़े हो गए थे और टाटा समूह के वित्तीय संकटों के बावजूद उनके मिजाज में कोई परिवर्तन नहीं आया था। आर.डी. ने टाटा संस और सर दोराब से व्यक्तिगत रूप से ऋण लिया था। उनकी मृत्यु होने पर टाटा उद्योग के निदेशकों ने निर्णय लिया था कि उनके ऋण को बट्टे खाते में डाल दिया जाए। लेकिन सर दोराब ने जोर देकर कहा था कि उनके वैयक्तिक ऋण को पूर्णरूप से वसूल किया जाए। (परिवार की वित्तीय स्थिति सुधरने के बाद जे.आर.डी. ने अपने लिए जो पहली वस्तु मई 1929 में खरीदी थी, वह 1,200 पाउंड का एक वायुयान था)।

जे.आर.डी. ने टाटा के एक निदेशक सर पुरुषोत्तमदास ठाकुरदास को अपना मकान 'सुनीता' बेच दिया था। वहाँ से वे अपने परिवार को लेकर ताज में रहने के लिए चले आए थे। इसके बाद उन्होंने गनेशकाइंड में अपने मकान और हार्डलॉट

की संपत्ति को भी बेच दिया था। इसके अतिरिक्त लंदन और सुदूर पूर्व में स्थित कार्यालयों को भी बेचकर कर्ज की अदायगी की गई। उनके पास शेष रहनेवाली संपत्ति के रूप में टाटा संस के शेयर थे, जो इस कुल कारोबार का एक-तिहाई हिस्सा थे। वसीयत के अनुबंध के अनुसार जे.आर.डी. को प्रतिमाह 3,000 रुपए, दाराब को 2,000 रुपए और जिमी को 1,000 रुपए के साथ-साथ शेष बचनेवाली धनराशि को पाँचों के बीच बराबर-बराबर बाँटे जाने के अनुदेश थे। इस संबंध में दिनशॉ दाजी से परामर्श करने के बाद उन्होंने निर्णय लिया कि परिवार की आय को शेयरों सहित बराबर-बराबर बाँटा जाएगा। वे जानते थे कि उनके द्वारा 3,000 रुपए प्राप्त करने के बाद औरों के लिए कुछ भी नहीं बचेगा। बाद के वर्षों में दाराब ने परेशान होकर अपने शेयरों को प्रसिद्ध भवन निर्माता शापूरजी पालोनजी को बेच दिया था। उस घटना से जे.आर.डी. इतने कुपित हुए कि वे लंबे समय तक दाराब को माफ नहीं कर सके।

□

6

जे.आर.डी. और थेली की मुलाकात

जे. आर.डी. की अन्य प्रमुख रुचि कारों में थी। उन्होंने स्वीकार किया था कि उन्हें विमान उड़ाने का शौक न होता तो वे निश्चित रूप से मोटर दौड़ का शौक पाल लेते। जे.आर.डी. यूरोप में प्रतिवर्ष नियमित रूप से उच्च गतिवाली मोटर गाड़ियाँ चलाते थे। उनका विचार था कि इन मोटर गाड़ियों को चलाना हवाई जहाज उड़ाने से भी अधिक जोखिमपूर्ण है। इस संदर्भ में हम पहले देख चुके हैं कि जे.आर.डी. ने इंग्लैंड में प्रवास के दौरान आर.डी. से मोटर साइकिल की फरमाइश की थी। उन्हें इसकी अनुमति नहीं मिल पाई थी। उनकी यह इच्छा आर.डी. के स्वर्गवासी होने के बाद उस समय साकार हुई, जब उन्होंने 100 रुपए में एक पुरानी मोटर साइकिल खरीदी थी। उन्हें अपनी ब्लू बुगाटी से अगाध प्रेम था। इसमें न तो कोई मडगार्ड था और न ही कोई छत थी। जे.आर.डी. उसमें बैठकर बंबई से पुणे तक की यात्रा ढाई घंटे में पूरी कर लेते थे। उस समय जे.आर.डी. की खुशी का कोई ठिकाना न रहा जब उन्हें बंबई से इस संदेश के साथ तार प्राप्त हुआ था—"बंबई से बुगाटी खरीद लो।" इसके प्रत्युत्तर में उन्होंने तार पर आर.डी. के प्रति आभार प्रकट करते हुए इन शब्दों के साथ हस्ताक्षर किए थे—"आपका शुक्रगुजार बुगाटीवाला जहाँगीर।" पर दुर्भाग्यवश उनकी लापरवाहीपूर्ण ड्राइविंग के कारण बंबई पुलिस का ध्यान उनकी ओर आकर्षित हो चुका था, जो उन्हें हर हालत में धर दबोचना चाहती थी। पुलिस को यह मौका उस समय मिल गया, जब उनके मित्र रूसा मेहता की कार पैडर रोड पर दुर्घटना का शिकार हो गई। इस घटना में उनके उस साथी की मृत्यु हो गई, जो प्रसिद्ध क्रिकेटर

एच.डी. कांगा का भाई था। पुलिस ने जे.आर.डी. पर इस आशय का आरोप-पत्र दाखिल किया कि दुर्घटना के समय वे और मेहता मोटर दौड़.का मुकाबला कर रहे थे। जे.आर.डी. को सुझाव दिया गया कि वे कोई फौजदारी वकील कर लें। अतएव इस संबंध में जैक विकाजी नाम के वकील से मिलने का सुझाव दिया गया। चूँकि उस दिन रविवार था, इसलिए उन्हें विकाजी से मिलने के लिए ताजमहल होटल के पीछे स्थित उनके घर जाना पड़ा। यह वह समय था, जब वहाँ उनकी नजरें थेलमा (थेली) नाम की उस लड़की से चार हुईं, जो अंततः उनकी पत्नी बनीं। थेली जैक विकाजी की भतीजी थीं। जे.आर.डी. की एक विशेषता यह थी कि उन्होंने अपने संपूर्ण जीवन काल में महिलाओं के गुणों को पहचानने संबंधी अपनी योग्यता को बरकरार रखा।

मुकदमे के दौरान जैक विकाजी की गवाहों से सतर्क और विवेकपूर्ण जिरह के कारण उसे खारिज कर दिया गया। जज ने इस संबंध में पुलिस की भी कटु आलोचना की, जिसके फलस्वरूप बंबई पुलिस उनसे और ज्यादा चिढ़ गई। अंततः जे.आर.डी. के लिए यह प्रताड़ना असह्य हो गई और उन्होंने अपनी प्रिय बुगाटी को छोड़ने का निर्णय लिया। कारों के प्रति जे.आर.डी. का प्रेम बना रहा। वे विमानन विषय की भाँति कारों पर भी नियमित रूप से एक पत्रिका पढ़ा करते थे।

जे.आर.डी. ताज में रहते थे और वहाँ से थेली के जलवों का नजारा देखते रहते थे। थेली का फ्लैट उनके कमरे के ठीक पीछे था। थेली और उनकी बहन किटी, जिनकी जैक विकाजी देखभाल किया करते थे, जैक के भाई सोहराब और उनकी ब्रिटिश पत्नी मुरियल की बेटियाँ थीं, तथापि उन दोनों पति-पत्नी के बीच वैवाहिक संबंध स्थापित न रह सके। सोहराब और मुरियल दोनों में से किसी ने भी अपनी बेटियों की परवरिश पर कोई ध्यान नहीं दिया। फलस्वरूप अपनी भतीजियों की देखभाल की जिम्मेदारी जैक के कंधों पर आ पड़ी। थेली का जन्म अमेरिका में हुआ था। उनकी थोड़ी-बहुत शिक्षा इटली में भी हुई थी। वे हर प्रकार से अनुपम सुंदरी थीं। उन्होंने जे.जे. स्कूल ऑफ आर्ट्स में कला का अध्ययन किया था। उन्हें रेखाचित्र बनाने में महारत हासिल थी। वे रूप चित्रों के खाके बनाकर उसमें रंग भरा करती थीं। वे एक निपुण तैराक एवं नृत्यांगना भी थीं। प्रायः साड़ी या स्कर्ट पहना करती थीं।

उसी जमाने के दौरान उनके घर में बॉबी नाम का एक छोटा लड़का रहता था, जो बड़ा ही चलता-पुरजा था। यह लड़का विकाजी के दूसरे भाई रुस्तम और

उनकी बेल्जियन पत्नी का बेटा था। दुर्भाग्यवश उनका विवाह भी एक असफल गाथा सिद्ध हुआ था। पत्नी ने अपनी बीमारी को ध्यान में रखते हुए किटी से अनुरोध किया कि वे उसके छोटे बेटे की देखभाल करें। अतएव जब कभी जे.आर.डी. विकाजी के घर जाते तो बॉबी उन्हें वहाँ आस-पास ही दिखाई देता था। जे.आर.डी. के बार-बार उस परिवार में आने-जाने की प्रक्रिया बॉबी के लिए एक अच्छी-खासी आमदनी का जरिया बन गई, क्योंकि उन्हें अकेला छोड़ने के लिए उन्हें बॉबी को रिश्वत देनी पड़ती थी। इस दौरान ऐसा समय भी आया, जब बॉबी को अपने पैसे लेने के लिए केवल ड्राइंग रूम का दरवाजा ही खोलना पड़ता था। उस समय जे.आर.डी. बिना कुछ कहे पैसे उसके हवाले कर देते थे। जैक विकाजी की मृत्यु के बाद बॉबी जे.आर.डी. और थेली के साथ उनके घर चला गया। वह जे.आर.डी. से वहाँ भी एक नई फ्रांसीसी साइकिल हासिल करने में कामयाब हो गया था।

थेली और जे.आर.डी. के अपनी कोई भी संतान न होने के बावजूद जे.आर.डी. बच्चों से प्यार करते थे। सन् 1946 में लंदन में एयर इंडिया का कार्यालय स्थापित करनेवाले मानक दलाल स्मरण करते हुए कहते हैं कि जे.आर.डी. स्वयं फिएट में बैठकर चले जाते थे, जबकि उनके नौकरों के बच्चे पार्क अथवा बीच पर घूमने के लिए बड़ी-बड़ी कारों में जाया करते थे। जे.आर.डी. फिजूलखर्ची और आडंबर के विरोधी थे। वे आजीवन मिथ्याभिमान से दूर रहे। आर.एम. लाला इस तथ्य को अपने उस साक्षात्कार के माध्यम से अभिव्यक्त करते हैं, जो उन्होंने उनके उस कमरे में लिया था, जिसे वे उनका अध्ययन कक्ष समझ रहे थे, पर साथ ही वह उनका शयनकक्ष भी था। जब लाला ने उनसे इसके बारे में पूछा तो उन्होंने सादगी से जवाब दिया, ''यह मेरे लिए पर्याप्त है।'' सादा जीवन एवं उच्च विचारों का इससे अच्छा कोई और उदाहरण नहीं मिल सकता है। वास्तव में कुंबल्ला हिल पर स्थित जिस घर में वे रहते थे, वह उनका नहीं था, अपितु वह अवाबाई एफ. पेटिट रेजिडुअरी एस्टेट ट्रस्ट की संपत्ति थी। स्टर्लिंग अपार्टमेंट में अवस्थित उनके फ्लैट के विक्रय से प्राप्त धनराशि (4 करोड़ रुपए) को जे.आर.डी. टाटा न्यास में दे दिया गया था।

जे.आर.डी. और थेली का विवाह 23 दिसंबर, 1930 को हुआ था। उस समय कुछ अस्वस्थ होने के कारण उन्होंने दार्जिलिंग को हनीमून स्थल के तौर पर चुना था। जे.आर.डी. यादों के झरोखे से कहते थे, ''हमारे हनीमून की महत्त्वपूर्ण घटना यह थी कि हम इस अवसर पर कंचनजंगा को बहुत निकट से देखने में

सफल हो गए थे।'' इस दौरान एक बड़ी मजेदार घटना घटित हुई। इस घटना का संबंध पंजाब के राज्यपाल सर एफ.एस. जैक्सन से था। हुआ यों कि जब वे अपनी कार में हनीमून से वापस आ रहे थे तो पुलिस ने राज्यपाल की सुरक्षा व्यवस्था को ध्यान में रखते हुए यातायात को रोक दिया। सुबह का समय था और कड़ाके की सर्दी पड़ रही थी। इस हालत में दोनों पति-पत्नी को बड़ा गुस्सा आ रहा था। उन्होंने महामहिम से शिकायत करने का निर्णय लिया। उन्होंने फैसला किया कि थेली तो राज्यपाल की कार के सामने खड़ी हो जाएँगी, जबकि जे.आर.डी. उनके सामने अपनी शिकायत पेश करेंगे। उस समय थेली के मस्तिष्क में पता नहीं क्या आया कि जब जे.आर.डी. राज्यपाल से अपनी बात कह रहे थे, उसी समय उन्होंने भी उनसे अपनी बात कहनी चाही। इस बीच ड्राइवर ने रास्ता साफ देखकर फर्राटे के साथ गाड़ी आगे बढ़ा दी।

बंबई वापस आने के बाद वे कोलाबा की एक नई इमारत 'हेलियोपोलिस' के अपार्टमेंट में चले गए। विवाह होने के कुछ महीनों बाद थेली ने फ्लोरा फाउंटेन स्थित स्वदेशी दुकान पर कार्य में सहायता देनी शुरू कर दी; किंतु उनकी सारी दुनिया जे.आर.डी. में समाई हुई थी। उन्होंने एक श्रेष्ठ पत्नी बनने का भरसक प्रयास किया। लेकिन रोदाबेह के अनुसार, कभी-कभी ऐसा भी समय आता था जब जे.आर.डी. उनकी मौजूदगी में कुछ उद्विग्न एवं खिन्न हो उठते थे।

आर.डी. की मृत्यु के बाद तीनों छोटे बच्चों की जिम्मेदारी जे.आर.डी. और साइला पर आ पड़ी। जे.आर.डी. अपनी माँ के बाद साइला से सबसे ज्यादा प्रभावित रहते थे। जे.आर.डी. के अनुसार, वे टाटा परिवार के चार सदस्यों में सबसे श्रेष्ठ और निश्चित रूप से सबसे बहादुर लड़की थीं। उन्हें टेनिस खेलने में बहुत दिलचस्पी थी। वे फ्लाइंग लाइसेंस प्राप्त करनेवाली पहली भारतीय महिला थीं। उन्होंने फाली पेटिट से विवाह किया था और उनका समय बंबई व दक्षिण फ्रांस के बीच बँटकर रह गया था । जे.आर.डी. को उस समय बड़ा आघात पहुँचा, जब सन् 1963 में नाइस में कैंसर से उनकी मृत्यु हो गई ।

दुबली-पतली रोदाबेह एक गौरवशाली व्यक्तित्व की थीं। जे.आर.डी. उनके स्त्रियोचित गुणों और नाक-नक्श का बखान इन शब्दों में करते थे, ''रोदाबेह की पारसियों जैसी लंबी नाक, मेहराबदार भौंहें, नोकदार ठोड़ी और तेज चमकदार आँखें थीं। वे एक निपुण इंटीरियर डिजाइनर थीं। ताज का 'सी लाउंज' उन्हीं की रचना थी। उन्होंने कर्नल लेसलाइ साहनी से विवाह किया था, जो किलिक निक्सन फर्म में कार्यकारी अधिकारी थे। जे.आर.डी. का दाहिना हाथ बनने के लिए उन्होंने

उस फर्म से त्यागपत्र दे दिया था। वृद्धावस्था में उन्हें अल्जाइमर यानी अत्यधिक भूलने का रोग हो गया था। जे.आर.डी. को अपनी रोगग्रस्त पत्नी थेली और बहन की जीवनपर्यंत देखभाल करनी पड़ी। जे.आर.डी. और थेली की मृत्यु के नौ माह बाद रोदाबेह का सितंबर 1994 में देहावसान हो गया था।

जिमी और दाराब बोर्डिंग स्कूल में थे, लेकिन छुट्टियों के दौरान वे जे.आर.डी. और थेली के पास आ जाते थे। जिमी ने बंबई में समय से पूर्व जन्म ले लिया था। परिवार के वे एकमात्र ऐसे लड़के थे, जिनकी आँखें नीली थीं । बाद में उनकी आँखों का रंग भूरा हो गया था। अपनी किशोरावस्था के अंतिम दौर में वे सुंदर बालोंवाले एक लंबे-चौड़े पुरुष बन गए थे। उन्हें भी अपने पिता जे.आर.डी. की भाँति जहाज उड़ाने का जुनून था। अपनी स्कूली शिक्षा पूरी करने के बाद वे इंग्लैंड के एयर सर्विस ट्रेनिंग स्कूल में प्रशिक्षण के लिए गए थे। जिमी के लगभग हमउम्र बॉबी विकाजी के अनुसार, वे एक शानदार पायलट थे। जे.आर.डी. उनसे बहुत खुश रहते थे। वे चाहते थे कि उन्हें इस क्षेत्र में पूर्ण निपुणता प्राप्त हो। कभी-कभी जे.आर.डी. इस बारे में तीखी टिप्पणियाँ भी करते थे। जिमी ने अपने पिता की नसीहतों को गाँठ बाँध लिया था। लेकिन शुरू में कुछ अस्थिर मिजाज रखनेवाले दाराब पर इन नसीहतों का किंचित् नकारात्मक प्रभाव पड़ा। मई 1936 में उनके परिवार में एक त्रासदी घटी। ऑस्ट्रिया में हुई हवाई दुर्घटना में जिमी अपने मित्र हांस के साथ मृत्यु को प्राप्त हुए। उस समय वे केवल इक्कीस वर्ष के थे।

जे.आर.डी. दाराब की अपेक्षा जिमी से अधिक प्यार करते थे। उनके अनुसार, दाराब कुछ मुश्किल पसंद, जिद्दी और क्रोधी स्वभाव के व्यक्ति थे । दाराब बंबई में जे.आर.डी. के साथ रहने के लिए आए, लेकिन दोनों ने कभी आँख से आँख मिलाकर बात नहीं की। जे.आर.डी. उनसे अपने शेयर शापूरजी पालोनजी को बेचने के कारण बहुत नाराज थे। वे जे.आर.डी. के साथ ताजमहल होटल में थे, पर कुछ समय बाद उन्होंने उनको कारोबार से पूरी तरह हटा दिया। दाराब पचास वर्ष की आयु से पचहत्तर वर्ष यानी अपनी मृत्यु तक स्नायु-विकार (नर्वस डिसऑर्डर) से पीड़ित रहे। कुछ समय को छोड़कर उनके संबंध आपस में मधुर न हो सके थे। अपने पति की मृत्यु के बाद रोदाबेह दाराब के पास रहने लगी थीं। सन् 1987 में दाराब की मृत्यु होने से पूर्व उन्होंने दोनों भाइयों के बीच सुलह कराने की भी कोशिश की थी । यह वह घटना थी, जिसके बारे में जे.आर.डी. बहुत कम बोलते थे। स्पष्ट रूप से यह उनके जीवन का एक दुःखद विषय था।

□

7

विमान उड़ाने का शौक

जैसाकि हम पहले जान चुके हैं, जे.आर.डी. ने लुइस ब्लेरियट के एक पायलट के साथ मनोरंजक उड़ान भरने के बाद पायलट बनने का निर्णय लिया था। वे उस समय पंद्रह वर्ष के थे और अपने सपने को साकार करने से पूर्व उन्हें दस और वर्षों की प्रतीक्षा करनी थी। जे.आर.डी. अपनी स्मृतियों को ताजा करते हुए कहते थे—''जहाँ तक मेरी रुचि अथवा संभवतः मुझे कहना चाहिए कि विमान उड़ाने व विमानन के लिए मेरी दीवानगी के प्रारंभिक चरणों का संबंध है तो मैं समझता हूँ कि मुझे पाँच वर्ष पीछे शायद ठीक उस समय पर पहुँच जाना चाहिए, जब मैं प्रथम विश्वयुद्ध से पहले अर्थात् सन् 1908 और 1914 के बीच किसी समय फ्रांस में वायुयानों के संपर्क में आया था।'' जब चार्ल्स लिंडबर्ग ने अपने पुरोगामी ट्रांस अटलांटिक फ्लाइट अभियान की आधारशिला रखी थी, उस समय जे.आर.डी. ने अपनी लाल रंग की स्क्रेप बुक में लिंडबर्ग के वायुयान 'द स्पिरिट ऑफ सेंट लुइस' का रोशनाई-युक्त रेखाचित्रण करने के साथ-साथ उस पर मॉरिस रोस्टेंड द्वारा रचित एक फ्रांसीसी कविता की भी नकल उतारी थी। जे.आर.डी. ने उस स्क्रेप बुक को जीवन-पर्यंत अपने पास रखा। वे उसमें फ्रांसीसी और अंग्रेजी की कविताएँ लिखने के साथ-साथ बौद्धिक व उपयोगी सूक्तियाँ भी लिखा करते थे।

सन् 1928 में बंबई में पहला फ्लाइंग क्लब खोला गया। यह कार्य महान् यहूदी व्यापारी एवं परोपकारी सर विक्टर सासून की उदारता और दूरदर्शिता का परिणाम था। यह जुहू में मछुआरों की एक छोटी सी बस्ती के निकट रेतीले बीच

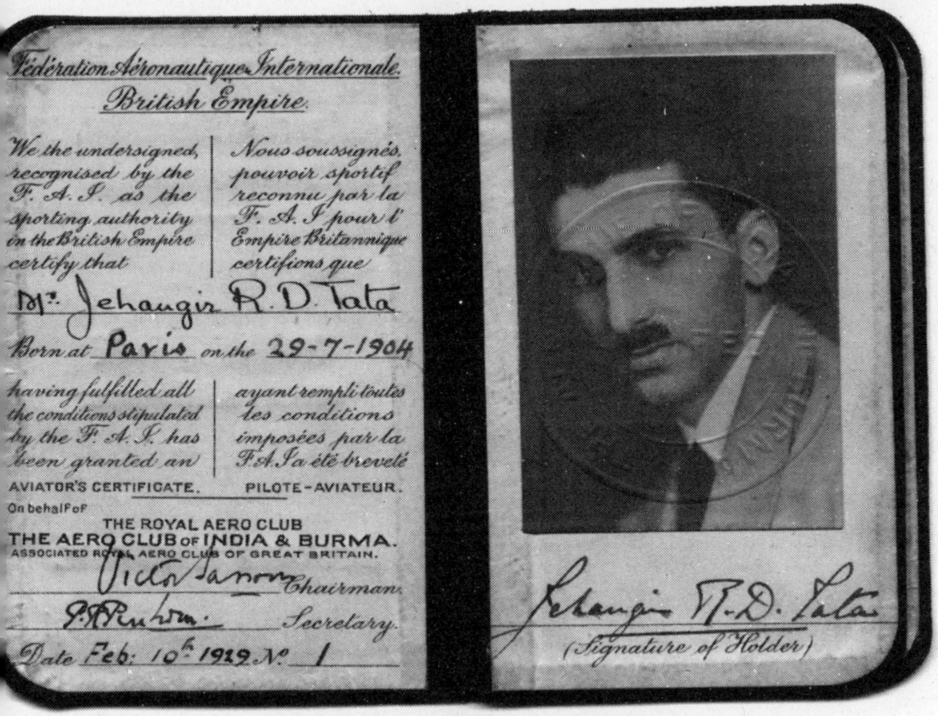
Fédération Aéronautique Internationale
British Empire

We the undersigned, recognised by the F.A.I. as the sporting authority in the British Empire certify that

Nous soussignés, pouvoir sportif reconnu par la F.A.I pour l'Empire Britannique certifions que

Mr. Jehangir R.D. Tata

Born at Paris on the 29-7-1904

having fulfilled all the conditions stipulated by the F.A.I. has been granted an AVIATOR'S CERTIFICATE.

ayant rempli toutes les conditions imposées par la F.A.I a été breveté PILOTE-AVIATEUR.

On behalf of THE ROYAL AERO CLUB
THE AERO CLUB OF INDIA & BURMA.
ASSOCIATED ROYAL AERO CLUB OF GREAT BRITAIN.

Chairman

Secretary.

Date Feb: 10th 1929 No 1

Jehangir R.D. Tata
(Signature of Holder)

जे.आर.डी. का पायलट लाइसेंस : लाइसेंस संख्या 1

के पूर्वी–पश्चिमी सिरे पर एक छोटी सी हवाई पट्टी थी। वहाँ एक छप्परबंद शेड में दो जिप्सी मॉथ वायुयान भी थे, जो सर विक्टर सासून की उदारता का एक और उदाहरण थे। जिप्सी मॉथ वायुयान ज्योफ्री डी हैवीलैंड की ईजाद थे। ये वायुयान वास्तव में आम लोगों की पहुँच के बीच उड़ान व्यवस्था उपलब्ध करानेवाले पहले वहनीय हलके वायुयान थे। ये ब्रिटेन और दूसरे स्थानों पर फ्लाइंग क्लब अभियान की बुनियाद डालने का आधार बने। इन वायुयानों का प्रचालन एमी जॉनसन और फ्रांसिस चिचेस्टर सहित अनेक पुरोगामी पायलटों ने किया। भारत में अब अपना दूसरा फ्लाइंग क्लब स्थापित हो चुका था। ऐसा पहला क्लब दिल्ली में था।

जे.आर.डी. उस समय यूरोप में थे, जब बंबई का फ्लाइंग क्लब वास्तविक रूप में खुला था। ई.डी. कमिंग्स नाम के एक ब्रिटिश नौसेना पायलट को इसके फ्लाइंग अनुदेशक के रूप में नियुक्त किया गया था और किंग नाम के एक ब्रिटिश इसके इंजीनियर बने। जे.आर.डी. ने इस क्लब में प्रशिक्षण प्राप्त करने के लिए करार पर हस्ताक्षर करने में विलंब नहीं किया। 22 जनवरी, 1929 को उन्होंने अपनी प्रथम पायलट लॉग बुक की पावती पर हस्ताक्षर किए और उसी दिन अपनी

प्रथम उड़ान का अनुभव प्राप्त किया। यान को नियंत्रित करने में उनका संचालन सराहनीय था। 3 फरवरी को केवल तीन घंटे पैंतालीस मिनट की उनकी द्वैत उड़ान के बाद उन्हें अपनी प्रथम एकल उड़ान भरने की अनुमति दी गई। अंततः नॉरमंडी के समुद्री किनारे पर किसी समय एक नन्हे बच्चे के लंबे समय से सँजोए गए सपने का एक भाग उस समय साकार हो गया था। बाद में उन्होंने एक पुरोगामी विमान चालक और आज की दुनिया में बच्चों की महान् कृति 'द लिटिल प्रिंस' के लेखक के रूप में अपने हीरो एंटोनी डी सेंट एग्जुपेरी का हवाला देते हुए अपनी इस प्रथम उड़ान का उल्लेख इन शब्दों में किया था, "पायलट को अपनी पूरी उड़ान के दौरान न तो कोई चक्कर आया और न ही उसने किसी प्रकार की घबराहट महसूस की। उस समय ऐसा लग रहा था जैसे धातुयुक्त यान का रहस्यमय अस्तित्व मांस के एक जीते-जागते रूप में परिवर्तित हो गया है।" वस्तुतः जे.आर.डी. एंटोनी डी सेंट एग्जुपेरी से मिल चुके थे। उन्होंने उन्हें अपनी पुस्तक 'द लिटिल प्रिंस' की एक प्रति प्रदान की थी। इस संबंध में जे.आर.डी. की लॉग बुक में की गई प्रविष्टि निम्नानुसार संक्षिप्त एवं लक्षित थी—

3 फरवरी, 1929—हवा में समय, 15 मिनट।

पायलट—स्वयं, विशेष टिप्पणी—पहली एकल उड़ान।

जे.आर.डी. ने अगले सात दिनों में विश्वास, अनुभव और विमान उड़ाने का रिकॉर्ड समय अर्जित करने के प्रयोजनार्थ 30 से 40 मिनटों की एकल उड़ानें भरी थीं। 10 फरवरी को जे.आर.डी. ने प्रथम श्रेणी की लाइसेंस अर्हता प्राप्त करने के लिए 45 मिनट की एकल उड़ान भरी थी। उसी दिन उन्हें एक लिफाफा मिला, जिसमें सुनहरे अक्षरों के साथ कपड़े में लिपटा हुआ एक नीला कार्ड था। यह फेडरेशन एयरोनॉटिक इंटरनेशनल (एफ.ए.आई.) की ओर से रॉयल एयरो क्लब ऑफ इंडिया ऐंड बर्मा द्वारा निर्गत विमान उड़ाने का प्रमाण-पत्र था। इसपर अध्यक्ष की हैसियत से सर विक्टर सासून के हस्ताक्षर थे। इसपर नंबर '1' लिखा हुआ था, जिससे यह अभिप्रेत था कि वे भारत में विमान उड़ाने की अर्हता प्राप्त करनेवाले प्रथम व्यक्ति हैं।

जे.आर.डी. के अपने शब्दों में, "किसी भी दस्तावेज से मुझे कभी ऐसी खुशी और उल्लास महसूस नहीं हुआ था जितना फेडरेशन एयरोनॉटिक इंटरनेशनल (एफ.ए.आई.) की ओर से रॉयल एयरो क्लब ऑफ इंडिया ऐंड बर्मा द्वारा 10 फरवरी, 1929 को प्रदत्त उस छोटे से नीले और सुनहरे प्रमाण-पत्र से हुआ था। वस्तुतः मुझे इसमें उल्लिखित नंबर '1' प्राप्त करने में एक गौरव की अनुभूति

हुई थी। यद्यपि इसका इससे अधिक कोई और अर्थ न था कि मैं भारत में इस क्षेत्र की अर्हता प्राप्त करनेवाला प्रथम व्यक्ति हूँ।'' एक अन्य अवसर पर उन्होंने उल्लेख किया कि उनकी बड़ी बहन साइला भारत में फ्लाइंग लाइसेंस प्राप्त करनेवाली पहली महिला थीं और उनकी छोटी बहन रोदाबेह को इस क्षेत्र की दूसरी महिला होने का गौरव प्राप्त था। लेकिन उनके मस्तिष्क में इस विषय पर कोई संदेह नहीं था कि उनके छोटे भाई जमशेद (जिमी), जिन्हें प्रकृति ने विमानन ज्ञान प्रदान करने में कोई कृपणता नहीं दिखाई थी, निस्संदेह सर्वाधिक श्रेष्ठ विमान उड़ानेवाले थे।

जे.आर.डी. कोई औपचारिक प्रशिक्षण प्राप्त न करने के बावजूद यांत्रिकी विज्ञान की ओर झुकाव रखते थे। वे एक शानदार मोटर चालक थे और मोटर के पुरजों को यह देखने के लिए अलग-अलग कर देते थे कि वे किस प्रकार कार्य करते हैं। वे तकनीकी पत्रिकाएँ और पुस्तकें पढ़ा करते थे। आनेवाले वर्षों में वे तकनीकी बारीकियों को उसी कुशलता के साथ समझने लगे थे जितना कि कोई अर्हता प्राप्त इंजीनियर समझता था। एक बार जब जे.आर.डी. मामूली अस्थि-भंग (हेयरलाइन फ्रेक्चर) के कारण व्हील चेयर पर थे और उस समय उन्हें एक विशेष स्पेनर की जरूत पड़ी तो उन्होंने अपने एक मित्र से कहा था, ''दूसरी अलमारी, दाईं ओर से तीसरा औजार लेकर आओ।'' जे.आर.डी. के घर में 250 वर्ग फीट में फैली एक कार्यशाला थी, जिसमें चिमटियाँ, ड्रिलर और औजार बड़े करीने से रखे हुए थे।

जे.आर.डी. के प्रारंभिक उड़ान अनुभव में कुछ हद तक जोखिम विद्यमान था, क्योंकि कमिंग्स कोई प्रशिक्षित अनुदेशक न थे। जे.आर.डी. ने महसूस किया कि उन्हें पूर्ण पायलट बनने के लिए कुछ हवाई करतब भी सीखने चाहिए। कमिंग्स को हवाबाजी के करतब सिखाने में कोई रुचि न थी, लेकिन उन्होंने इस बारे में जे.आर.डी. को इन शब्दों में उपयोगी जानकारी दी कि ''कोई भी कोशिश करने से पहले तुम्हें वायुयान को आकाश में काफी ऊँचा ले जाना चाहिए।'' इस प्रकार जे.आर.डी. ने वायुयान को आकाश में चक्कर लगाने का करतब सीखा और इसके बाद उन्होंने यान को 'इमलमैन टर्न' देने शुरू किए। (इमलमैन टर्न एक संकुल रण-युक्ति है, जिसका नाम मैक्स इमलमैन के नाम पर 'इमलमैन टर्न' रखा गया। मैक्स इमलमैन प्रथम विश्व युद्ध में जर्मनी के हवाबाजी के पहले विशेषज्ञ थे। इसमें एक साथ चक्कर लगाने और उतार-चढ़ाव के करतब शामिल होते थे। इसमें व्यक्ति पीछा करनेवाले हवाबाज के मुकाबले में पायलट द्वारा पीछे की ओर गोता

लगाता था। यह युक्ति युद्ध के शेष दिनों के दौरान एक मानक अभ्यास बन गई थी)। जे.आर.डी. ने स्वीकार किया था कि वे उन कार्यों को भलीभाँति नहीं कर पाते थे। फिर भी, वे सब कार्य कोई खास जटिल प्रकार के नहीं लगते थे। अस्तु, कुछ दिनों के अभ्यास के बाद उन्होंने करतबी उड़ान भरी और यही वह समय था, जब उन्हें अपना जीवन खतरे में पड़ता नजर आया। इससे पहले उन्होंने कभी यान को इस प्रकार चक्कर नहीं दिया था और उन्हें यह नहीं मालूम था कि इस विषय में क्या किया जाए। यह केवल परिस्थितियों को नियंत्रित करने की उनकी मानसिक क्षमता थी कि वह यान को सुरक्षित जमीन पर उतार लाए। उनके अपने शब्दों में, ''मेरा पूरा अस्तित्व हिलकर रह गया था। कमिंग्स, जो सन्निकट इस विनाश को लापरवाही से देख रहे थे, अपनी जगह अविचलित खड़े रहे। तब कुपित जे.आर.डी. ने उनसे कहा था—क्या तुम्हें मालूम है कि तुमने लगभग मेरी मौत का सामान तैयार कर दिया था?'' जे.आर.डी. कमिंग्स से दोबारा सिडनी में एक आई.ए.टी.ए. सम्मेलन में 30 वर्ष बाद मिले। यह एक ऐसी मुलाकात थी, जिसके बारे में जे.आर.डी. अपनी स्मृति को ताजा करते हुए कहते हैं, ''वे बहुत बूढ़े दिखाई देते थे। मैंने गर्मजोशी से उनका स्वागत करते हुए उन्हें याद दिलाया कि मैं इस पार्टी में शामिल होने के लिए उनका आभारी नहीं हूँ।''

मार्च 1929 के अंत तक जे.आर.डी. 20 घंटों से अधिक की उड़ान भर चुके थे। वे सारे भारत में वायुयान के द्वारा जाना चाहते थे। इसलिए उन्होंने खुद अपना जहाज खरीदने का निर्णय लेते हुए इंग्लैंड में डी हैवीलैंड से एक जिप्सी मॉथ का आदेश दिया। 1,200 पाउंड की लागतवाले इस जहाज को उन्होंने इंग्लैंड में ही प्राप्त करने का निर्णय लिया। उस समय उन्हें प्रथम श्रेणी का लाइसेंस प्राप्त हो चुका था, जिसके द्वारा वे हर प्रकार के जमीनी वायुयान उड़ा सकते थे। 15 मई, 1929 को जे.आर.डी. को फुलफोर्ड, इंग्लैंड स्थित डी हैवीलैंड फ्लाइंग स्कूल से अपना नया जहाज उड़ाने के लिए नए अनुदेश प्राप्त हुए। शीघ्र ही उन्हें नए जिप्सी मॉथ का मालिक होने का गौरव प्राप्त हुआ। इस जिप्सी मॉथ का नंबर 1010-जी-ए.ए.जी.आई. था। दो दिन बाद स्टेग लेन, क्रॉयडन, लंदन से फ्रांस को उनकी प्रथम अंतरराष्ट्रीय उड़ान की यात्रा लॉग बुक में दर्ज की गई। उन्होंने ली बार्गेट, पेरिस पहुँचने की योजना बनाई थी। लेकिन मौसम खराब होने के कारण उन्हें उड़ान रद्द करनी पड़ी। लॉग बुक में उनकी प्रविष्टि इस प्रकार थी—

> 17 मई, 1929—स्टेग लेन से विदाई : 12.30 बजे। लिंपन में 5.5 गैलन पेट्रोल भरा। ग्रिज नेज से अबीविले तक जहाज बुरी तरह हिचकोले खाता

रहा। 16.45 पर जहाज भली प्रकार जमीन पर उतरा। बहुत खराब मौसम होने के कारण अबीविले में रात को अवांछित रूप से रुकना पड़ा। हवाबाजी करते हुए कुछ घबराहट महसूस हुई। वायुयान और इंजन पूरी तरह सही थे।

'एयरक्राफ्ट ऐंड इंजन परफेक्ट', यह वाक्यांश जे.आर.डी. की लॉग बुकों में नियमित रूप से लिखे जाते थे। इस वाक्यांश ने मुराद फैजी को जे.आर.डी. के विमानन इतिहास पर पुस्तक लिखने के लिए प्रेरित किया। जैसा कि फैजी ने अपनी पुस्तक 'एयरक्राफ्ट ऐंड इंजन परफेक्ट' में लिखा है—"इससे उन्हें विपरीत परिस्थितियों, मानव गलतियों, उनकी प्रकृति और बहुत सी गैर-अभिलिखित समस्याओं के विरुद्ध एक प्रकार की विजय का अहसास होता था। इससे इस बात की भी अनुभूति होती थी कि जे.आर.डी. और उनके वायुयान के बीच कितना गहरा रिश्ता था।

आगामी दो महीनों के दौरान जे.आर.डी. ने उत्तरी फ्रांस में कई छोटी उड़ानें भरीं। वे इन तफरीही उड़ानों में अपने परिवार के कई दोस्तों को भी साथ ले गए। वे अपने जहाज में अपनी बहन रोदाबेह को कॉलेज डी नॉरमंडी में अपने छोटे भाई दाराब से मिलाने के लिए ले गए। दाराब ने जोश में आकर 'रगर फील्ड' पर सफेद रंग की डबल बेडशीट (जे.आर.डी. के कहने के अनुसार) बिछा दी; लेकिन वे इस तथ्य को बिलकुल नजरअंदाज कर गए कि 'टैल गोल पोस्टों' से जे.आर.डी. का रास्ता अवरुद्ध हो जाएगा। आखिरकार जे.आर.डी. जहाज को कॉलेज के बाहर मैदान में उतारने के लिए मजबूर हो गए।

सितंबर 1929 में जे.आर.डी. ने अपने नए जहाज को बंबई पहुँचवाने की व्यवस्था की। वापस लौटने पर उन्होंने जहाज से सारे भारत में उड़ानें भरीं। उन्होंने अपनी पहली उड़ान में दिल्ली की ओर कूच किया था। वे अपने जहाज को पहले कानपुर और फिर वहाँ से जमशेदपुर ले गए। जमशेदपुर में उन्होंने अपने जहाज को पुराने पोलो ग्राउंड में उतारा। वे नियमित रूप से हवाबाजी करते रहे। वे अपने जहाज से कई बार जमशेदपुर गए। उनकी एक हवाई यात्रा उस समय बड़ी सनसनीखेज हो गई थी, जब अरावली की पहाड़ियों के ऊपर नागपुर और जमशेदपुर के बीच यात्रा करते हुए उन्हें पता चला कि जहाज के कंपास ने काम करना बंद कर दिया है। फलस्वरूप वे एक ऐसे मैदान में उतरने के लिए बाध्य हो गए, जिसके बारे में उन्हें पता चला कि यह स्थान रामटेक के समीप था। यह स्थान

उनकी लक्षित मंजिल से सौ से अधिक मील की दूरी पर था। जे.आर.डी. कहते हैं कि उनके साथ यात्रा करनेवाले किश नवरोजी यह सोचकर बड़े भयभीत हो रहे थे कि उनका अंतिम समय निकट आ गया है।

जुहू, बंबई में जहाज उतारकर जे.आर.डी. ने इंजीनियर से खराब हुए कंपास की जाँच करने के लिए कहा। आगामी घटनाओं को ध्यान में रखते हुए यह घटना बड़ी महत्त्वपूर्ण थी। इस समय तक फ्लाइंग क्लब में मेजर वेच नाम के एक नए अंग्रेज अनुदेशक आ चुके थे, जो बड़े ही जोशीले थे; हालाँकि कभी-कभी उनका यह स्वभाव निरर्थक एवं आधारहीन स्थिति उत्पन्न कर देता था। जे.आर.डी. उनको एक श्रेष्ठ अनुदेशक मानते थे। दुर्भाग्यवश फ्लाइंग क्लब ने उन्हें नौकरी से निकाल दिया था। चूँकि वे जहाजों के कल-पुरजों के साथ कुछ ज्यादा ही छेड़छाड़ करके उन्हें खराब कर देते थे, जिससे क्लब के अधिकारियों को पर्याप्त आर्थिक नुकसान उठाना पड़ता था। जे.आर.डी. कहते हैं कि उन्हें अपने छोटे भाई जिमी के साथ उड़ान भरने में बड़ी तैयारियाँ करनी पड़ती थीं। वे उस घटना का जिक्र करते हुए बताते हैं कि जब एक ऐसी उड़ान भरने के दौरान असमय जोखिम उठाने के कारण मेजर वेच ने दोनों भाइयों को नीचे उतरने के लिए कहा था।

□

8

आगा खाँ पुरस्कार

लंदन 'टाइम्स' के 19 नवंबर, 1929 के अंक में इस घोषणा के साथ यह समाचार प्रकाशित हुआ कि आगा खाँ उस प्रथम भारतीय को 500 पाउंड का पुरस्कार देंगे, जो इंग्लैंड और भारत के बीच दोनों स्थानों में से कहीं से भी एकल उड़ान भरेगा। उसमें यह भी उल्लेख किया गया था कि उड़ान हर स्थिति में अकेले व्यक्ति द्वारा भरी जाए। अखबार में आगे लिखा था कि यह उड़ान शुरू करने की तारीख से छह सप्ताह के भीतर पूरी हो जानी चाहिए। इस पुरस्कार की अवधि 1 जनवरी, 1930 से एक वर्ष के लिए जारी रहनी थी। 'टाइम्स' के उसी पृष्ठ पर इंपीरियल एयरवेज द्वारा क्रॉइडन (लंदन) से कराची और वहीं से दिल्ली तक डाक सेवा के प्रस्तावित विस्तारण की भी घोषणा की गई थी। यह एक ऐतिहासिक घोषणा थी।

प्रतियोगिता में मनमोहन सिंह नाम का एक युवा सिख भी शामिल था, जिसका उत्साह और जोश विमान संचालन-कौशल से कहीं अधिक था। उसने लंदन में क्राइडन एयरफील्ड से उड़ान भरी, हालाँकि रास्ता भूल जाने के कारण वह वापस अड्डे पर लौट आया। उसका एक दूसरा प्रयास भी इसी प्रकार निष्फल रहा। वह यूरोप की धुंध में खो गया था और बड़ी मुश्किल से वापस लौटा था। प्रसिद्ध ब्रिटिश विमानन पत्रिका 'द एयरोप्लेन' के संस्थापक संपादक सी.जी. ग्रे मनमोहन की इस उड़ान की मीमांसा करते हुए लिखते हैं कि "मनमोहन सिंह के मसखरेपन एवं भद्रता के संयोजित व्यवहार से पूर्व ब्रिटिश कॉलोनियों के अश्वेत सदस्य अनायास ही हक्के-बक्के रह जाते थे।" वे लिखते हैं कि "वे अपने विमान को

'मिस इंडिया' कहकर पुकारते थे। वे अपने विमान का इसके अलावा दूसरा नाम रख भी नहीं सकते थे। ग्रे अपने आप में एक शख्सियत का नाम था। उन्होंने 'ऑल द वर्ल्ड्स फाइटिंग शिप्स, 'ऑल द वर्ल्ड्स एयरशिप्स' का संकलन करनेवाले प्रसिद्ध लेखक फ्रेड जेन के साथ हाथ मिलाया था। सन् 1916 में जेन की मृत्यु होने पर ग्रे उनकी बेटी के साथ बराबर के भागीदार बन गए थे। ग्रे हमेशा अपने वाक्यांशों के लिए याद किए जाएँगे। उनमें से एक यह भी है, ''विमान उस समय तक आ चुका होगा, जब लोग मरने के अभ्यस्त हो जाएँगे।'' एक अन्य वाक्यांश से जे.आर.डी. बहुत प्रभावित थे, ''डाक खो जाए, लेकिन कभी विलंबित न हो; यात्री विलंबित हो जाएँ, लेकिन कभी खो न जाएँ।'' इस वाक्यांश को फ्रांसीसी एयरलाइन एयरो-पोस्टेल ने उस समय आदर्श वाक्य के रूप में अपनाया था, जब उसने दक्षिण अमेरिका स्थित चिली देश के लिए अपनी पहली उड़ान भरी थी।

इंग्लैंड से रवाना होनेवाला दूसरा प्रतियोगी अठारह वर्षीय एक असपाई

इंजीनियर था। तीसरे जे.आर.डी. टाटा थे, जो इस उड़ान को भारत से शुरू करना चाहते थे। वास्तव में 29 मार्च, 1930 को असपाई और एक दूसरे भारतीय आर.डी. चावला (प्रथम पायलट के रूप में), जो कि कराची एयरो क्लब के सदस्य थे, कराची से चार सप्ताह से भी अधिक अवधि की उड़ान भरने के बाद लंदन पहुँच गए थे। तथापि यह उड़ान 'आगा खाँ पुरस्कार' की हकदार करार नहीं दी गई, क्योंकि इसे दोनों में किसी एक स्थान से अकेले ही निष्पादित किया जाना था। अस्तु, चावला की इन शानदार कोशिशों को उपेक्षित नहीं किया गया। नागर विमानन के निदेशक ने घोषणा की कि भारत के वायसराय ने उनकी इस उपलब्धि के लिए उन्हें 560 पाउंड का पुरस्कार प्रदान किया है। इसके अतिरिक्त दोनों को ब्रिटिश एंपायर क्लब द्वारा दिए गए रिसेप्शन में भी आमंत्रित किया गया।

1 मई, 1930 को जे.आर.डी. जुहू से कराची के लिए रवाना हुए, जहाँ से आगा खाँ पुरस्कार प्रतियोगिता प्रारंभ होनी थी। उन्होंने वहाँ फ्लाइंग क्लब के किंग नामक ग्राउंड इंजीनियर से अपने विमान में कुछ ऐसी युक्ति लगवाई, जिससे वह प्रति घंटा 5 मील अधिक उड़ सके। इसके पूर्व उन्होंने जमशेदपुर से वापसी पर किंग से उस कंपास की जाँच कराई थी, जिसके कारण वे अपने मार्ग से भटक गए थे। इस संबंध में नक्शों और रास्तों के ब्योरे प्राप्त करने में लगभग पंद्रह दिन लग गए। उनकी इस योजना से केवल उनकी दोनों बहनें और उनके साथी एवं टाटा के सह निदेशक जैल नौरोजी अवगत थे। उनकी यह भी जिम्मेदारी थी कि वे रास्ते में पूर्व निर्धारित स्थानों पर केबलों के माध्यम से जे.आर.डी. के साथ संपर्क रखें।

3 मई, 1930 को जे.आर.डी. कराची से रवाना हुए और वहाँ से चलकर गवादर के हवाई अड्डे पर उतरे। फिर वहाँ से उन्होंने जास्क के लिए उड़ान भरी। उन्होंने इस दौरान अपनी पहली रात बर्मा शेल के एक प्रतिनिधि के घर पर गुजारी। जास्क से रवाना होकर वे हुरमुज, लिंगेह, बुशायर और बसरा तक पहुँचे। जे.आर.डी. 6 मई, 1930 को रुतबाह से चले, जहाँ से वे सीधे भूमध्य सागर के तट पर पहुँच गए। मृत सागर पर उनकी उड़ान का मार्ग पानी की एक लंबी सँकरी पट्टी के रूप में दिखना चाहिए था; किंतु अपने मार्ग में अचानक ही उन्होंने पानी का एक स्पष्ट संकुचित दायरा देखा, जो उनकी सुनियोजित यात्रा के कार्यक्रम में शामिल नहीं था। उन्हें संदेह हुआ, क्योंकि वे निरंतर उत्तर की ओर उड़ रहे थे। शुरू में तो वे समझे कि यह दक्षिण की ओर से चलनेवाले हवाओं के झक्कड़ों के कारण है, लेकिन उनके अवचेतन मन में कोई यह कह रहा था कि यह कंपास के कारण है और यह बात सच साबित हुई। उस समय वे गलीली के समुद्र पर उड़ रहे थे और

यह स्थान वहाँ से 100 मील उत्तर में था, जहाँ उन्हें होना चाहिए था। अतएव वे प्रथम विश्व युद्ध से गैर-इस्तेमालशुदा पड़ी हुई एक हवाई पट्टी पर जहाज उतारने के लिए मजबूर हो गए। आधे घंटे बाद एक किसान से बड़ी मुश्किल से इशारों की भाषा में बात करके उन्हें पता चला कि वे हैफा के निकट हैं। उनके नक्शे से इस अभिमत की पुष्टि हो गई थी कि वे अपने मार्ग से उत्तर दिशा की ओर लगभग 100 मील आगे हैं। तब उन्हें निश्चित रूप से यह विश्वास हो गया कि यह सबकुछ उनके कंपास में गड़बड़ी के कारण हुआ है। जे.आर.डी. के अपने शब्दों में, ''मेरा विचार फौरन ही जुहू स्थित फ्लाइंग क्लब के अनुदेशक मिस्टर किंग की तरफ चला गया। उनकी याद से मेरी भावनाओं को चोट पहुँच रही थी। जमशेदपुर की उड़ान के बाद उन्हें मेरे कंपास की जाँच करनी थी। हालाँकि स्पष्टत: उन्होंने ऐसा नहीं किया था और अंततोगत्वा मुझे पूरे एक दिन का अनावश्यक विलंब हुआ था।''

जे.आर.डी. ईंधन भरने के लिए गाजा हवाई पट्टी पर उतरे। उन्होंने देखा, वहाँ एक और डी हैवीलैंड जिप्सी मॉथ आ रहा था। जमीन पर उतरने के बाद यह पूर्णत: नियंत्रित रूप में जे.आर.डी. के जहाज के पास कुछ ही इंचों के फासले पर आकर खड़ा हो गया। यह अदम्य और अमिट उत्साह का द्योतक मनमोहन सिंह था, जिसने इस उड़ान का तीसरा प्रयास किया था। वह निश्चित रूप से एक सराहनीय व निडर व्यक्ति था। वह नीची उड़ान भरते हुए अपने रिवॉल्वर से रेगिस्तानी चिंकारों का शिकार करता था। द्वितीय विश्व युद्ध के दौरान वह पायलट ऑफीसर के रूप में रॉयल एयरफोर्स (आर.ए.एफ.) में भरती हुआ था। हालाँकि भाग्य की विडंबना यह रही कि वह सन् 1942 में पश्चिमी ऑस्ट्रेलिया में मारा गया। ईंधन भरवाने और अपनी प्लग सेटिंग कराने के बाद जे.आर.डी. गाजा से काहिरा के लिए रवाना हुए।

जे.आर.डी. काहिरा के बाहर स्थित आर.ए.एफ. के हवाई अड्डे पर पहुँचे। वहाँ से उन्हें अलेक्जेंड्रिया के निकट अबूकिर भेजा गया, जहाँ एयरफोर्स के ग्राउंड इंजीनियर ने कंपास की मरम्मत की। कंपास अपने सही स्थान से पूरे 25 डिग्री हटा हुआ था। इंजीनियर ने जे.आर.डी. के विमान कौशल की बड़ी सराहना की। उसने बताया कि वे बंबई से काहिरा तक उस बिगड़े हुए कंपास के साथ उड़कर आए हैं। अलेक्जेंड्रिया में जे.आर.डी. ने एक और मॉथ यान खड़ा हुआ देखा। उन्हें इस निष्कर्ष पर पहुँचते हुए देर नहीं लगी कि वह इस दौड़ का तीसरा प्रतियोगी असपाई इंजीनियर है। यह मालूम होने के बाद कि भारत के किसी पायलट द्वारा

मॉथ यान उड़ाकर लाया गया है, असपाई जे.आर.डी. के स्वागत में आगे बढ़ा। उसने जे.आर.डी. को बताया कि उसे स्पार्क प्लग चाहिए थे। जे.आर.डी. के पास चार सिलेंडरवाला जहाज था, जबकि उन्होंने आठ का सैट रखा हुआ था। अतएव, उन्होंने फौरन वहीं उन्हें चार सिलेंडर दे दिए। प्रफुल्लित एवं कृतज्ञ असपाई ने आग्रह किया कि उन्हें उसकी माय वेस्ट लाइफ जैकेट लेनी ही होगी। अस्तु जे.आर.डी. ने भूमध्य सागर पार करते हुए वह जैकेट पहनी थी। (दूसरे विश्व युद्ध के दौरान मित्र देशों के सैनिक अपनी हवा भरनेवाली लाइफ जैकेट को 'माय वेस्ट' कहते थे, चूँकि वह हॉलीवुड के प्रख्यात कलाकार करवेशियस टोरसो द्वारा पहनी जानेवाली जैकेट के समान होती थी।)

जे.आर.डी. के कंपास की मरम्मत होने और असपाई को स्पार्क प्लग मिलने के बाद दोनों ने अपने-अपने मॉथ यानों में विपरीत दिशा की ओर उड़ान भरी। बेनगाजी पहुँचने पर जे.आर.डी. वहाँ रात्रि प्रवास के लिए रुके। जब वे ट्रिपोली पहुँचे तो उन्हें जैल नौरोजी की ओर से एक केबल मिला, जिसमें लिखा था— 'शीघ्रता से रवाना हो, चूँकि असपाई जास्क में हैं।' जे.आर.डी. ने हिसाब लगाया कि असपाई को कराची पहुँचने में लगभग एक दिन लगेगा। इसलिए उन्होंने यह विचारते हुए यथाशीघ्र रोम पहुँचने का निर्णय लिया कि यदि वे दूसरे दिन रोम से रवाना होंगे तो उसी दिन पेरिस के रास्ते से लंदन पहुँचने में सफल हो जाएँगे। उस जमाने में छोटे हवाई जहाजों की उड़ान अच्छे मौसम की मेहरबानी पर निर्भर होती थी। हालाँकि जे.आर.डी. का भाग्य कुछ धीमा पड़ रहा था। किसी कारण से, संभवतः खराब मौसम से, वे रोम की बजाय नेपल्स में उतरने के लिए बाध्य हुए। उन्हें यह अनुदेश मिलने पर आश्चर्य हुआ कि वे स्वेच्छा से रवाना नहीं हो सकते और यह कि उन्हें कमांडेंट के आने की प्रतीक्षा करनी होगी। अंततोगत्वा उन्होंने काफी परेशानी के बाद सुबह 9.30 बजे अपनी यात्रा प्रारंभ की।

जे.आर.डी. 12 मई, 1930 को पेरिस पहुँचे और प्रतियोगिता की अंतिम मंजिल पर प्रातः 8.30 बजे पहुँचे। वे क्रॉइडन, लंदन अपराह्न 12.16 बजे पहुँचे। उड़ान का क्रम समाप्त हो चुका था। इस यात्रा में 72 घंटे 55 मिनट लगे थे। असपाई इंजीनियर एक दिन पहले 11 मई को कराची पहुँच गया था और चूँकि उसका समय जे.आर.डी. के मुकाबले ढाई घंटा कम था, इसलिए उसे विजेता घोषित किया गया था। मनमोहन सिंह भी कराची पहुँचा था, लेकिन निर्धारित समय पर यात्रा पूरी न करने के कारण उसे भी असफल घोषित कर दिया गया। उसने अपनी यात्रा 11 जनवरी को प्रारंभ की थी और वह अंततः 10 मई को

कराची पहुँचा था। संबंधित नियमों में यह प्रावधान किया गया था कि यह यात्रा प्रारंभ होने की तारीख से छह सप्ताह के भीतर पूरी हो जानी चाहिए। बाद में जे.आर.डी. ने बताया था कि एमी जॉनसन ने किस प्रकार अपनी लंदन से ऑस्ट्रेलियावाली पुरोगामी उड़ान के दौरान लंदन-कराची की यात्रा साढ़े तीन दिन में पूरी करके उन्हें शर्मिंदा कर दिया था।

जे.आर.डी. स्वाभाविक रूप से प्रतियोगिता न जीतने पर निराश थे। उन्होंने कहा कि उन्हें इसपर खुशी हुई कि असपाई प्रतियोगिता जीत गए हैं, चूँकि इसके कारण वे भारतीय वायुसेना में उस समय भरती होने में सफल हुए, जबकि वह अपनी स्थापना के प्रारंभिक काल में चल रही थी। असपाई ने द्वितीय विश्व युद्ध के दौरान डी.एफ.सी. को जीत लिया था और बाद में वे भारतीय वायु सेना के चीफ ऑफ स्टाफ होनेवाले दूसरे भारतीय बने। वे कराची के एक समृद्ध व्यापारी के.एच. ईरानी के पुत्र थे। बचपन में उनकी मेकैनिकी कार्यों में बड़ी रुचि थी। इसलिए उनके स्कूल के साथियों ने उनका नाम 'इंजीनियर' रख दिया था। उन्होंने इस नाम को हमेशा के लिए अपना लिया और बाद में इसी नाम से ख्याति अर्जित की। (पारसियों में यह कोई असाधारण बात नहीं है कि वे अंग्रेजी के व्यावसायिक नामों को अपना लें।) प्रतियोगिता हारने की बाबत अपनी स्मृतियों को ताजा करते हुए जे.आर.डी. कहते हैं कि न केवल यह कि उनके खराब कंपास ने उनका एक दिन खराब कर दिया था, बल्कि उन्होंने रास्ते का चयन करने में भी गलती की थी। इस हार में महत्त्वपूर्ण भूमिका अदा करनेवाला दूसरा कारण यह था कि जे.आर.डी. एकमात्र व्यक्ति थे, जिन्होंने पश्चिम दिशा की ओर उड़ान भरी थी। पश्चिम दिशा के मार्ग पर मौसम हमेशा से ही बहुत अधिक अनिश्चित रहता है। असपाई और मनमोहन इस बात से पूर्णत: से आश्वस्त थे कि पूर्व दिशा की ओर से उड़ान भरने में मौसम ज्यादा अनुकूल रहेगा। यह विमानन की दुनिया का एक महत्त्वपूर्ण समय था। 12 मई, 1930 को जब जे.आर.डी. क्रॉइडन, लंदन के हवाई अड्डे पर उतरे तो उस समय सुविख्यात एमी जॉनसन इंग्लैंड से ऑस्ट्रेलिया के लिए निर्धारित अपनी पुरोगामी एकल उड़ान के दौरान कलकत्ता में उतरे थे।

दौड़ प्रतियोगिता के एक दिन बाद जे.आर.डी. अपना विमान उड़ाकर स्टेग लेन ले गए, जहाँ उन्होंने इसे विक्रय के प्रयोजनार्थ डी हैवीलैंड में छोड़ दिया। वे इस धीमी गतिवाले जहाज को छोड़कर नया जहाज खरीदना चाहते थे। एक सप्ताह बाद जे.आर.डी. इंपीरियल एयरवेज फ्लाइट से भारत वापस आए। यह यात्रा बड़ी ही उत्तेजनापूर्ण थी। तीन मोटरवाले डी हैवीलैंड डी एच-66 हरक्यूलिस जहाज

को रुतबाह वेल्स नामक एक निर्जन स्थान के निकट ईंधन भरने के लिए उतरना था, पर पायलट रास्ता भटक जाने के कारण एक भूमिगत ईंधन केंद्र के पास बनी एक कामचलाऊ हवाई पट्टी पर उतरने के लिए मजबूर हो गया। इस हवाई पट्टी को आर.ए.एफ. ने आपातकालीन स्थिति में ईंधन भरने के लिए बनाया था। वास्तव में वह जे.आर.डी. ही थे, जिन्होंने पायलट को बताया था कि रुतबाह वेल्स पीछे रह गया है। जब पायलट ने यह पूछा कि उन्हें इस स्थान का कैसे पता चला, तो उन्होंने जवाब दिया था कि वे भारत से इंग्लैंड की अपनी एकल उड़ान के दौरान एक सप्ताह पूर्व वहाँ जा चुके हैं।

जब वे अगले दिन ड्रिग रोड, कराची पर उतरे तो जे.आर.डी. को वहाँ एक सुखद अनुभूति हुई। उन्होंने देखा कि वहाँ जहाज के उतरने पर स्काउट लड़कों के एक समूह ने उन्हें गार्ड ऑफ ऑनर पेश किया। एक युवक आगे बढ़ा और उसने उन्हें छोटा सा बॉक्स भेंट किया, जिसके भीतर एक सिल्वर मेडल रखा हुआ था। इस प्रस्तुति के अवसर पर स्काउट लड़कों ने बड़े जोश के साथ तालियाँ बजाईं, जिससे जे.आर.डी. प्रभावित हुए बिना न रह सके। वह युवक कोई और नहीं बल्कि असपाई इंजीनियर था और प्रस्तुत किए गए मेडल पर बड़े व्यवस्थित रूप में ये शब्द उत्कीर्ण थे—'जे.आर.डी. टाटा को—उनके क्रीड़ा-कौशल के लिए सादर भेंट'।

□

9

एयरलाइन का प्रारंभ

इंपीरियल एयरवेज के प्रबंधक पहले से ही लंदन से कराची के लिए वायु सेवा प्रारंभ कर चुके थे। अब वे चरणबद्ध ढंग से ऑस्ट्रेलिया तक अपनी सेवाएँ विस्तारित करने की योजना बना रहे थे। वास्तव में लंदन 'टाइम्स' के 19 नवंबर, 1929 के अंक के उस पृष्ठ पर, जिस पर आगा खाँ रेस का विज्ञापन प्रकाशित हुआ था, उसी पृष्ठ पर यह भी छपा था कि हाल की दुर्घटनाओं के कारण प्रस्तावित वायु सेवा विस्तारण में विलंब हो रहा है। उसमें यह भी कहा गया था कि नई वायु सेवा वर्ष के अंत तक शुरू हो जाएगी।

समाचार-पत्र की इस सूचना से लगभग नौ महीने पहले दो व्यक्तियों के बीच एक बैठक हुई थी, जिसका भारत में विमानन के भविष्य पर एक दूरगामी प्रभाव पड़ना था। इसमें शामिल पहले व्यक्ति जे.आर.डी. टाटा थे, जिन्हें इस बैठक से केवल चार सप्ताह पूर्व पायलट का लाइसेंस मिला था। दूसरे व्यक्ति रॉयल एयरफोर्स के सेवानिवृत्त पायलट नेविल विंटसेंट थे। विंटसेंट नीली आँखोंवाले एक लंबे-चौड़े सुंदर व्यक्ति थे। उन्होंने प्रथम विश्व युद्ध के दौरान इंग्लैंड से डी हैवीलैंड बाइप्लेन में अनगिनत उड़ानें भरी थीं। वे अपने जहाज में अपने साथी कैप्टन जे.एस. नेवाल के साथ भारत के आस-पास के आकाश में भी बार्नस्टॉर्मिंग और तफरीही यात्राओं पर आ चुके थे। वे बड़े ही शानदार व्यक्तित्व के स्वामी थे। उन्हें मध्य-पूर्व एशिया में रॉयल एयरफोर्स के हैवीवेट बॉक्सिंग चैंपियन होने का भी गौरव प्राप्त था। एक बार प्रथम विश्व युद्ध के दौरान अरब के मरुस्थल में उन्होंने अपने बाइप्लेन का पिछला भाग इसलिए अपने कंधों पर उठा लिया था,

ताकि उनके नेवीगेटर को उस अरब आदिवासी को निशाना बनाने में सहायता मिल सके जिसने उन पर हमला किया था।

विंटसेंट लंदन से कराची जानेवाली इंपीरियल एयरवेज की उस सेवा से अवगत थे, जो वहाँ डाक भी ले जाया करती थी। इस बात को ध्यान में रखते हुए कि इस प्रक्रिया से दक्षिण भारत इस सेवा से वंचित हो जाएगा, वे टेक्सटाइल जगत् की विख्यात हस्ती सर होमी मेहता के पुत्र रूसा मेहता से इस प्रस्ताव के साथ मिले कि वे एक ऐसी कंपनी बनाना चाहते हैं, जो कराची में इंपीरियल एयरवेज से डाक लेकर उसे वायुमार्ग द्वारा बंबई तक ले जाया करेगी। तथापि इस बैठक का कोई भी नतीजा नहीं निकल सका। उस समय किसी ने विंटसेंट को सुझाव दिया कि इस संबंध में जे.आर.डी. से भेंट करें, जिन्होंने हाल ही में पायलट का लाइसेंस भी प्राप्त किया है। दोनों की परस्पर मुलाकात ने एक-दूसरे को बहुत अधिक प्रभावित किया। जे.आर.डी. ने उस समय विंटसेंट को 'उल्लेखनीय रूप से एक शानदार व्यक्ति' कहा था। विंटसेंट को अपने पुरोगामी विचार को व्यावहारिक रूप देने के लिए जे.आर.डी. के रूप में एक बेहतर सहयोगी मिल गया था। जे.आर.डी. ने व्यापारिक विमानन कार्यक्षेत्र में दाखिल होने के लिए इस अवसर का स्वागत किया। उन्होंने प्रस्ताव रखा कि डाक को अहमदाबाद के रास्ते बंबई और फिर उससे आगे बेलारी व बंगलौर के मार्ग से मद्रास ले जाया जाए। जब विंटसेंट का प्रस्ताव टाटा उद्यमियों के पास पहुँचा, उस समय वे अपने पूर्व नुकसान से उबरने की कोशिश में लगे हुए थे। अतएव इस बात की बहुत कम उम्मीद थी कि टाटा उद्यम के अध्यक्ष सर दोराब उसपर कोई खास ध्यान दे पाएँगे। तथापि, जॉन पीटरसन अंततः सर दोराब को यह समझाने में सफल हुए कि प्रारंभिक अवस्था में मात्र 2 लाख रुपए के निवेश से टाटा जगत् की अर्थव्यवस्था पर कोई विशेष भार नहीं पड़ेगा।

इस विषय पर जॉन पीटरसन द्वारा 20 मार्च, 1929 को सर बी.एन. मित्रा, सदस्य उद्योग विभाग, भारत सरकार को इस आशय के साथ पहला पत्र लिखा गया कि क्या सरकार भारत में विमानन के विकासार्थ सहायता देने में रुचि रखती है? मित्रा ने अपने पत्र में उल्लेख किया था कि वे कराची-बंबई की बजाय कराची-दिल्ली डाक सेवा संचालित करने में ज्यादा रुचि रखते हैं।

इस संबंध में टाटा उद्यमियों ने शुरू में समुद्री जहाजों के द्वारा डाक सेवा संचालन का इसलिए प्रस्ताव रखा था, चूँकि वायुयान डाक सेवा केवल दो स्थानों के बीच होनी थी, जबकि उसपर आनेवाला आवर्ती व्यय और संचालन लागत इस योजना की व्यावहारिकता को निरर्थक बना देती। दूसरे, परस्पर विचार-विमर्श के

पहली हवाई डाक—मद्रास-कराची, 18 अक्तूबर, 1932

बाद उन्होंने इस पहलू को भी ध्यान में रखा कि इस वायु डाक सेवा से कितने लोग लाभान्वित होंगे। उन्होंने सरकार से 1.25 लाख रुपए की सहायता देने के लिए कहा, किंतु उनकी यह दरख्वास्त निरस्त कर दी गई। सन् 1929 के मध्य से 1931 के अंत तक टाटा उद्यमियों और सरकार के बीच पत्राचार का लंबा सिलसिला जे.आर.डी. के धैर्य का कड़ा इम्तहान लेता रहा। मई 1931 में विंटसेंट ने जे.आर.डी. को शिमला में वायसराय (लॉर्ड विलिंगडन) के साथ हुई बातचीत का हवाला देते हुए पत्र लिखा था। पत्र में उन्होंने लिखा कि वायसराय भारत में विमानन के विकास के लिए सैद्धांतिक रूप से सहमत प्रतीत हो रहे थे।

विंटसेंट अपने विवाह के लिए भारत से इंग्लैंड रवाना हुए। इसी बीच नेवाल ने भी अपनी बीमार पत्नी को देखने के लिए प्रस्थान किया। यह वह समय था जब दोनों के बीच रिश्ते में पड़ी दरार बहुत गहरी हो चुकी थी। इस स्थिति से जे.आर.डी. को निराशा हो रही थी। अस्तु, उन्होंने दोनों के संबंधों में सुधार लाने की भरपूर कोशिश की थी। तथापि भाग्य के विधान ने विपरीत फैसला सुनाया और दोनों के बीच का रिश्ता हमेशा के लिए समाप्त हो गया। टाटा उद्यमियों ने विंटसेंट के साथ अपने संपर्क को बरकरार रखा। ऐसा अंशतः इसलिए था, क्योंकि वे वायु डाक प्रस्ताव के जनक थे, दूसरे वे जे.आर.डी. के अच्छे मित्र थे—दोनों मित्र एयरलाइन शुरू करने के लिए एक जैसी सोच रखते थे। तथापि इस विषय पर सरकार की निरंतर आनाकानी से सर दोराब बड़े क्षुब्ध नजर आते थे। विंटसेंट ने इस प्रस्ताव

को कायम रखने के लिए भरसक प्रयास किए। जे.आर.डी. की अनुपस्थिति में एयरलाइन मामलों की देखभाल करनेवाले जैल नौरोजी को पत्र लिखते हुए उन्होंने कहा, ''मैं आशा करता हूँ कि आप कंपनी के अन्य निदेशकों पर इस आशय के साथ अपने प्रभाव का इस्तेमाल करेंगे कि वे इस विषय पर हुए विलंब के कारण इसके प्रति अपनी रुचि को समाप्त न करें।''

टाटा उद्यमियों ने सरकार से एक वर्ष के लिए 1 लाख रुपए की प्रत्याभूति देने का अनुरोध किया। लेकिन सरकार ने इस प्रस्ताव के प्रति अपनी कोई रुचि न दिखाई। फलस्वरूप जे.आर.डी. और विंटसेंट ने पहले वर्ष 50,000 रुपए और दूसरे वर्ष 25,000 रुपए की प्रत्याभूति देने का प्रस्ताव रखा। उन्होंने यह भी कहा कि इसके बाद किसी और प्रत्याभूति के लिए नहीं कहा जाएगा। सरकार इस प्रस्ताव पर भी टस-से-मस नहीं हुई। तदुपरांत जे.आर.डी. और विंटसेंट ने अपनी रणनीतियों को पूर्णतः बदलते हुए सरकार को वायु सेवा अंशदान-स्वरूप देने का निर्णय लिया। इस प्रस्ताव को स्वीकार कर लिया गया, जिसके नतीजे में टाटा डाक वायु सेवा अस्तित्व में आई। इसके बाद इस विषय पर व्यापक वार्त्ताएँ हुईं और 24 अप्रैल, 1932 को दस वर्षीय एक करार पर हस्ताक्षर हुए। इसमें किसी भी प्रकार की सहायता शामिल नहीं थी। इस संबंध में प्रावधान मात्र यह था कि डाक ले जानेवाली दूरी के अनुसार स्लाइडिंग पैमाने पर आधारित प्रति पाउंड की दर से एक निश्चित अधिभार लिया जाएगा। करार में यह भी प्रावधान किया गया था कि इस संबंध में सरकारी हवाई अड्डों का उपयोग निर्बाध रूप से किया जा सकेगा। इसमें यह भी उपबंध किया गया था कि एयरलाइन में केवल ब्रिटिश लोगों को ही रखा जाएगा और अन्यथा ऐसी अनुमति मिलने तक उसमें केवल ब्रिटिश निर्मित वायुयान ही इस्तेमाल किए जाएँगे। करार में आगे उल्लेख किया गया था कि एयरलाइन की सेवाएँ तदनुरूप वांछित होने पर सीलोन (श्रीलंका) तक विस्तारित की जा सकेंगी। इस नई व्यवस्था को संचालित करने के प्रयोजनार्थ प्रतिनियुक्त जैल नौरोजी (दादाभाई नौरोजी के पोते) उस समय अपनी राजनीतिक गतिविधियों के कारण गिरफ्तार हो चुके थे। उस वायु सेवा को दो पस मॉथ यानों के साथ शुरू किया गया था, जिसके मुख्य पायलट और प्रबंधक नेविल विंटसेंट थे। इस अनुक्रम की नामावली में प्रथमतः दर्ज दूसरे पायलट होमी भड़ूचा थे। वे एक जिंदादिल इनसान थे, जो अपनी फ्लाइंग ड्यूटी के दौरान टॉप बूटों व हाई ब्रीचेस को यूनीफॉर्म के बतौर पहना करते थे। जे.आर.डी. भी इस वायुसेवा में, जब कभी उन्हें समय मिलता, अंशकालिक पायलट के रूप में कार्य करते थे। □

10

इतिहास का निर्माण

सरकार द्वारा नई काररवाई की योजना अनुमोदित किए जाने के बाद जे.आर.डी. दो पस मॉथ यान खरीदने के लिए इंग्लैंड गए। वे डी हैवीलैंड फैक्टरी देखने गए, जहाँ उनकी मुलाकात मान्यकृत ब्रिटिश विमानन के जनक सर ज्योफ्री डी हैवीलैंड से हुई। सर ज्योफ्री एक गहन कीट-पतंग विशेषज्ञ थे, इसलिए उन्होंने अपने वायुयान का नाम 'मॉथ' यानी कीट-पतंग रखा था। (उनकी ओलीविया डी हैवीलैंड और जॉन फांटेन नाम की दो बड़ी ही आकर्षक व सुंदर भतीजियाँ भी थीं।) जे.आर.डी. को आशा थी कि वे दो में से एक वायुयान को उड़ाकर भारत ले जाएँगे, तथापि भाग्य ने उनके लिए कुछ और ही योजनाएँ बना रखी थीं। नेपल्स में उन्हें बड़ा तेज बुखार आया, जिसके कारण वे वहाँ से शीघ्र रवाना होनेवाले यान विक्टोरिया में सवार होने के लिए बाध्य हो गए। फलस्वरूप यान को पानी के जहाज पर टाटा उद्यमियों के निजी साजो-सामान की भाँति लादकर बेलॉर्ड पायर तक लाया गया। वहाँ से इसे बैलगाड़ी के जरिए जुहू तक पहुँचाया गया। भारत आने पर नए मॉथ यान को भारतीय चिह्नों से सुसज्जित करके इस प्रकार पुनः पंजीकृत किया गया—वी टी-ए एन डी। इस संबंध में जे.आर.डी. की लॉग बुक में समय इस तरह दिग्दर्शित किया गया था : *वायु में कुल समय—388 घंटे 10 मिनट*। 24 मई, 1932 को लंदन में उन्हें 'बी' दर्जे का लाइसेंस मिला, जिसके द्वारा यह प्रमाणित किया गया था कि वे यात्री, डाक और मालवाहक विमानों को उड़ाने में सक्षम हैं।

15 अक्तूबर, 1932 को 28 वर्षीय जे.आर.डी. टाटा ड्रिग रोड एयरपोर्ट,

कराची से प्रात: 6.35 बजे भारत की पहली वायु डाक लेकर दक्षिण दिशा की ओर अहमदाबाद के रास्ते बंबई के लिए रवाना हुए। वे सफेद ट्राउजर एवं छोटी आस्तीनोंवाली सफेद कमीज पहने हुए थे और उन्होंने धूप का चश्मा पहन रखा था। उनके हाथ में उनका विश्वसनीय स्लाइड रूल था। इस मौके पर उन्हें विदाई देने के लिए लोगों का एक छोटा सा दल वहाँ पहुँचा था, जिसमें कराची नगरपालिका के मुख्य अधिकारी और पोस्टमास्टर भी शामिल थे। जैसे ही वे वहाँ से रवाना हुए वैसे ही एक और वायुयान ने भी वहाँ से उड़ान भरी, ताकि उस नए यान और उसके पायलट को शानदार सलामी दी जा सके। यह भारत में नागर विमानन की शुरुआत थी।

अनेक वर्षों बाद इस ऐतिहासिक घटना का स्मरण करते हुए जे.आर.डी. ने कहा, "अक्तूबर 1932 की एक उत्तेजनापूर्ण सुबह को मैं और मेरा पस मॉथ यान बड़े आनंदपूर्ण माहौल में पहली महत्त्वपूर्ण डाक लेकर कराची से बंबई रवाना हुए। यह इस प्रकार की पहली उड़ान थी। मैंने खामोशी के साथ अपने इस नए अभियान की सफलता और इस प्रयोजनार्थ कार्य कर रहे लोगों की सुरक्षा के लिए प्रार्थना की। उस जमाने में इस क्षेत्र में कार्य करनेवाले लोगों की संख्या बहुत कम थी। हम अपनी सफलताओं और असफलताओं, खुशियों और दु:खों को आपस में बाँट लेते थे; चूँकि हमने मिलकर एक ऐसे उद्यम की बुनियाद रखी थी, जिसे बाद में एयर इंडिया और एयर इंडिया इंटरनेशनल के रूप में फलना-फूलना था।" प्रारंभ में इस उड़ान की तारीख 15 सितंबर, 1932 सुनिश्चित की गई थी, लेकिन बाद में इसे उस भारी वर्षा के कारण स्थगित कर दिया गया, जिसने जुहू के कच्चे फ्लैटों को जलमग्न कर दिया था। इस घटना के अनेक वर्षों बाद इस पुरोगामी उड़ान ने आधुनिक युग की एक नायिका (युवती) को प्रेरित किया। हरियाणा की रहनेवाली इस युवती का नाम कल्पना चावला था।

जे.आर.डी. उस उड़ान को याद करते हुए कहते हैं कि वास्तव में यान बार-बार झटके खा रहा था और उसके अंदर का वातावरण गरम था। अहमदाबाद में बर्माह शेल ने उसमें ईंधन भरा। यह ईंधन 4 गैलन केन पेट्रोल की शक्ल में एक बैलगाड़ी के द्वारा इस छोटे से यान तक लाया गया था। उस समय उन्होंने बंबई रवाना होने से पूर्व वहाँ 8 पाउंड डाक छोड़ी थी। जे.आर.डी. बंबई 2 घंटे 35 मिनट बाद पहुँच गए थे। उस समय दोपहर के 1.50 बजे थे। यह यात्रा उस चिड़िया को छोड़कर बिना किसी दुर्घटना के संपन्न हुई थी, जो उनके केबिन में घुस जाने के कारण मारी गई थी। जोश और गर्व की भावना से परिपूर्ण जे.आर.डी.

की लॉग बुक में मोटे अक्षरों में इस प्रकार प्रविष्टि की गई—

पहली वायु डाक उड़ान—टाटा एयरलाइंस, कराची-मद्रास, वायु सेवा का प्रारंभ।

हवाई अड्डे पर थेली, नेविल विंटसेंट और बंबई के एक बड़े व्यापारी सर फिरोज सेठना ने उनकी अगवानी की। इस अवसर पर बंबई के पोस्टमास्टर भी उपस्थित थे, ताकि वे बंबई के लिए निर्धारित 55 पाउंड की डाक को अपने कब्जे में ले सकें। उस स्थान पर जे.आर.डी. के उतरने के 20 मिनट के भीतर डाक को एक दूसरे पस मॉथ यान में स्थानांतरित कर दिया गया। नेविल विंटसेंट उस यान में सवार हुए, जिसमें मद्रास के लिए 47 पाउंड डाक और बेल्लारी के लिए 6 पाउंड डाक मौजूद थी। इन स्थानों पर उन्हें ईंधन भरने के लिए भी रुकना था।

प्रारंभ में यह वायु डाक सेवा केवल सप्ताह में एक बार संचालित की गई। सन् 1932 के शेष महीनों में जे.आर.डी. ने मुख्यत: दक्षिणी बंबई-बेल्लारी-मद्रास क्षेत्रकों के लिए इस प्रारंभिक वायु डाक सेवा की अनेक उड़ानों में पायलट के तौर पर कार्य किया। जे.आर.डी. अपने अतीत की यादों को ताजा करते हुए कहते हैं कि अप्रैल 1933 में वे बेल्लारी की हवाई पट्टी पर रात में उस समय यान उतारने के लिए बाध्य हो गए थे, जब वहाँ आधे चाँद की रोशनी के सिवा कुछ भी न था। उस समय नेविल विंटसेंट से यह अपेक्षा की गई थी कि वे मॉथ यान की आवाज सुनकर उनसे मिलने के लिए वहाँ पहुँच जाएँगे, पर वे वहाँ नहीं पहुँच सके। फलस्वरूप जे.आर.डी. को यान के एक पंख के नीचे खुले आकाश में सारी रात गुजारनी पड़ी। द्वितीय विश्व युद्ध तक पस मॉथ, फाक्स मॉथ और वाको वायुयानों में रेडियो या विमान-चालन संबंधी कोई भी युक्तियाँ नहीं होती थीं, फलस्वरूप इन विमानों का प्रचालन केवल दिन के समय ही किया जा सकता था।

नेविल विंटसेंट की वायु डाक सेवा के प्रति की गई सेवाएँ अत्यधिक सराहनीय हैं। वे न केवल इस मूल विचार के जनक थे, अपितु उन्होंने एयरलाइन के कार्य का प्रबंधन उस व्यक्ति की व्यावसायिकता और उत्साह के साथ निष्पादित किया, जो अपने कार्य से सच्चे अर्थों में प्रेम करता है। जैसा कि हम पहले उल्लेख कर चुके हैं, होमी भड़ूचा जे.आर.डी. की पंजिका में अंशकालिक पायलट के रूप में दर्ज पहले पायलट थे। एक बहुत कम उम्र के दूसरे पायलट का नाम बी.के.एन. राव था, जिसके उड़ान-कौशल की जे.आर.डी. ने बड़ी प्रशंसा की थी। इस क्षेत्र के इंजीनियरों में वी.जी. गाडगिल, पी.ई. मेनीजेज, आर.एन. फर्नांडीज और मैक वेड नाम के एक अंग्रेज सज्जन शामिल थे। वास्तव में वहाँ उस समय केवल विंटसेंट,

गाडगिल नाम का एक चौकीदार और मैक वेड ही मौजूद थे, जब उन्होंने इस क्षेत्र में पहली बार यात्रा प्रारंभ की थी। इस क्रम में जब जे.आर.डी. को पता चला कि मैक वेड लंच के दौरान चोरी से कारों की मरम्मत का कार्य कर रहे हैं तो उन्हें नौकरी से निकाल दिया गया। कैप्टन विश्वनाथ इस वायु सेवा में सन् 1936 में शामिल हुए थे और वे प्रगति करते हुए एयर इंडिया के संचालन निदेशक बने थे। इस कार्य परिधि में बॉबी कूका सन् 1938 में आए थे, जिन्हें 100 रुपए मासिक वेतन मिलता था। एयर इंडिया का प्रसिद्ध निशान महाराजा का चित्र उसके कुछ ही बाद पैदा हुआ था, जब कूका ने चर्चगेट में पूर्वी देशों की मेजबानी को अभिव्यक्त करने के प्रयोजनार्थ वहाँ खोले गए टाटा एयरलाइन के नए कार्यालय को सुसज्जित करने का निर्णय लिया था। उस समय महाराजा एक उड़नेवाली कालीन पर हुक्का पीते हुए चित्रांकित था और तभी से महाराजा को संबंधित विज्ञापनों को ध्यान में रखते हुए विभिन्न प्रकार की पोशाकों से सजाया जाता रहा। इस संबंध में एयर इंडिया के कला निदेशक जैल कावसजी और उनकी टीम ने महाराजा के चित्र बनाए थे और कूका ने उनके लिए शब्दों का चयन किया था। कूका स्पष्ट शब्दों में बात करने के आदी थे। इस बीच जे.आर.डी. कुपित सांसदों व गण्यमान्य व्यक्तियों को अपनी स्थिति को बचाने और यह स्पष्टीकरण देने में व्यस्त रहे कि वे कूका की विनोदप्रियता पर नाराज न हों। इस अनुक्रम में टाटा उद्यम में कार्यरत जे.डी. चोकसी और सर गुरुनाथ बेवूर कूका के इस परिहास का लंबे समय तक निशाना बने रहे।

पहले ही वर्ष में वायु सेवा के निपुण और सुचारु संचालन की विमानन निदेशालय ने प्रशंसा की। उन्होंने अपने प्रशस्ति-पत्र में कहा था कि नवगठित वायु सेवा के कार्मिक 100 प्रतिशत रूप में समय के पाबंद हैं। उन्होंने यह भी सुझाव दिया कि इंपीरियल एयरवेज को वहाँ अपने कार्मिक प्रतिनियुक्ति पर भेजने चाहिए, ताकि यह देखा जा सके कि टाटा उद्यमी अपनी वायु सेवा का संचालन किस प्रकार से कर रहे हैं। उत्साहित नेविल विंटसेंट ने जनवरी 1934 में बंबई के श्रोताओं को बताया कि इस गैर-सहायता प्राप्त वायु सेवा ने 10,000 रुपए का मुनाफा कमाया है। यहाँ यह स्मरण दिलाना उचित होगा कि टाटा उद्यमियों को प्रति पत्र केवल 4 आने मिलते थे, जिसके लिए केवल एक डाक टिकट चिपकाने के अलावा और कुछ नहीं करना पड़ता था। नागर विमानन के निदेशक सर फ्रेडरिक टिम्स ने अक्तूबर 1934 में 'टाइम्स ऑफ इंडिया' को बताया कि विश्व में ऐसी कोई भी वायु सेवा नहीं है, जो सरकारी सहायता के बिना चल रही हो। उन्होंने

कहा कि यह तभी संभव है, जब संबंधित व्यक्ति निजी जोखिम लेने के लिए तैयार हो और टाटा उद्यमियों ने ऐसा ही किया।

सन् 1933 में इस वायु सेवा ने जमशेदपुर में विमान रोकने की व्यवस्था करने के साथ-साथ नागपुर के मार्ग से बंबई-कलकत्ता सेवा शुरू की। सन् 1935 में हैदराबाद के रास्ते मद्रास के लिए फ्लाइट शुरू की गई। उसी वर्ष त्रिवेंद्रम को गोवा और केन्नौर के मार्ग से जोड़ा गया। इस वायु सेवा का उद्घाटन बी.के.एन. राव ने किया। इसके प्रथम यात्री जे.आर.डी. के साथी जैल नौरोजी और बंबई के एक सेठ कांजी द्वारकादास थे। जैसे-जैसे नई वायु सेवा प्रगति करती गई, उसके लिए फॉक्स मॉथ, लियोपर्ड मॉथ, माइल्स हॉक, माइल्स मार्टिन, डी हैवीलैंड रैपाइड और वाको सी-6 जैसे नए-नए वायुयान खरीदे जाते रहे।

वर्ष 1934 में जे.आर.डी. महू और जबलपुर के रास्ते से इलाहाबाद के लिए बंबई से रवाना हुए। उन्होंने यह कदम लंदन से सिडनी तक मैक रॉबर्टसन एयर रेस में ग्राउंड मार्शल की भूमिका निभाने के लिए उठाया। इस रेस के वायुयानों को कराची और इलाहाबाद में रुकना था। सी.डब्ल्यू.ए. स्कॉट और टी. कैंपबेल ब्लैक इस लंबी दौड़ के विजेता घोषित किए गए। इस दौड़ प्रतियोगिता में प्रसिद्ध एमी जॉनसन ने भी अपने पति जिम मॉलीसन के साथ भाग लिया था। वे कराची सबसे पहले पहुँची थीं; लेकिन इलाहाबाद में इंजन में आग लगने के कारण उन्हें इस दौड़ से बाहर होना पड़ा। वास्तव में, कराची में हाई ऑक्टेन ईंधन न मिलने के कारण उन्हें साधारण ईंधन से काम चलाना पड़ा, जिसके कारण जहाज का इंजन क्षतिग्रस्त हो गया। जे.आर.डी. ने उस जमाने की याद करते हुए बताया, ''इलाहाबाद में उनका स्वागत करनेवाले उनके एक मित्र ने बताया था कि दोनों दंपती उस समय बुरी तरह से उद्विग्न और खिन्न थे। बेचारा मॉलीसन इन दो दिनों के बीच इलाहाबाद में रुकने के दौरान मदिरापान से अपना दिल बहलाता रहा।''

सन् 1936 में टाटा एयरलाइंस ने कोलंबो के लिए अपनी पहली उड़ान शुरू की। नेविल विंटसेंट ने सर गुरुनाथ बेवूर, आई.सी.एस. के साथ माइल्स मार्लिन में इस वायु सेवा का शुभारंभ किया। सर गुरुनाथ बेवूर, आई.सी.एस., इस वायु सेवा के पहले यात्री थे। वे भारत सरकार की डाक और तार सेवा में महानिदेशक रह चुके थे। (हम उनके बेटे जनरल गोपाल बेवूर के बारे में भी जानते हैं, जो सन् 1973 में फील्ड मार्शल सैम मानेकशॉ के बाद चीफ ऑफ आर्मी स्टाफ बने थे।) बाद में सर गुरुनाथ को एयर इंडिया और एयर इंडिया इंटरनेशनल दोनों का प्रभारी प्रबंध निदेशक नियुक्त किया गया था, जबकि 'महाराजा' का सृजन करनेवाले

बॉबी कूका ने बड़ी बेरहमी के साथ उन पर भी एक हास्य-परिहासपूर्ण लेख लिख डाला था।

मई 1936 में टाटा परिवार में एक त्रासदी घटी। जे.आर.डी. के पाँच बच्चों में सबसे छोटा बेटा जिमी ऑस्ट्रिया में हुई एक विमान दुर्घटना में मारा गया। उस समय वह केवल 21 वर्ष का था। रोदाबेह उस समय पेरिस में थीं। वे ऑस्ट्रिया से जिमी का ताबूत लेने गईं। जिमी को पेरिस स्थित प्यरे लाचेज कब्रिस्तान में उनके माता-पिता की समाधियों के पास दफना दिया गया। यह एक सुंदर किंतु सादा मकबरा था, जिसके निर्माण में ग्रेनाइट पत्थरों का इस्तेमाल किया गया था। जिमी ने हैंबल, इंग्लैंड में लगभग अपना फ्लाइंग प्रशिक्षण पूरा कर लिया था। वे कक्षा के सर्वाधिक लोकप्रिय और मेधावी छात्र थे। जे.आर.डी. को इस घटना से काफी सदमा पहुँचा था। उन्होंने सोचा था कि वापस आने पर जिमी उनके विमानन कार्य-कलापों में उनकी सहायता करेगा। जे.आर.डी. अतीत के क्षितिज पर निगाहें गड़ाते हुए कहते हैं—''जिमी के लिए मैंने यह योजना बनाई थी कि प्रशिक्षण समाप्त होने के उपरांत उसे एयर लाइन का कार्य सौंप देंगे। अब तक मैंने जितने भी विमान उड़ानेवालों को देखा है, उनमें वह सर्वाधिक योग्य और प्रतिभावान् था। वह आश्चर्यजनक रूप से जन्मजात विमान चालक था।'' जिमी की मृत्यु के बाद जे.आर.डी. नेविल विंटसेंट के और निकट आ गए।

8 नवंबर, 1937 को एयरलाइंस ने दिल्ली स्थित विलिंगडन हवाई अड्डे से बंबई के जुहू हवाई अड्डे के लिए वाको सी-6 यान को पहली बार उड़ाया। इस सेवा में दो विमान चलाए गए, जिनमें से एक का प्रचालन विंटसेंट ने किया था। डाक वायुयान 3,500 पत्रों और एक यात्री को लेकर उड़ा। दूसरे यान में तीन पत्रकार सवार हुए थे। इन वायुयानों को ग्वालियर, भोपाल और इंदौर की तीन रियासतों में उतरना था। यह एक शानदार घटनाक्रम था, जिसके वृत्तांत को रेडियो से प्रसारित किया गया।

सन् 1938 में ब्रिटिश सरकार ने 'ऑल-अप एंपायर एयरमेल स्कीम' शुरू करने का निर्णय लिया। टाटा उद्यमी और इंडियन नेशनल एयरवेज अपने संबंधित रास्तों के बदले डाक परिवहन का भुगतान प्राप्त करते थे। टाटा उद्यमियों का मुनाफा पिछले वर्ष में 66 हजार रुपए से बढ़कर 6 लाख रुपए हो गया था। ऐसा अधिक बड़े वायुयानों के कारण संभव हो सका, जिनके कारण यात्रियों की संख्या छह गुना और डाक की संख्या में चार गुना वृद्धि हुई।

टाटा व्यापार जगत् में शामिल होने के समय नेविल विंटसेंट को वचन दिया

गया था कि उन्हें मुनाफे का एक-तिहाई हिस्सा दिया जाएगा। नई स्कीम प्रारंभ होने पर जो मुनाफा हजारों में था, वह बढ़कर लाखों में हो गया था। इसलिए इस संबंध में एक नई व्यवस्था कायम करने की योजना बनाई गई। यह स्वाभाविक ही था कि इस विषय पर विंटसेंट निरुत्साहित होते, फलस्वरूप उन्होंने नौकरी छोड़ने का निर्णय लिया। परेशान जे.आर.डी. अपने विश्वासपात्र साथी दिनशॉ दाजी के पास सलाह लेने के लिए पहुँचे। दाजी ने उन्हें बताया कि कानूनी तौर पर विंटसेंट इसके हकदार नहीं हैं, लेकिन नैतिक आधार पर उन्हें इसका अधिकार है। उनके इस सुझाव से मामला सुलझ गया। जे.आर.डी. ने विंटसेंट से रुकने के लिए कहा। उन्होंने अपने साथियों को यह तर्क देकर संतुष्ट किया कि टाटा उद्यमी हमेशा से नैतिक मूल्यों का सम्मान करते रहे हैं।

अपनी सेवा प्रारंभ के पाँच वर्षों के भीतर इस विमानन संगठन के पास 15 वायुयान, 15 पायलट और 34 अनुरक्षण इंजीनियर थे। इस वायु सेवा ने समय की पाबंदी के संबंध में 99.4 प्रतिशत का सराहनीय रिकॉर्ड बनाया। इस अवधि के दौरान उन्होंने लगभग 15 लाख मील की उड़ानें भरीं। लगभग इसी अवधि के दौरान उन्होंने पहला 4 इंजनवाला वायुयान डी हैवीलैंड- 86 प्राप्त किया, जिसमें डाक के साथ आठ यात्री सफर कर सकते थे।

□

11

उद्योगपति

प्रथम विश्व युद्ध के दौरान टाटा समूह के विस्तारित होने के कारण उसे धन की बहुत अधिक आवश्यकता थी। सन् 1924 में आर.डी. और जॉन पीटरसन ने सरकार से आग्रह किया कि वह टाटा स्टील को संरक्षण प्रदान करे। इस दिशा में बहुत कुछ किया जाना अपेक्षित था। उन्होंने बहुत सी परियोजनाएँ बंद कर दी थीं। यहाँ तक कि टाटा इंडस्ट्रियल बैंक को भी सेंट्रल बैंक ऑफ इंडिया को सौंप दिया गया था। इस पुनर्संरचना प्रक्रिया के दौरान वर्ष 1932 में बैड किसनजेन, जर्मनी में सर दोराब का देहावसान हो गया। उद्यम के संस्थापक जमशेदजी टाटा के एक भतीजे सर नौरोजी सकलातवाला उनके उत्तराधिकारी बने। उस समय वे लगभग 60 वर्ष के थे। वे बंबई के समाज में बहुत लोकप्रिय माने जाते थे। जे.आर.डी. के अनुसार, वे एक अच्छे व्यक्ति थे; लेकिन उनमें महान् बौद्धिक क्षमता अथवा एक वास्तविक नेता के गुण नहीं थे, फलस्वरूप सकलातवाला जे.आर.डी. की योग्यताओं पर निर्भर होते चले गए। उनका कार्यालय जे.आर.डी. के बगल में ही था। दोनों कार्यालयों के बीच की दीवार में एक गुप्त खिड़की थी, जिसके द्वारा दोनों के बीच महत्त्वपूर्ण दस्तावेजों का आदान-प्रदान होता था।

सन् 1931-38 के दौरान टाटा उद्योग जगत् में उच्च अधिकारियों के स्तर पर बड़े पैमाने पर फेर-बदल हुए। सर आरदेशिर दलाल को पीटरसन के स्थान पर नियुक्त किया गया। पीटरसन सन् 1931 में इंग्लैंड चले गए थे। जमशेदपुर में जे.आर.डी. के पुराने साथी जो घांडी टिस्को के पहले भारतीय प्रभारी निदेशक बन गए थे। पुराने पदाधिकारियों में सर होमी मोदी का नाम उल्लेखनीय है। नए लोगों

में जे.आर.डी. द्वारा भरती किए गए अर्थशास्त्री जे.डी. चोकसी, डॉ. जॉन मथाई, बॉबी कूका, किश नौरोजी, पी.ए. नारियलवाला, ए.डी. श्रॉफ और कर्नल लेसलाई साहनी शामिल थे। कर्नल लेसलाई साहनी का विवाह जे.आर.डी. की बहन रोदाबेह से हुआ था। जे.आर.डी. को अनुपम प्रतिभावाले लोगों के इस समूह का निर्विवाद नेता स्वीकार कर लिया गया था।

सन् 1932 में टिस्को ने अपने उत्पाद की मदों में वृद्धि करने की योजना बनाई। उन्होंने यह भी निर्णय लिया कि वे टिस्को की कार्यक्षमता को दो गुना बढ़ा देंगे। इस जमाने में जे.आर.डी. के अधिकांशतः कार्य-दिवस टिस्को में व्यतीत होते थे। विस्तारित योजनाओं में 1 करोड़ रुपए की लागत से जस्ता-युक्त शीट मिल, 1.3 करोड़ रुपए की लागत से कोक ओवेन और क्लियरिंग ब्लास्ट फर्नेस गैस प्लांट शामिल थे। टाटा उद्यमी इन परियोजनाओं के लिए धन उपलब्ध नहीं करा पा रहे थे। तथापि जे.आर.डी. शीट मिल परियोजना को किसी भी हालत में नहीं छोड़ना चाहते थे, क्योंकि इस परियोजना पर बहुत मेहनत की गई थी। टाटा के एक वरिष्ठ निदेशक और जे.आर.डी. के एक निकट विश्वसनीय साथी सर होमी मोदी ने सन् 1932 के ओटावा समझौते में इस व्यवस्था को सफलतापूर्वक समायोजित कराया था, जिसके तहत भारत भारतीय शीट सलाखों के पुनरुपयोग से यू.के. में बनी हुई जस्ता-युक्त शीटों का विशेष संदर्भ के अधीन आयात कर सकता था। ओटावा समझौते के अनुसार टाटा, मोदी और दलाल ने ब्रिटिश स्टील मैन्युफेक्चरर समर ऐंड कंपनी के साथ एक संयुक्त उद्यम प्रारंभ करने की योजना बनाई, जिसके अनुसार दोनों पार्टियाँ 50-50 लाख रुपए का निवेश करेंगी और समर ऐंड कंपनी इस संबंध में संपूर्ण तकनीकी और प्रबंधन कार्यों को देखेगी। किंतु यह संयुक्त उद्यम कभी भी साकार रूप धारण न कर सका। हाल में किए गए शोध कार्यों से पता चलता है कि जे.आर.डी. इस बात से बहुत चिंतित थे कि कहीं विपरीत भारतीय राजनीतिक विचारधारा उनके उद्यम के संरक्षण हेतु खतरा न बन जाए। अंततोगत्वा टाटा उद्यमियों ने अकेले ही मिल का रिकॉर्ड समय के भीतर निर्माण कर लिया।

उसी जमाने में जे.आर.डी. ओरिएंटल स्टील कंपनी से भी वार्त्तालाप कर रहे थे। इस संबंध में यह योजना रखी गई कि ओरिएंटल कंपनी टिस्को की बार शीट ब्रिटेन में आयात करेगी। तदुपरांत उन्हें जस्ता-युक्त शीटों में बदलकर पुनः भारत को निर्यात करेगी, जिसमें इंपीरियल प्रीफरेंस के तहत सीमा पर कम अधिभार लिया जाएगा। इस व्यवस्था की चारों ओर से तीव्र भर्त्सना होने लगी थी। अतएव

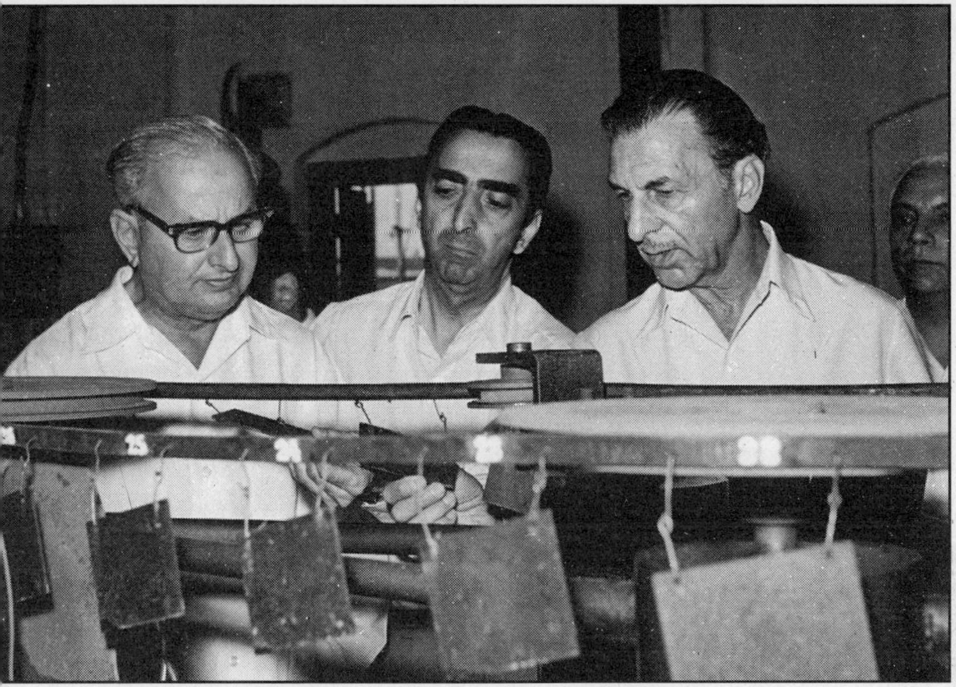

टिस्को, जमशेदपुर में सुमंत मूलगावकर, जे.जे. भाभा और जे.आर.डी., 1965

महसूस किया गया कि इस प्रकार टिस्को बाजार में अपनी भागीदारी से वंचित हो जाएगा। जे.आर.डी. ने इंपीरियल प्रीफरेंस के पक्ष में अपना मत दिया क्योंकि उन्होंने गौर किया कि वे इसके द्वारा ब्रिटिश बाजार में पहुँच जाएँगे, जहाँ भारत के कच्चे लोहे और बार शीट का विक्रय हो सकेगा। परंतु इस संबंध में अविश्वास का वातावरण पैदा होने के कारण ओरिएंटल और टिस्को के बीच का रिश्ता समाप्त हो गया। इसके अतिरिक्त भारत में बाजार के बँटवारे एवं करारों के उल्लंघन से मामला और उलझता चला गया।

वित्तीय मामलों को ध्यान में रखते हुए टाटा स्टील के लिए यह समय बड़ा ही नाजुक था। सन् 1932 में विक्रय योग्य स्टील का कुल निम्नतम उपभोग 7,25,000 टन था, जिसमें से टिस्को ने 4,31,000 टन की आपूर्ति की थी। संयंत्र में निर्धारित मात्रा से 25 प्रतिशत अधिक स्टील के उत्पादन की क्षमता थी। यहाँ तक कि सन् 1934 की संकटपूर्ण अवधि के दौरान भी कामगारों को एक रुपए प्रतिदिन के हिसाब से मजदूरी मिलती थी। जे.आर.डी. और सर दोराब ने जमशेदपुर में स्टील संसाधन एकांशों को शुरू करने के प्रयोजनार्थ वर्ष 1920 में स्टील उद्यमियों के साथ सहकारिता व्यवस्था कायम की थी। फर्मों को निम्नतम परिवहन लागतों के

साथ स्टील मिल जाता था और टिस्को को अपने स्टील के लिए एक विशाल व सुलभ बाजार उपलब्ध हो जाता था। तथापि, इस कार्य-व्यवस्था में एक बार व्यवधान पड़ने के कारण जे.आर.डी. ने इंद्र सिंह के साथ मिलकर एक नई रणनीति बनाई। इंद्र सिंह रेलवे में इंजीनियर थे। उन्होंने जमशेदपुर में बसने के प्रयोजनार्थ अपनी नौकरी से त्यागपत्र दे दिया था। जमशेदपुर में उन्होंने एक ऐसे व्यापारिक घराने की बुनियाद रखी, जिसका शुमार बीस सर्वश्रेष्ठ व्यापारिक घरानों में होने लगा। टिस्को ने भी अपने स्वयं के कंपनी समूह को संवर्धित किया था और वर्ष 1935 तक टिस्को के उत्पादों की माँग फिर जोर पकड़ने लगी थी, फलस्वरूप उत्पादन और मुनाफे दोनों में वृद्धि हुई। सन् 1936 में बोर्ड ने प्रत्येक 100 रुपए के शेयर पर 22.50 रुपए के हिसाब से लाभांश अदा किया।

चूँकि भारत का स्टील आयात पर्याप्त मात्रा में बढ़ता जा रहा था, इसलिए इस बात की आवश्यकता महसूस की जा रही थी कि भारत के स्टील संयंत्र में लगभग 2,50,000 अथवा 3,00,000 टन स्टील उत्पादन होना चाहिए। मैसूर के राजा ने कच्चे लोहे से संबंधित अपने मैसूर आयरन वर्क्स में लौह पिंडों को स्टील में परिवर्तित करने के लिए विचार-विमर्श करना शुरू कर दिया था। दूसरी ओर कलकत्ता में मार्टिन बर्न और सर बीरेन मुखर्जी ने भी इसी प्रकार के कदम उठाए। ये लोग इंडियन आयरन ऐंड स्टील कंपनी से संबंध रखते थे। जे.आर.डी. भी अपनी योजनाओं के विस्तारण हेतु कार्यक्रम बना रहे थे। टिस्को, मार्टिन बर्न और भारत के सबसे बड़े प्रबंधन अभिकरणों में शुमार होनेवाली बर्ड ऐंड कंपनी के प्रमुख सर एडवर्ड बेंथाल ने टिस्को के साथ एक त्रिपक्षीय संयुक्त उद्यम स्थापित करने की योजना बनाई थी। पर अंततोगत्वा इसका कोई नतीजा न निकल सका।

टिस्को अपने नए स्टील परिसर के लिए 7 करोड़ रुपए की लागत से बनाई गई परियोजना पर कार्य कर रहा था। इस बृहत् परियोजना को आधुनिकीकरण प्रक्रिया के प्रयोजनार्थ 5.5 करोड़ रुपए की अधिक किफायती परियोजना के बदले छोड़ दिया गया। आलोचकों का तर्क है कि दूसरे विश्व युद्ध के घटनाक्रम और स्वतंत्र भारत की लाइसेंस-परमिट प्रणाली को ध्यान में रखते हुए इस अधिक नरम और रूढ़िवादी विकल्प के लिए टिस्को बिलकुल तैयार न था।

संयुक्त सीमेंट कंपनी

टाटा उद्यमियों ने सन् 1912 में इंडिया सीमेंट कंपनी के साथ सीमेंट व्यापार में पदार्पण किया था। उन्होंने सन् 1915 में शाहबाद सीमेंट के नाम से एक दूसरी

फर्म की बुनियाद रखी थी। भारत में पोर्टलैंड सीमेंट के निर्माताओं ने सीमेंट की बढ़ती हुई माँग को ध्यान में रखते हुए तदनुरूप कदम उठाए थे। आत्मघाती प्रतिस्पर्धाओं और आयातों के कारण मुनाफे में भारी कमी आ गई थी, जिसके कारण भारत की सीमेंट कंपनियों ने सन् 1924 में प्रशुल्क बोर्ड से संरक्षण की गुहार की थी। लेकिन उनके अनुरोध को उपेक्षित कर दिया गया और प्रत्युत्तर में सन् 1926 में आयात शुल्क को बढ़ा दिया गया। बोर्ड ने विनिर्माताओं को यह भी सुझाव दिया कि वे परस्पर सहमति से उत्पादन व कीमतों को नियंत्रित करें। इस प्रकार इंडिया सीमेंट मैन्युफेक्चरर एसोसिएशन (सन् 1926), द कंक्रीट एसोसिएशन ऑफ इंडिया और द सीमेंट मार्केटिंग कंपनी ऑफ इंडिया (सन् 1930) अस्तित्व में आईं।

यद्यपि उपर्युक्त उपायों से कुछ सहारा तो मिला, तथापि प्राप्त होनेवाले लाभांश की सीमा भी बहुत सीमित रही। नतीजतन, जे.आर.डी. ने एफ.ई. दिनशॉ नामक एक वकील के सहयोग से सभी संयंत्रों को एक जगह मिलाने संबंधी लाभों पर गौर करना शुरू कर दिया। दिनशॉ केवल एक वकील ही नहीं थे, अपितु उनके अपने कुछ उद्योग भी थे। उन्हें टाटा स्टील से प्रबंधन अभिकरण कमीशन की 10 प्रतिशत राशि भी मिलती थी। उन्होंने टाटा समूह के सलाहकार के रूप में एक महत्त्वपूर्ण भूमिका अदा की थी। वे, जे.आर.डी. और सर नौरोजी सकलातवाला प्रायः विचारों का आदान-प्रदान करते रहते थे। संयुक्त सीमेंट कंपनी का विचार इसी अवधि के दौरान उत्पन्न हुआ था। इस महत्त्वाकांक्षी योजना के लिए पश्चिमी भारत के कुछ बड़े व्यापारिक घरानों का सहयोग अपेक्षित था। प्रत्येक कारखाने के लिए न्यूनतम निर्धारित माल की कोटा प्रणाली से न तो लाभांश में वृद्धि हुई और न ही इससे माल के विभिन्न ब्रांडों का सृजन हुआ। यह निर्धारित क्षमता और वृद्धिकृत परिवहन लागत का अपर्याप्त इस्तेमाल भी था। इन सभी समस्याओं का एक ही समाधान दृष्टिगोचर हुआ कि इन सभी इकाइयों को एक जगह समाहित कर दिया जाए।

12 सीमेंट कंपनियों में से 10 ने इस प्रस्ताव को अपनी संस्तुति प्रदान की। इस समग्र प्रक्रिया का सेहरा जे.आर.डी. के सिर पर बाँधा गया, चूँकि इस योजना के जनक दिनशॉ इस व्यवस्था को संचालित करने के पूर्व ही मृत्यु को प्राप्त हो गए थे। सन् 1936 में 8 करोड़ रुपए की प्राधिकृत पूँजी से संयुक्त सीमेंट कंपनी (ए.सी.सी.) का गठन किया गया। यद्यपि बोर्ड में सभी प्रमुख समूहों का प्रतिनिधित्व होता है, तथापि इस विषय पर कोई संदेह नहीं था कि यह टाटा संचालित और

टाटा नियंत्रित कंपनी है। शीघ्र ही ए.सी.सी. के सामने रामकृष्ण डालमिया के रूप में एक चुनौती आई। उन्होंने ए.सी.सी. में समाहित होने से इनकार कर दिया। सन् 1938 में विचारों का पर्याप्त आदान-प्रदान होने के बाद यह विवाद उस समय समाप्त हुआ, जब जे.आर.डी. एवं डालमिया ने वर्ष 1941 में एक समझौता विनियम बनाया, जिसके तहत बाजार को 75/25 के आधार पर बाँट दिया गया। इस संबंध में कहा जाता है कि जी.डी. बिरला ने डालमिया की ओर से उस समय हस्तक्षेप किया था, जब डालमिया को यह महसूस हुआ कि उनका अस्तित्व खतरे में है। लगभग इसी दौरान (1941) जे.आर.डी. ने स्वयं को फिक्की से अलग कर लिया। फिक्की का गठन जी.डी. बिरला द्वारा किया गया था। यद्यपि दोनों ने 1944 में बंबई योजना पर मिलकर कार्य किया था, तथापि उनके बीच संबंधों में कुछ कड़वाहट आ गई थी। एक बार जे.आर.डी. ने बिरला पर आरोप लगाया कि वे उनके पायलटों को अपनी ओर मिला रहे हैं। उनके और जे.आर.डी. के बीच किसी भी मुद्दे पर कोई भी सामंजस्य नहीं था। एक बार बिरला ने उन्हें एक पत्र लिखा, जिसके साथ एक लेख संलग्न था, जिसमें धूम्रपान और मदिरापान की बुराइयों का उल्लेख किया गया था। इस पत्र के जवाब में जे.आर.डी. ने लिखा था कि उन्होंने धूम्रपान करना छोड़ दिया है और वे शराब या कॉफी का भी इस्तेमाल नहीं करते हैं। उन्होंने मजाक में यह भी कहा कि अगर इनमें से किसी चीज को छोड़ना पड़ा तो उन्हें काम भी छोड़ना पड़ेगा। बाद में जे.आर.डी. ने आर.एम. लाला को बताया कि अंततः उन्होंने 31 दिसंबर, 1967 को धूम्रपान की आदत को हमेशा के लिए छोड़ दिया। इससे पूर्व वे आधी रात तक धूम्रपान करते थे; किंतु इसके बाद उन्हें कभी भी ऐसा करते हुए नहीं देखा गया।

□

12

कार्य-संचालन

26 जुलाई, 1938 को टाटा संस के चार निदेशकों की बॉम्बे हाउस के चौथे तल पर स्थित बोर्ड रूम में एक बैठक हुई। इस बैठक में जे.आर.डी. के अलावा सर सोराब सकलातवाला, सर होमी मोदी और आर्देशिर दलाल मौजूद थे। यह बैठक अचानक इसलिए बुलाई गई थी, क्योंकि एक्सलेस-बेंस, फ्रांस में टाटा के अध्यक्ष सर नौरोजी सकलातवाला का अचानक देहावसान हो गया था। वे टाटा के तीसरे अध्यक्ष थे, जिनका देहावसान यूरोप में हुआ था। यह बैठक शोक और संवेदना प्रकट करने के लिए आयोजित की गई थी। बोर्ड ने दिवंगत अध्यक्ष को श्रद्धांजलि अर्पित करने के बाद बैठक की मुख्य कार्य-सूची अर्थात् नए अध्यक्ष के चयन पर विचार किया गया। यह बैठक औपचारिकता से अधिक कुछ भी नहीं थी, क्योंकि इसमें उन्हें मात्र पूर्व में लिये गए निर्णय पर मुहर लगानी थी। सर सोराब सकलातवाला ने अध्यक्ष के लिए जे.आर.डी. के नाम का प्रस्ताव किया था और सर आर्देशिर दलाल ने इस प्रस्ताव का समर्थन किया था। जिस समय जे.आर.डी. ने भारत के सबसे बड़े व्यापार समूह के अध्यक्ष का पदभार ग्रहण किया, उस समय उनकी आयु तीन दिन कम चौंतीस वर्ष थी।

संभाव्य प्रतियोगियों में सर सोराब सकलातवाला और लेडी नवाजबाई टाटा के दत्तक पुत्र नवल टाटा भी शामिल थे। जे.आर.डी. के अनुसार, सर सोराब सकलातवाला को इसलिए नजरअंदाज किया जा सकता था, क्योंकि वे वृद्ध थे। लेडी नवाजबाई टाटा उद्यम की सबसे बड़ी शेयरधारक थीं। उन्हें ये शेयर सन् 1918 में अपने पति सर रतन से विरासत में मिले थे। जे.आर.डी. के पिता आर.डी.,

जो कि तीसरे सबसे बड़े भागीदार थे, उन्होंने अपने शेयरों को जे.आर.डी. को देने की वसीयत कर दी थी। जे.आर.डी. ने उन शेयरों को उदारतापूर्वक पाँच बराबर-बराबर भागों में अपने भाई-बहनों के बीच बाँट दिया था। जे.आर.डी. बोर्ड की बैठक से पहले लेडी नवाजबाई का आशीर्वाद प्राप्त कर चुके थे, क्योंकि उनकी सहमति के बिना कुछ भी नहीं किया जा सकता था। वास्तव में प्रतियोगियों की संख्या कोई ज्यादा नहीं थी। तब तक जे.आर.डी. स्वयं अपने नाम का भी प्रस्ताव कर चुके थे।

आर.एम. लाला के अनुसार, जे.आर.डी. अकसर यह कहा करते थे कि वे मानसिक बुद्धि-भ्रंश के समय टाटा उद्यम के अध्यक्ष नियुक्त किए गए थे। एक अन्य अवसर पर उन्होंने कहा कि ऐसा इसलिए भी हो सकता है कि वे टाटा उद्यम के निदेशकों में से शेष रह जानेवाले एकमात्र निदेशक थे। (लेडी नवाजबाई टाटा को छोड़कर, जो फर्म के संविधान के अनुसार उसकी स्थायी सदस्या थीं।) उनके इस उत्थान के कारण कुछ भी रहे हों, परंतु समय ने देखा कि जे.आर.डी. चौदह ऐसी कंपनियों के अध्यक्ष बन गए हैं, जिनका संयुक्त विक्रय 280 करोड़ रुपए था।

अपने पूर्ववर्ती अध्यक्षों के विपरीत जे.आर.डी. ने निर्णय लिया कि वे कुछ ही कंपनियों की अध्यक्षता करेंगे। उस समय तक टाटा संस का अध्यक्ष सभी टाटा कंपनियों का अध्यक्ष होता था। अपने विचार के साथ सामंजस्य स्थापित करते हुए उन्होंने अन्य कंपनियों के साथ हाइड्रो-इलेक्ट्रिक कंपनी की अध्यक्षता सर होमी मोदी को दे दी थी। जे.आर.डी. ने उद्योग के नायक जमशेदजी के दृष्टिकोण, उनके दिशा-निर्देशों तथा उनकी मूल्य-प्रणाली को अंगीकृत किया था। इस संबंध में जमशेदजी के चिंतन यानी 'राष्ट्र को किस चीज की आवश्यकता है?' को ध्यान में रखते हुए जे.आर.डी. ने यह आदर्श अपनाया कि 'जो कुछ भारत के लिए अच्छा है, वह टाटा उद्यम के लिए भी अच्छा है।'

जे.आर.डी. सन् 1938 में अध्यक्ष बनने के समय बोर्ड के अब तक के सबसे कम आयुवाले सदस्य थे। उनके वरिष्ठ साथियों में सर होमी मोदी, सर आर्देशिर दलाल और सर सोराब सकलातवाला के नाम शामिल हैं। सन् 1941 में लेडी नवाजबाई के कहने पर बोर्ड में नवल टाटा को भी शामिल किया गया। उन्होंने जे.डी. चोकसी, डॉ. जॉन मथाई और कर्नल लेसलाई साहनी जैसे व्यक्तियों को अपना सलाहकार नियुक्त किया। उनके महत्त्वपूर्ण कार्यकारी अधिकारियों में जमशेदपुर में सर जहाँगीर घांडी और किश नौरोजी तथा मीठापुर में पी.ए. नारियलवाला शामिल थे।

टाटा का अध्यक्ष बनने के बाद टाटा उद्यमियों के बीच सर होमी मोदी जे.आर.डी. के पहले मित्र बने। युवा अध्यक्ष से अनेक वर्ष बड़े तथा भारत के औद्योगिक क्षेत्र में महत्त्वपूर्ण भूमिका निभानेवाले मोदी जे.आर.डी. के साथ लगभग पिता-तुल्य व्यवहार करते थे। द्वितीय विश्वयुद्ध के दौरान वे वायसराय की कार्यकारी परिषद् के सदस्य थे। स्वतंत्रता के बाद मोदी उत्तर प्रदेश के राज्यपाल बने। वे विशेष रूप से अपनी विनोदप्रियता और हाजिर-जवाबी के लिए प्रसिद्ध थे। गौरव और आदर्श के परमोत्कर्ष डॉ. जॉन मथाई के साथ उनके विनोदपूर्ण वार्त्तालाप से टाटा की बैठकें एक खुशगवार वातावरण के साथ जीवंत हो उठती थीं। मोदी का शुमार गिनती के उन लोगों में होता था, जो मथाई के साथ हँसी-मजाक कर लेते थे। एक बार मथाई बॉम्बे हाउस में मोदी के कक्ष में दाखिल हुए। वहाँ उन्होंने सिगार पीना शुरू कर दिया। उनके इस अशिष्ट व्यवहार पर मोदी ने उन्हें यह जवाब दिया था, ''क्या आप कृपया यह सिगार मेरे शयनकक्ष में जाकर नहीं पी सकते, ताकि इसकी गंध से वहाँ के मच्छर भाग जाएँ?'' मोदी की हाजिर जवाबी और विनोदप्रियता की प्रशंसा मथाई ने इन शब्दों में की, ''कोई भी व्यक्ति यह सोचे बिना मोदी के साथ कार्य नहीं कर सकता, जब तक कि वह यह अहसास न कर ले कि जीवन का प्रत्येक पक्ष जीने के लिए है।'' मोदी दो नामी गिरामी पुत्रों के पिता थे। इनमें एक सांसद पीलू थे, जिनकी हाजिर-जवाबी से संसद् मंत्रमुग्ध हो उठती थी और दूसरे बेमिसाल प्रबंधकीय क्षमताओं के मालिक रूसी मोदी थे।

एक प्रशिक्षित अर्थशास्त्री डॉ. जॉन मथाई वायसराय की कार्यकारी परिषद् के वित्त सदस्य थे। उन्होंने सन् 1946 में रेल और परिवहन मंत्री के रूप में कार्यभार ग्रहण किया था। इसके बाद वे वाणिज्य और उद्योग मंत्री बने। उन्होंने जवाहरलाल नेहरू से मतभेद होने के कारण वर्ष 1950 में वित्त मंत्री के पद से त्याग-पत्र दे दिया था। उन्हें अनेक संस्थाओं और संगठनों का प्रथम अध्यक्ष होने का गौरव प्राप्त था। वे भारतीय स्टेट बैंक, राष्ट्रीय अनुप्रयुक्त एवं आर्थिक अनुसंधान परिषद्, भारतीय प्रशासनिक स्टाफ कॉलेज और राष्ट्रीय पुस्तक न्यास के प्रथम अध्यक्ष बने थे। अपनी अखंड सत्य-निष्ठा और ईमानदारी के लिए प्रसिद्ध जॉन मथाई आचार-संहिता का ऐसी सख्ती से पालन करते थे कि वे सबके लिए एक मिसाल बन गए थे। वे समय के अत्यधिक पाबंद थे। वे सायं 5.20 बजे कार्यालय से रवाना होते थे और ठीक सायं 5.30 बजे अपनी कार में होते थे। उन्हें पुस्तकें पढ़ने का बहुत शौक था। उन्होंने टॉयनबी द्वारा लिखित 'स्टडी ऑफ हिस्ट्री' के सभी 12 खंडों को पूरी तरह से पढ़ा था। वे सारांश पढ़कर अध्ययन को कम समय में पूरा करने

के रियायती तरीके के कायल नहीं थे। उन्होंने अगले सात वर्षों के लिए टाटा स्टील का प्रभारी निदेशक बनने के प्रयोजनार्थ सरकारी नौकरी से त्यागपत्र देकर टाटा उद्यम में पुन: अपना कार्यभार ग्रहण किया था। वे सर दोराबजी टाटा न्यास के प्रथम गैर-पारसी अध्यक्ष भी थे।

सर आर्देशिर दलाल ने सर होमी मोदी के विपरीत एक बिलकुल ही गंभीर चाल-ढाल अपनाई। वे लंबे कद के थे और स्वयं को भलीभाँति बना-सँवारकर रखते थे। वे सुस्पष्ट बातें करते थे। उनके मिजाज में सख्ती थी, जो कभी-कभी किंचित् अमंगलकारी हो जाती थी। वे मूर्खों की संगति सहन नहीं कर पाते थे। अक्तूबर 1908 में आई.सी.एस. परीक्षा में सर्वोच्च स्थान प्राप्त किया था, जहाँ से तरक्की करते हुए वे बंबई के प्रथम भारतीय नगरपालिका आयुक्त नियुक्त हुए थे। सरकारी नौकरी से त्यागपत्र देने के बाद उन्होंने वर्ष 1931 में टाटा उद्यम में कार्यभार ग्रहण किया था। सर आर्देशिर दलाल ने एक बार एक यूरोपीय सुपरवाइजर को बदतमीजी करने के कारण नौकरी से निकाल दिया था। यह जमशेदपुर में विदेशी कर्मचारियों के लिए इस आशय की खुली चेतावनी थी कि वे कोई विशेषाधिकार प्राप्त समुदाय के लोग नहीं हैं। शुरू में जे.आर.डी. के बारे में उनकी राय खासतौर पर अनुकूल नहीं थी। वे उन्हें एक धनाढ्य खिलंदड़ लड़का समझते थे। इस संबंध में यह कहना युक्तियुक्त होगा कि यह विरासत से अपनी हैसियत हासिल करनेवाले युवा जे.आर.डी. के लिए एक ऐसे व्यक्ति की अभ्युक्ति थी, जिसने अपनी हैसियत को स्वयं अपने हाथों से बनाया था। सर आर्देशिर ने अपनी उपलब्धि बनाम आरोप के परिप्रेक्ष्य में जे.आर.डी. के प्रति जो भी दृष्टिकोण अपनाया था, उसे उन्हें जे.आर.डी. के स्पष्ट व समर्पित व्यवहार और योग्यता के कारण शीघ्र बदलना पड़ा।

टाटा संस के बोर्ड में सर्वाधिक लंबी अवधि तक कार्य करनेवाले जे.आर.डी. के साथी का नाम नवल टाटा था। उन्हें सन् 1941 में निदेशक के रूप में नियुक्त किया गया था, जिस पर वे 1989 में अपनी मृत्यु तक कायम रहे। उन्होंने टाटा टेक्सटाइल और इलेक्ट्रिक कंपनियों में बहुमूल्य योगदान दिया था। वे टाटा ऑयल मिल्स और विमानन विभाग का भी प्रबंधन कार्य देखते थे। चूँकि वे जे.आर.डी. के लगभग पूर्णत: समकालिक थे, इसलिए उन्हें अपने उच्च योग्यता प्राप्त चचेरे भाई के मुकाबले छोटा बनना पड़ा। वे निस्संदेह घटनाक्रम के इस प्रवाह से बहुत प्रसन्न थे, चूँकि इसके कारण वे उद्योग के मानव संसाधनगत पहलू पर ध्यान केंद्रित करने में सफल हुए। नवल टाटा सर्वप्रथम एक मानवतावादी व्यक्ति थे। उन्होंने अपना

जीवन अपने कर्मचारियों के लिए समर्पित कर दिया था। उन दिनों मजदूर कानून विद्यमान नहीं था, जिसके कारण मजदूरों और प्रबंधन के बीच भारी अंतराल था। एंप्लॉयर्स फेडरेशन ऑफ इंडिया के अध्यक्ष की हैसियत से नवल ने इस अंतराल को भरने का भरसक प्रयास किया।

नवल मजदूरों की समस्याओं की जबरदस्त जानकारी रखते थे। उन्हें अड़तीस वर्षों में 13 बार इंटरनेशनल लेबर ऑर्गेनाइजेशन (आई.एल.ओ.) के शासी निकाय में चुने जाने का गौरव प्राप्त था। पहली बार जनसंख्या प्रबंधन की समस्या के प्रति आई.एल.ओ. की रुचि जाग्रत् कराने के कारण वे आई.एल.ओ. के परिवार नियोजन कार्यक्रम के जनक माने जाते थे। वे पंद्रह वर्षों तक इंडियन हॉकी फेडरेशन के अध्यक्ष रहे। सन् 1948, 1952 और 1956 में भारत के जीतने पर उनकी खुशी का ठिकाना न रहा। वास्तव में, यह उन्हीं के प्रयासों का नतीजा था (आवश्यक निधियाँ उपलब्ध कराने के लिए उन्होंने नेहरू से सिफारिश की थी) कि भारत ने सन् 1948 में अपनी एक टीम को खेलने के लिए भेजा था। वर्ष 1956 में भारत की पाकिस्तान पर 1–0 से मामूली विजय प्राप्त करने पर जब नेहरू ने उनसे पूछा कि क्या भारतीय हॉकी का स्तर गिर रहा है, तो उन्होंने जवाब दिया था कि अन्य टीमों का स्तर बढ़ रहा है।

नवल टाटा में जे.आर.डी. की अपेक्षा अधिक धैर्य था और उनके नेतृत्व की प्रणाली भी दूसरों से भिन्न थी। जे.आर.डी. किसी व्यक्ति से किसी बात पर चूक होने की स्थिति में उसे फटकार लगाने में संकोच नहीं करते थे। दोनों के बीच एक विशेषता समान रूप से विद्यमान थी और वह था उनका उदार स्वभाव। तथापि नवल और जे.आर.डी. के बीच मतभेद विद्यमान थे। जे.आर.डी. राजनीति से बचकर रहना चाहते थे, जबकि नवल दक्षिण बंबई से स्वतंत्र उम्मीदवार के रूप में चुनाव में खड़े हुए और हार गए। नवल समझते थे कि सन् 1961 के चुनाव में जे.आर.डी. का सी. राजगोपालाचारी की स्वतंत्र पार्टी को खुलकर समर्थन देना अविवेकपूर्ण था, क्योंकि इसके कारण नेहरू नाराज हो गए थे। उनके बीच मतभेद होने के बावजूद उनके निजी संबंध आपस में मधुर रहे। उन्होंने टाटा उद्यम और भारत के निमित्त लगभग पचास वर्षों से भी अधिक अवधि तक मिलकर कार्य किया।

मतैक्य के आधार पर जे.आर.डी. के प्रबंधन–कौशल पर दृष्टिपात करने से हमें यह विदित होगा कि विभिन्न समूहों को एक परिवार के रूप में समाहित करने के लिए उन्होंने कितने विवेक और दूरदर्शिता से कार्य किया। उनके अपने शब्दों

में, ''जब किसी मामले में कई व्यक्ति शामिल होते हैं तो मैं सलाह अवश्य लेता हूँ; लेकिन मूलभूत रूप से यह प्रश्न उन लोगों से संबंधित होता है, जो विभिन्न उद्यमों का संचालन करते हैं। उनमें से प्रत्येक के साथ काम करने का मेरा अपना अलग तरीका होता है। मैं वह व्यक्ति हूँ, जो व्यक्ति के चरित्र और उसकी स्वभावगत विलक्षणता का उसे पूरा मूल्य देता है। व्यक्ति को चाहिए कि वह अपने तौर-तरीकों के अनुसार खुद को ढालकर तदनुसार कार्य करे और प्रत्येक व्यक्ति के भीतर छिपी विशिष्टताओं का सदुपयोग करे। यदि मुझमें कोई विशेषता है तो यह है कि मैं संबंधित व्यक्तियों के साथ उनकी विशेषताओं के अनुरूप कार्य करता हूँ...। नेतृत्व करने के लिए यह आवश्यक है कि व्यक्ति इनसानों का कार्य-संचालन स्नेह और प्रेम के साथ करे।''

इस दृष्टिकोण को प्रोत्साहित करनेवाला दूसरा कारक यह है कि चूँकि वे किसी विषय के विशेषज्ञ नहीं थे, इसलिए वे सोचा करते थे कि प्रबंधन के प्रति उनका योगदान मध्यस्थ और सुग्राह्य स्थिति उपलब्धकर्ता के रूप में बेहतर होगा। इससे टाटा उद्यम के सर्वाधिक हितार्थ विशेष कौशलवाले लोगों को प्रभावी कार्य-संचालन में मदद मिलेगी। एयरलाइंस के अतिरिक्त वे नीतिगत प्रबंधन में भी व्यस्त रहते थे। उन दूसरे क्षेत्रों में, जहाँ इनके निर्णयों को अन्य लोगों द्वारा निष्पादित किया जाता था, वहाँ वे दूरभाष के द्वारा प्रबंधन कार्य का संचालन करते हैं। उन्हें हमेशा इस बात का विश्वास रहता था कि उनके सलाहकारों का विशेष ज्ञान उनके निर्णय की मजबूती को संपुष्ट करेगा। वे अपनी स्मृतियों को ताजा करते हुए कहते थे, ''इसलिए मेरे सभी प्रबंधन कार्य मानव पहलुओं पर आधारित होते थे, जिनसे मुझे प्रेरणा, संतोष और प्रोत्साहन मिलता था। इस संबंध में विमानन के क्षेत्र में ही अपवाद विद्यमान था। मुझे इसके तकनीकी पक्ष का ज्ञान था और संभवत: विमानन के प्रति मेरा अथाह प्रेम इस तथ्य के कारण था कि यह ही एकमात्र कार्यक्षेत्र था, जिसके प्रति मैं स्वयं को सक्षम महसूस करता हूँ।''

दूसरों से सलाह लेने की बहुत अधिक आदत के कारण अकसर जे.आर.डी. की आलोचना की गई। वे स्वयं कहते थे कि उन्हें एक पक्षीय निर्णय लेना पसंद नहीं है। उन्होंने यह भी कहा था कि वे सदैव स्वयं अपने विचार भी अभिव्यक्त करते थे। उन्हें शक्तिशाली एवं स्वतंत्र कॉरपोरेट प्रमुखों को अस्तित्व में लाने का श्रेय प्राप्त है। वे उनके साथ व्यक्तिगत संबंध रखते थे और इन संबंधों को पारस्परिक स्नेह व प्रेम के आधार पर बरकरार रखा जाता था। तथापि स्वतंत्र प्रमुखों के समूह के सृजन से उस समय कुछ समस्या सामने आई, जब जे.आर.डी. के उत्तराधिकार

का मसला तय किया जाना था।

अगर जे.आर.डी. आपसी विचार-विमर्श में विश्वास रखते थे तो इसका अर्थ यह कदापि नहीं था कि वे निर्णय लेने में सुस्त हैं। अस्तु, जब कभी आवश्यकता पड़ती थी तो वे शीघ्रता से निर्णय लेकर मामलों का निपटारा कर देते थे। उन्हें बनावटी और नुमाइशी लोगों से चिढ़ थी। वे संयम का दामन कभी भी हाथों से नहीं छोड़ते थे, किंतु उन्हें कभी-कभी अधीर व बेचैन हालत में भी देखा गया है। वे बुनियादी तौर पर मानवता का सम्मान करते थे और अपने निम्न श्रेणी के कर्मचारियों पर विशेष रूप से मेहरबान रहते थे। उनकी एक सबसे बड़ी विशेषता यह थी कि वे लोगों के साथ बिना भेदभाव के समान व्यवहार करते थे। जिस बात को वे सही मानते थे, उसके लिए खूब तर्क-वितर्क करते थे; पर वे अपने विचारों को कभी भी दूसरों पर थोपने का प्रयास नहीं करते थे। वे वस्तुस्थिति की संतोषप्रद परिस्थिति की कामना करते थे, पर उसके विपरीत पहलू की भी उपेक्षा नहीं करते थे।

रतन टाटा कहते हैं कि जे.आर.डी. अकड़ दिखानेवाले की जमकर दुर्गति बना डालते थे। किंतु मुसीबत के मारे लोगों का पक्ष लेने में वे सारे बंधन तोड़ डालते थे। गांधी नेशनल मेमोरियल ट्रस्ट (गांधी स्मारक निधि) के सचिव एस. के. बंद्योपाध्याय बताते हैं कि जे.आर.डी. ने संकट के समय ट्रस्ट की सहायता की थी, जबकि उसी दौरान गांधीजी के एक खास विश्वासपात्र और बड़े उद्योगपति ने नैतिक साहस के स्थान पर व्यापारिक स्वार्थ को तरजीह दी थी। बंद्योपाध्याय की जे.आर.डी. से सन् 1984 में उस समय मुलाकात हुई थी, जब इंदिरा गांधी द्वारा गठित कुदाल आयोग गांधीजी से जुड़े सभी स्वयंसेवी संस्थानों की तथाकथित गैर-कानूनी गतिविधियों की जाँच कर रहा था। वस्तुत: यह कदम उन सभी गांधीवादी कार्यकर्ताओं के विरुद्ध जवाबी काररवाई के अतिरिक्त और कुछ नहीं था, जिन्होंने इमरजेंसी के दौरान की गई ज्यादतियों का विरोध करने के लिए जयप्रकाश नारायण का साथ दिया था। इस संबंध में जे.आर.डी. ने एक सार्वजनिक बयान जारी करते हुए कहा था कि संस्थापक न्यासी के रूप में उन्होंने ट्रस्ट के क्रिया-कलापों में कोई गैर-कानूनी बात नहीं देखी थी। उन्होंने कहा था कि इन आरोपों के सिद्ध हो जाने की स्थिति में वे भी इसके बराबर के भागीदार होंगे। अत: जब तक यह प्रश्न हल नहीं हो जाता तब तक त्यागपत्र देने का सवाल ही पैदा नहीं होता। अंतत: किसी भी गांधीवादी संस्थान के विरुद्ध कोई भी आरोप सिद्ध नहीं हो सका और इंदिरा गांधी के देहावसान के साथ यह अध्याय स्वत: बंद हो गया।

जब जे.आर.डी. ने अध्यक्ष के रूप में कार्यभार ग्रहण किया था, उस समय टाटा समूह में चौदह कंपनियाँ थीं, जिनका कुल संयुक्त विक्रय 280 करोड़ रुपए था। द्वितीय विश्व युद्ध की समाप्ति तक समूह की गतिविधियाँ कई गुना बढ़ चुकी थीं और जे.आर.डी. अपना ध्यान पुरानी कंपनियों से अच्छे नतीजे प्राप्त कराने में लगा चुके थे। सन् 1940 में टाटा उद्यम ने तेजी से तरक्की की सीढ़ियाँ तय करते हुए कुछ नए उद्यमों जैसे 'पूँजी निवेश (इन्वेस्टमेंट कॉर्पोरेशन ऑफ इंडिया ऐंड इन्वेस्टा), कंज्यूमर इलेक्ट्रॉनिक्स (नेल्को) और सोडा ऐश (टाटा केमिकल्स)' में पदार्पण किया।

अध्यक्ष की हैसियत से अपना कार्यभार ग्रहण करने की प्रारंभिक अवधि के दौरान जे.आर.डी. को टिस्को में संभाव्य हड़ताल का सामना करना पड़ा। इस हड़ताल का आधार वर्ष 1936 में अधिक बोनस दिए जाने संबंधी उस माँग पर अवलंबित था, जिसका आह्वान टाटा स्टील वर्कर्स यूनियन के अध्यक्ष और प्रखर वक्ता प्रो. अब्दुल बारी ने किया था। बारी का उत्साहपूर्ण विचार असंयत आरोप तथा निंदात्मक भाषा लिये हुए था। अंततोगत्वा विवाद को हल करने के लिए इसे मध्यस्थों की समिति को सौंपा गया। यूनियन ने निर्णायकों के रूप में बारी, सर आर्देशिर दलाल और सुभाषचंद्र बोस (जो उस समय इंडियन नेशनल कांग्रेस के अध्यक्ष थे) के पंच निर्णय को स्वीकार कर लिया। पर अंदर-ही-अंदर असंतोष का लावा खौलता रहा। उस समय मामला और बिगड़ गया, जब तीन कर्मचारियों को नौकरी से निकाल दिया गया और यूनियन ने उद्यम के संस्थापक जमशेदजी टाटा के शताब्दी समारोह में भाग लेने से इनकार कर दिया। जे.आर.डी. ने सहायता के लिए नेहरूजी को लिखा। इस संबंध में नेहरू और डॉ. राजेंद्र प्रसाद की मध्यस्थता को स्वीकार कर लिया गया। इस मामले के समाप्त होने पर जे.आर.डी. ने नेहरू को मध्यस्थ के रूप में उनके द्वारा किए गए प्रयासों के लिए आभार पत्र लिखा। यह घटना इसलिए भी महत्त्वपूर्ण है, क्योंकि उस समय व्यापार जगत् में नेहरूवादी समाजवाद के बहुत ही कम अनुयायी मौजूद थे। बंबई के व्यापारिक समुदाय में नेहरू का मार्क्सवाद के प्रति झुकाव उस समय और सशक्त हो उठा, जब उन्होंने अप्रैल 1936 में लखनऊ कांग्रेस के अपने अध्यक्षीय भाषण में एक ऐसे समाजवाद की वकालत की थी, जिसमें निजी संपत्ति को समाप्त कर दिया जाएगा। वे जीवनपर्यंत 'लाभकारी' और 'मुनाफे' जैसे शब्दों से घृणा करते रहे।

मई 1936 में इक्कीस व्यापारिक नेताओं ने नेहरू के विरुद्ध घोषणा-पत्र जारी किया, जिसे 20 मई, 1936 को 'टाइम्स ऑफ इंडिया' और 'ट्रिब्यून' में

प्रकाशित किया गया। टाटा उद्यम की ओर से घोषणा-पत्र पर सकलातवाला, दलाल, मोदी, सेठना और श्रॉफ ने हस्ताक्षर किए। इस संबंध में सुस्पष्ट अपवाद जे.आर.डी. थे, जिन्होंने उसपर हस्ताक्षर करने से इनकार कर दिया था। कालजन्य अंतराल के साथ गंभीर वैचारिक भिन्नता के कारण इस नैकट्य का स्थान दूरियों ने ले लिया। जे.आर.डी. ने कई वर्षों के बाद इस अंतराल के बारे में आर.एम. लाला को बताया कि ऐसा मुख्यत: नेहरू की समाजवादी प्रणाली के प्रति समर्पित भावना के कारण हुआ। वे कहते हैं कि एक बार नेहरू ने उनसे कहा था कि वे 'लाभ' नामक शब्द के उल्लेख को नापसंद करते हैं। जे.आर.डी. द्वारा निजी क्षेत्रक के अर्जित लाभांश को भी वे उन्हीं अर्थों में लेते हैं। यही कारण है कि वे कभी-कभी मुझसे क्षुब्ध हो जाते थे। इस व्यवहार पर मैं दु:खी तो हो सकता था, लेकिन इसके निदान का मेरे पास कोई रास्ता न था।

जनवरी 1955 में जब साम्यवाद अपनी पराकाष्ठा पर था, तब जे.आर.डी. ने जयप्रकाश नारायण को एक भविष्य-सूचक पत्र लिखा था। जयप्रकाश उस समय पक्के मार्क्सवादी थे। उन्होंने कहा था कि वे पूँजीवादी प्रणाली के बिलकुल भी पक्षधर नहीं हैं। उन्होंने यह भी कहा था कि वे नहीं चाहते कि पूँजीवादी प्रणाली को इतिहास में कोई स्थान प्राप्त हो। जे.आर.डी. चकित थे कि कहीं जयप्रकाश पूँजीवादी प्रणाली को मौजूदा रूप में अथवा इसके विकसित हो रहे घटनाक्रम के रूप में देखने के बजाय इसे वर्षों पहली व्यवस्था के रूप में देखकर एक ऐतिहासिक भूल तो नहीं कर रहे हैं। उन्होंने कहा था, "मुझे विश्वास है कि विश्व के अधिकांश भागों में मुक्त व्यापार की व्यवस्था को समाप्त करने के बजाय उसे एक ऐसा आयाम दिया जाएगा, जिससे मानव समाज के सेवार्थ नई दिशाएँ प्रस्फुटित होंगी। यह कटु यथार्थ के विरुद्ध ऐसी ही घोर प्रतिक्रिया होगी जैसा कि राज्य की समाजवादी कल्पना के विरुद्ध इतिहास की कठोर तथ्यात्मक वास्तविकता। अस्तु, इतिहास ने जे.आर.डी. के शब्दों की सच्चाई को प्रमाणित कर दिया है।

मजदूरों के प्रति जे.आर.डी. की मानवीय संवेदना के कारण पूर्व में व्याप्त टकराव की नीति में परिवर्तन आया। 1970 के दशक के दौरान टाटा वर्कर्स यूनियन के अध्यक्ष वी.जी. गोपाल ने इस संबंध में अपनी राय जाहिर करते हुए कहा था, "ट्रेड यूनियन टाटा उद्यम के लिए न केवल स्वीकार्य हो गई है, अपितु यह एक ऐसी एसोसिएशन बन गई है, जो कामगारों के हितों की रक्षा करने में महत्त्वपूर्ण भूमिका निभा रही है।" दुर्भाग्यवश 14 अक्तूबर, 1993 को जे.आर.डी. के देहावसान के एक माह पूर्व श्री गोपाल की गोली मारकर हत्या कर दी गई। इस संबंध में

जे.आर.डी. द्वारा जिनेवा से उनको लिखा गया पत्र उनका अंतिम पत्र था। जे.आर.डी. ने प्रखर वक्ता प्रो. अब्दुल बारी से भी मैत्रीपूर्ण संबंध स्थापित करने की कोशिश की, हालाँकि प्रो. अब्दुल बारी ने यूनियन के नेता की हैसियत से सार्वजनिक स्थानों पर टाटा उद्यम के विरुद्ध बड़े ही असंगत बयान जारी किए थे। प्रो. बारी ने यथार्थ एवं काल्पनिक दोनों आधारों पर टाटा प्रबंधन के विरुद्ध जहर उगला था और बड़े ही उग्र व असंयत भाषण दिए थे।

1 सितंबर, 1939 को दूसरा विश्व युद्ध प्रारंभ हो गया। उस समय हिटलर की सेनाएँ पोलैंड में प्रवेश कर चुकी थीं। दो दिन बाद शांति स्थापना करने में असमर्थ ब्रिटेन के प्रधानमंत्री नेविल चेंबरलेन ने जर्मनी के विरुद्ध युद्ध की घोषणा कर दी। तदनुरूप भारत के वायसराय लॉर्ड लिनलिथगो ने भारत की ओर से भी ऐसा ही ऐलान कर दिया। नेहरू की भाँति जे.आर.डी. ने भी हिटलरवादी नाजियों के विरुद्ध युद्ध का समर्थन किया। तथापि वे उस समय भी यह चाहते थे कि अंग्रेजों की गुलामी की जंजीरों को तोड़कर फेंक दिया जाए। वे हिटलर को नापसंद करते थे, लेकिन मुसोलिनी के लिए उनके दिल में एक स्थान था। सन् 1942 में बंबई में 'भारत छोड़ो' आंदोलन के दौरान जे.आर.डी. को मंच के निकट ही सीट मिली थी। राजनीति और स्वतंत्रता संघर्ष में अपनी वैयक्तिक भागीदारी का उल्लेख करते हुए उन्होंने अपनी पुस्तक के प्राक्कथन में लिखा है—"राजनीति से अलग रहने संबंधी अपने फैसले पर मुझे कभी कोई अफसोस नहीं हुआ है। मैं पर्याप्त वैचारिक मंथन करने के पश्चात् इस नतीजे पर पहुँचा हूँ कि मैं राजनीति की अपेक्षा व्यापार और उद्योग के माध्यम से देश की ज्यादा सेवा कर सकता हूँ। मेरा विचार है कि मेरी मूल प्रवृत्ति और मेरा मिजाज मुझे राजनीति के क्षेत्र में प्रवेश करने से रोकते हैं। मेरा तर्क है कि जेल में अपने दिन गुजारने की अपेक्षा मैं एक दिन अपने देश की अधिक सेवा कर पाऊँगा।" जे.आर.डी. कहते हैं कि उस समय अंग्रेजों के प्रति उनका व्यवहार 'सही लेकिन शुष्क' होता था। इसके बावजूद जमशेदपुर टाटा स्टील संयंत्र के महाप्रबंधक सर जहाँगीर घांडी ने जमशेदपुर के लोगों की ओर से ब्रिटिश सरकार के युद्ध-प्रयासों में योगदान देने के लिए रॉयल एयर फोर्स को अंशदान दिया।

सन् 1939 में रूसी मोदी नाम के एक युवा व्यक्ति टिस्को में शामिल हुए। वे सर होमी मोदी के पुत्र थे। जब टिस्को के प्रभारी निदेशक सर आर्देशिर दलाल ने किंचित् घबराए हुए इस नौजवान का साक्षात्कार लिया था। वे सोच भी नहीं सकते थे कि सर होमी मोदी का यह पुत्र कंपनी में कार्यरत अपने सुविख्यात पिता से भी

आगे बढ़ जाएगा। रूसी को सर्वाधिक छोटे पद पर 'खलासी' के रूप में नियुक्त किया गया था और वे शॉपफ्लोर पर शारीरिक मेहनत का कार्य करते थे। इससे उनमें कार्य-शक्ति में अंतर्निहित क्षमता की गहरी समझ-बूझ उत्पन्न हुई, जो तेजी से उनका प्रगति-पथ प्रशस्त करती रही। एक बार जे.आर.डी. ने उनके प्रति अपने विचार व्यक्त करते हुए कहा था, "रूसी ने अपना समय फूलों की सेज पर नहीं गुजारा है। वे खुद को एक सहायक, एक मजदूर और एक खलासी के रूप में महसूस करके आनंदित होते थे। इस अवधि के दौरान वे जमशेदपुर का उसी गहराई से जायजा लेते रहे, जैसाकि मैं अपने कैरियर के प्रारंभिक काल के दौरान करता था। वस्तुतः यह एक बड़ा ही पेचीदा कार्य था।" तथापि रूसी ने इन पहलुओं को भलीभाँति समझा और उन पर अपने विवेकानुसार अमल किया। संभवतः जे.आर.डी. श्रमिकों का कार्य-संचालन करने संबंधी उनकी प्रतिभा को पहचान गए थे। चूँकि जब उन्होंने वर्ष 1947 में टिस्को का कार्मिक प्रभाग खोला था तो रूसी उसमें शामिल होनेवाले प्रथम व्यक्ति थे। केवल छह वर्ष बाद वे कार्मिक प्रभाग के निदेशक बन गए थे और उन्होंने कंपनी के मामलों का संचालन तीन 'सी' यानी क्रेडीबिलिटी (विश्वसनीयता), कॉरेज (साहस) और कंपैशन (दया) के साथ किया। रूसी जे.आर.डी. की बहुत प्रशंसा करते थे। वे कहते थे कि अगर वे उनको न जानते तो बड़े आडंबरी व्यक्ति बन जाते। दुर्भाग्यवश, उनके संबंध अंत में उस समय कड़वे हो गए थे, जब रूसी ने सोचा था कि जे.आर.डी. के उत्तराधिकारी के रूप में वे टाटा उद्यम के अध्यक्ष बनेंगे।

अगस्त 1943 में लॉर्ड वेवल ने लॉर्ड लिनलिथगो के स्थान पर कार्यभार ग्रहण किया। जे.आर.डी. ने उनसे भेंट की, पर वे उनसे घनिष्ठ संबंध कायम न कर सके। इस बीच उनके पास टोही लोगों को इस आशय के साथ भेजा गया कि 'नाइट' की उपाधि मिलने पर उनकी क्या प्रतिक्रिया होगी। लेकिन जे.आर.डी. को ऐसी उपाधि प्राप्त करने के प्रति कोई रुचि नहीं थी, इसलिए उन्होंने जवाब भी तदनुसार ही दिया। ब्रिटिश राज के प्रति उनके इन विचारों से इस इनकार को बल मिलता है, "लेकिन मैं ब्रिटिश शासकों की निरंतरता का सदैव ही प्रबल विरोधी रहूँगा और यह आशा करता रहूँगा कि या तो हमें गुलामी की जंजीरों को तोड़ देना चाहिए या उन्हें स्वयं देश छोड़कर चले जाना चाहिए।"

युद्धकाल के दौरान टिस्को की उत्पादन क्षमता 8 लाख टन निर्धारित हो गई थी। जे.आर.डी. ने शेयरधारकों को बताया कि टिस्को ने युद्ध-प्रयासों के प्रयोजन हेतु लगभग 30 लाख टन स्टील उपलब्ध कराया है। यह समय टाटा उद्यमियों के

लिए जबरदस्त लाभ कमाने का बेहतर अवसर था; किंतु जे.आर.डी. की नैतिक आचार-संहिता ने लाभ कमाने को तरजीह नहीं दी। उस जमाने में दूसरी कंपनियों ने भारी मुनाफे कमाए, लेकिन टाटा उद्यमियों ने भारत में ब्रिटिश सरकार को युद्ध पूर्व के मूल्य पर स्टील उपलब्ध कराया। 'द स्टोरी ऑफ टाटा स्टील' के लेखक, भारतीय आदिवासी लोगों के प्रबलतम समर्थक और प्रसिद्ध मानव-विज्ञानी वेरियर एल्विन ने लिखा है—"इस अवधि के दौरान बहुत कम कार्य-विस्तारण अथवा वास्तविक प्रतिस्थापन हुआ।" एल्विन जे.आर.डी. के मित्र थे। जे.आर.डी. ने उन्हें उनकी पुस्तक 'दि एग्रेरिया, और 'द मुरिया ऐंड देयर घोतुल' को उनकी आपातकालिक परिस्थितियों के दौरान आर्थिक सहायता देकर प्रकाशित कराया था।

लेकिन जे.आर.डी. का यह सब त्याग व्यर्थ गया। यह समय की विडंबना ही थी कि टिस्को ने जुलाई 1944 से आयातित स्टील को आर्थिक छूट देनी शुरू कर दी थी। युद्ध-प्रयासों के प्रति टिस्को के योगदान से प्राप्त लाभ केवल एक अकस्मात् घटना थी। सन् 1937 में एक अनुसंधान और नियंत्रण प्रयोगशाला खोली गई थी। इस प्रयोगशाला के अनुसंधानकर्ता अंडरप्रेशर युक्ति की ईजाद करने में सफल हुए, जिसके कारण टाटा उद्यमी कार्बन स्टील का विनिर्माण और संभरण कर सके। प्रयोगशाला टिस्को नाम की एक ऐसी उच्च टेंसाइल सम्मिश्रित स्टील बनाने में भी सफल हुई, जिसके कारण पूर्णत: देशी सामग्री से हावड़ा पुल का निर्माण संभव हुआ। युद्ध के दौरान टाटा उद्यम द्वारा बनाई जानेवाली सर्वाधिक लोकप्रिय एक युद्धक मोटरगाड़ी थी, जिसपर गोलियों का कोई प्रभाव नहीं पड़ता था। इसके कारण युद्ध में अनेक सिपाहियों की जानें बच सकीं।

□

13

न्यासिता और सामाजिक जिम्मेदारी

गांधीजी द्वारा संपोषित न्यासिता की अवधारणा को टाटा उद्यम में एक विशेष स्थान प्राप्त हुआ। टाटा उद्यम के संस्थापक जमशेदजी टाटा ने राष्ट्रीय आवश्यकताओं को हमेशा संकीर्ण व्यापारिक हितों से ऊपर रखा। स्टील, हाइड्रो-इलेक्ट्रिक पावर और विज्ञान संस्थान इस विषय पर उनके व्यापक चिंतन को अभिव्यक्त करते थे। उन्होंने सन् 1892 से विदेश में उच्च शिक्षा प्राप्त करने के पात्र आकांक्षी छात्रों के लिए छात्रवृत्ति देनी आरंभ की। सन् 1924 में की गई संगणना से पता चला कि प्रत्येक पाँच भारतीय आई.सी.एस. अधिकारियों में से एक अधिकारी टाटा स्कॉलर था। (टाटा की कुछ प्रमुख कंपनियाँ सन् 1977 से वार्षिक रूप में इस आशय के साथ अंशदान दे रही हैं, ताकि जे.एन. टाटा धर्मदाय पुरस्कारों की संख्या में वृद्धि कर सकें।)

जमशेदजी के बेटों सर दोराब और सर रतन ने अपने यशस्वी पिता द्वारा शुरू किए गए इस कार्य को न केवल जारी रखा, अपितु ऐसे पुरोगामी न्यास भी स्थापित किए, जिनसे भारत की शैक्षणिक, सामाजिक व वैज्ञानिक अवसंरचना का मार्ग प्रशस्त हुआ। सर रतन ने उदारतापूर्वक अंशदान देकर गोपाल कृष्ण गोखले की मदद की। उन्होंने महात्मा गांधी द्वारा दक्षिण अफ्रीका में जातीय समानता के लिए चलाए जा रहे अभियान के लिए उन्हें 1.25 लाख रुपए दिए। उनके द्वारा निर्धनता के कारणों और उसके उन्मूलन के लिए अनुसंधान कार्यों हेतु लंदन स्कूल ऑफ इकोनॉमिक्स को दिए गए वार्षिक अंशदानों से स्कूल में सन् 1912 में सर रतन टाटा विभाग (अब सामाजिक विज्ञान विभाग) की स्थापना का मार्ग प्रशस्त हुआ।

सन् 1913 में नवसृजित विभाग में व्याख्याता के पद पर क्लीमेंट एटली नामक एक युवक ने कार्यभार ग्रहण किया। बत्तीस वर्षों बाद यही युवक ब्रिटेन का प्रधानमंत्री बना और भारत ने उनके कार्यकाल के दौरान ही स्वतंत्रता प्राप्त की।

उस जमाने में, जबकि अधिकांश अंशदान सांप्रदायिक किस्म के होते थे, उस समय सर रतन टाटा न्यास (सन् 1918) और सर दोराबजी टाटा न्यास (सन् 1932) ने धर्मनिरपेक्ष अंशदानों की व्यवहार्यता पर जोर दिया। सर रतन टाटा न्यास ने स्कूलों, बेघर लोगों और अस्पतालों आदि के लिए दिल खोलकर अंशदान दिए। इस अनुक्रम में प्रमुख लाभार्थी राष्ट्रीय धातुकर्मी प्रयोगशाला, टाटा सामाजिक विज्ञान संस्थान और राष्ट्रीय कार्य-निष्पादन कला केंद्र शामिल हैं। न्यास से मुख्यतः सहायता प्राप्त करनेवाले अन्य संस्थानों में भारतीय विज्ञान संस्थान, बंगलौर और दिल्ली स्कूल ऑफ इकोनॉमिक्स हैं। इस स्कूल के पुस्तकालय को रतन टाटा पुस्तकालय कहते हैं। सर रतन टाटा का उत्कृष्ट संग्रह प्रिंस ऑफ वेल्स संग्रहालय (अब छत्रपति शिवाजी वास्तु संग्रहालय) को दिया गया था, जहाँ इसे सर दोराब के संग्रह सहित विशेष स्कंध में रखा गया है।

1 करोड़ रुपए की राशि से प्रारंभ होनेवाले सर दोराबजी टाटा न्यास के कारण भारत को टाटा सामाजिक विज्ञान संस्थान (1936), टाटा मेमोरियल अस्पताल (1941), टाटा आधारभूत अनुसंधान संस्थान (1945) और राष्ट्रीय अभिनय कला केंद्र (1966) जैसे कुछ पुरोगामी संस्थान प्राप्त हुए। सर दोराबजी ने अपनी मृत्यु से तीन माह पूर्व मूलतः ल्यूकेमिया पर अनुसंधान कार्य करने के लिए लेडी टाटा मेमोरियल ट्रस्ट के नाम से एक और छोटे ट्रस्ट की स्थापना की थी।

टाटा सामाजिक विज्ञान संस्थान (TISS)

सन् 1920 में बंबई के नागपाड़ा की चालों में शहरी समुदाय विकास कार्यक्रमों को शुरू करनेवाले अमेरिकी मिशनरी डॉ. क्लीफोर्ड मनशार्ड के पुरोगामी कार्य के कारण ही टाटा सामाजिक विज्ञान संस्थान अस्तित्व में आया। उनके प्रयासों में सर दोराबजी टाटा द्वारा सहायता की गई। इसी अवधि के दौरान सामाजिक कार्य से संबंधित संस्थान को स्थापित करने की अवधारणा जड़ पकड़ने लगी। सन् 1936 में सामाजिक कार्य में व्यावसायिक प्रशिक्षण के प्रयोजनार्थ सर दोराबजी टाटा ग्रेजुएट स्कूल ऑफ सोशल वर्क की स्थापना की गई। डॉ. मनशार्ड इस स्कूल के पहले निदेशक बने। भारत में श्रमिक कल्याण से संबंधित अवधारणा दोराबजी टाटा ग्रेजुएट स्कूल से ही शुरू हुई। सन् 1944 में इसका नाम बदलकर टाटा

सामाजिक विज्ञान संस्थान रखा गया। जे.आर.डी. शासी बोर्ड के अध्यक्ष बनाए गए और वे निरंतर टिस (TISS) का मार्गदर्शन करने के साथ-साथ इस दिशा में प्रेरणा देते रहे। बंबई के देवनार स्थान पर संस्थान के प्रथम परिसर का उद्घाटन तत्कालीन प्रधानमंत्री जवाहरलाल नेहरू द्वारा 6 अक्तूबर, 1954 को किया गया। एक दशक बाद संस्थान को विश्वविद्यालय अनुदान आयोग (यू.जी.सी.) द्वारा समविश्वविद्यालय के रूप में मान्यता दे दी गई। तब से अब तक यह शैक्षणिक कार्यक्रमों और अवसंरचनागत आधारों पर आगे बढ़ता रहा है। इससे देश में सामाजिक और शैक्षणिक पद्धति की बदलती हुई आवश्यकताओं को एक नई दिशा मिली है। यह सामाजिक कार्य शिक्षा के मूल आधार से कहीं आगे बढ़ गया है। सामाजिक कार्य में स्नातकोत्तर डिप्लोमा देनेवाला यह संस्थान विविध क्रिया-कलापों के साथ एक विश्वविद्यालय में परिणत हो गया है।

टाटा मेमोरियल सेंटर

सन् 1932 में लेडी मेहरबाई का ल्यूकेमिया से निधन होने के बाद उनके पति सर दोराबजी टाटा भारत में ल्यूकेमिया के उपचार की ऐसी ही सुविधाएँ लाना चाहते थे, जैसी विदेश में उनकी दिवंगत पत्नी के लिए उपलब्ध थीं। सर दोराबजी की मृत्यु के बाद टाटा उद्यम के अगले अध्यक्ष सर नौरोजी सकलातवाला ने इस सपने को साकार करने की दिशा में कार्य किए। किंतु अंतत: यह सपना जे.आर.डी. की कोशिशों से ही वास्तविक रूप्र धारण कर सका। 28 फरवरी, 1941 को परेल, बंबई की सात मंजिला इमारत में टाटा मेमोरियल सेंटर (टी.एम.सी.) खोला गया। ये सब कार्य जे.आर.डी. की दूरदर्शिता के ही कारण थे कि टी.एम.सी. उपचार, अनुसंधान और शिक्षा के तीन लक्ष्यों को प्राप्त करने की दिशा में प्रगति पथ तय कर रहा है। उस समय केंद्र के न्यासियों का केवल एक ही लक्ष्य था कि इसके माध्यम से उपचार पर होनेवाले खर्चों में कमी आ जाए। इस संबंध में अनुसंधान जैसे कार्यों के बारे में उन्होंने सोचा भी नहीं था। नौ वर्षों की अवधि तक यह उपमहाद्वीप में अपने प्रकार का एकमात्र केंद्र रहा। कुछ समय बाद बंबई सरकार ने इस केंद्र को 1 लाख रुपए वार्षिक की सहायता देनी प्रारंभ की, पर इसके मुख्य खर्च का भार टाटा उद्यमियों ने ही वहन किया।

सन् 1957 में स्वास्थ्य मंत्रालय ने टाटा मेमोरियल सेंटर को अपने नियंत्रण में ले लिया, पर इस कार्य को निष्पादित करने में मंत्रालय सक्षम साबित न हो सका। जे.आर.डी. और भारतीय परमाणु ऊर्जा कार्यक्रम के अग्रदूत होमी जे. भाभा जानते

थे कि विकिरण कैंसर के इलाज में एक महत्त्वपूर्ण भूमिका निभाएगी। भाभा ने नेहरू को सुझाव दिया कि अमेरिका में चार कैंसर अस्पताल चलानेवाले अमेरिकी परमाणु ऊर्जा आयोग की भाँति परमाणु ऊर्जा विभाग को भी ऐसे अस्पताल चलाने का दायित्व दिया जाए। नेहरू इस प्रस्ताव से सहमत हो गए। फलस्वरूप, इस अस्पताल ने सन् 1962 से लेकर अब तक परमाणु ऊर्जा विभाग के तत्त्वावधान में कार्य किया है। चार वर्ष बाद कैंसर अनुसंधान संस्थान (सन् 1952 में स्थापित) और टी.एम.सी. का एक-दूसरे में विलय कर दिया गया। टी.एम.सी. का प्रारंभ 15,000 वर्ग मीटर के क्षेत्र में 80 बिस्तरोंवाले अस्पताल से किया गया था। अब यह अस्पताल लगभग 54,000 वर्गमीटर में अवस्थित है और इसमें रोगियों के लिए 440 से भी अधिक बिस्तर हैं। सन् 1941 में इसका वार्षिक बजट 5 लाख रुपए था, जो अब बढ़कर 28 करोड़ रुपए से भी अधिक का हो गया है।

टी.एम.सी. कैंसर के निवारण, उपचार और अनुसंधान के सर्वोच्च केंद्रों में से एक है। वैश्विक स्वास्थ्य मानचित्र विशेषत: विश्व के इस भाग के लिए यह विशेष महत्त्व का द्योतक है। इस अस्पताल में न केवल संपूर्ण भारत, अपितु पड़ोसी देशों से भी प्रतिवर्ष लगभग 25,000 रोगी उपचारार्थ आते हैं। यहाँ प्रारंभिक परिचर्या के इच्छुक लगभग 70 प्रतिशत रोगियों का नि:शुल्क उपचार होता है। समय गुजरने के साथ-साथ टी.एम.सी. ने निवारक क्रिया-कलापों के महत्त्व को भी स्वीकारा है, जिसके फलस्वरूप यह भारत के ग्रामीण क्षेत्रों में भी जागरूकता कार्यक्रम चला रहा है।

सन् 1945 में होमी जे. भाभा ने बंबई में टाटा आधारभूत अनुसंधान संस्थान (टाटा इंस्टीट्यूट ऑफ फंडामेंटल रिसर्च) के नाम से ऐसे संस्थान की स्थापना की, जिसने भारत के परमाणु ऊर्जा कार्यक्रम के भविष्य का मार्ग प्रशस्त किया।

टाटा आधारभूत अनुसंधान संस्थान (TIFR)

होमी भाभा कैंब्रिज में उल्लेखनीय उपलब्धियों के बाद उस समय भारत लौटे, जब द्वितीय विश्व युद्ध छिड़ चुका था। उस समय उन्हें भारतीय विज्ञान संस्थान, बंगलौर के भौतिक विज्ञान विभाग में रीडर के पद का प्रस्ताव प्राप्त हुआ था, जिसे उन्होंने स्वीकार कर लिया था। (उनकी चाची मेहरबाई का विवाह सर दोराब से हुआ था।) उन्हें सर दोराबजी टाटा न्यास से थोड़ा सा अनुदान मिलता था, जिसकी सहायता से उन्होंने एक ब्रह्मांड किरण अनुसंधान इकाई (कॉस्मिक रे रिसर्च यूनिट) स्थापित की थी। इकतीस वर्ष की आयु में रॉयल सोसाइटी के लिए

उनका चुनाव किया गया। गणितज्ञ रामानुजन के बाद वे यह सम्मान पानेवाले सबसे कम आयु के दूसरे व्यक्ति थे। उसी समय जे.आर.डी. ने नेहरू की संस्तुति पर सर दोराबजी टाटा न्यास को यह सुझाव दिया था कि वे साइक्लोट्रोन बनाने के प्रयोजनार्थ कलकत्ता में मेघनाद साहा को भी अनुदान दें।

टी.आई.एफ.आर. की कहानी भाभा के उस पत्र से प्रारंभ होती है, जो उन्होंने अगस्त 1943 में जे.आर.डी. को लिखा था। इस पत्र में उन्होंने लिखा था कि अनुकूल परिस्थितियों और बौद्धिक वित्तीय सहायता की अनुपस्थिति के कारण भारत में विज्ञान के विकास का मार्ग अवरुद्ध हो रहा है। उन्होंने भारत में विज्ञान की धीमी प्रगति के प्रति अपना अभिमत व्यक्त किया। उन्होंने कहा कि देश में ऐसी प्रतिभाएँ मौजूद हैं, जिनका यथोचित उपयोग होने पर विज्ञान के क्षेत्र में तीव्रगामी प्रगति सुनिश्चित की जा सकती है। उन्होंने यह भी कहा कि युद्ध के उपरांत वे संभवत: कैंब्रिज अथवा प्रिंस्टन में कोई कार्यभार ग्रहण कर सकते हैं। उन्होंने यह विचार भी अभिव्यक्त किया कि भारत में उपयुक्त सुविधाएँ उपलब्ध होने पर वे चाहेंगे कि देश के लिए कार्य करें, क्योंकि विदेश में उच्च शिक्षा प्राप्त किसी भी नागरिक का यह कर्तव्य है कि वह अपने देश में रहकर ऐसे स्कूलों की स्थापना करे, जो विदेशों में स्थित स्कूलों के समकक्ष हो। इस संबंध में जे.आर.डी. का उत्तर उत्साह और सहयोग से भरपूर था—''यदि आप अथवा वैज्ञानिक जगत् में आपके कुछ साथी मजबूत दृष्टिकोण के साथ सारगर्भित प्रस्ताव प्रस्तुत करेंगे तो मैं समझता हूँ कि इस बात की प्रबल संभावना है कि टाटा न्यास समूह इसका सकारात्मक उत्तर देगा।''

जे.आर.डी. टाटा के कथन पर विश्वास करते हुए भाभा ने 12 मार्च, 1944 को सर दोराबजी टाटा न्यास के अध्यक्ष सर सोराब सकलातवाला को एक औपचारिक पत्र लिखा। उन्होंने एक ऐसे संस्थान की स्थापना का प्रस्ताव रखा, जिसके बारे में उन्होंने आशा व्यक्त की थी कि समय व्यतीत होने के साथ-साथ बाद में यह संस्थान विश्व में अन्यत्र स्थित श्रेष्ठ भौतिक विज्ञान संस्थानों के समकक्ष होगा। सबसे पहले न्यास के एक सदस्य प्रो. रुस्तम चोकसी ने भाभा के पत्र को पढ़ा। उनके द्वारा संस्तुति दिए जाने पर न्यासियों ने प्रस्ताव पर औपचारिक रूप से विचार करने के लिए 14 अप्रैल, 1945 को एक बैठक बुलाई। इस दौरान भाभा बैठक कक्ष के बाहर मन में आशा और होंठों पर प्रार्थना लिये न्यासियों के निर्णय की प्रतीक्षा करते रहे, चूँकि जे.आर.डी. ने उनके पक्ष में निर्णय लेते हुए कहा था कि संबंधित आधारभूत अनुसंधान कार्य एक महत्त्वपूर्ण कदम होगा। भाभा और भारत

के भाग्यवश न्यासी जे.आर.डी. के इस तर्क से बहुत प्रभावित थे। तदुपरांत न्यासियों ने अपनी अंतिम सहमति देने से पूर्व भाभा का साक्षात्कार लिया। इस संबंध में उन्होंने बड़ी सावधानीपूर्वक यह भी सुझाव दिया कि इस दायित्व को बंबई विश्वविद्यालय और बंबई सरकार के बीच विभक्त किया जाए। भाभा इस प्रस्ताव को अंतिम रूप देना चाहते थे। इसलिए उन्होंने (परमाणु ऊर्जा विभाग की ओर से कार्य करते हुए) सर दोराबजी टाटा न्यास, महाराष्ट्र सरकार और भारत सरकार के बीच कार्य-संचालन के प्रयोजनार्थ एक त्रिपक्षीय योजना का फॉर्मूला बनाया। भाभा के इस फॉर्मूले का उपयोग अन्य महत्त्वपूर्ण मामलों में भी उल्लेखनीय सफलता के साथ किया गया। जे.आर.डी. छब्बीस वर्षों तक परमाणु ऊर्जा आयोग बोर्ड के उस समय तक अध्यक्ष रहे, जब तक कि तत्कालीन प्रधानमंत्री मोरारजी देसाई ने वर्ष 1977 में उन्हें वहाँ से हटा नहीं दिया।

टी.आई.एफ.आर. ने 1 जून, 1945 से बंगलौर में अपना कार्य प्रारंभ किया। छह महीनों के बाद इसका कार्यालय बंबई में हस्तांतरित कर दिया गया। भाभा ने पैडर रोड पर स्थित 'केनिलवर्थ' नाम की उस इमारत के आधे भाग को किराए पर ले लिया था, जो उनकी चाची कूवर पांड्या की संपत्ति थी। वास्तव में यह वही इमारत थी, जिसमें भाभा का जन्म हुआ था। आजकल इस पुराने बँगले को एक अपार्टमेंट कॉम्प्लेक्स (वही पुराना नाम) को दे दिया गया है, जिसमें भाभा परमाणु अनुसंधान केंद्र के अधिकारी रहते हैं। बंबई के राज्यपाल सर जॉन कोलविले ने 19 दिसंबर, 1945 को बॉम्बे परिसर का उद्घाटन किया। टी.आई.एफ.आर. इन मामूली कार्यों से शुरू होकर आज उस विशाल परिसर में परिवर्तित हो गया है, जिसे हम भलीभाँति जानते हैं। जे.आर.डी. कई दशकों तक इसकी शासी परिषद् के अध्यक्ष रहे। इंडियन इंस्टीटूट ऑफ साइंस, बंगलौर की कोर्ट के भी अध्यक्ष थे।

राष्ट्रीय अभिनय कला केंद्र (NCPA)

सामान्य रूप से लोगों की दृष्टि में महत्त्वहीन उन परियोजनाओं के प्रति जे.आर.डी. की दूरदर्शिता और विवेकपूर्ण सहायता के परिप्रेक्ष्य में राष्ट्रीय अभिनय कला केंद्र एक और अच्छा उदाहरण है। 1,010 सीटोंवाले टाटा थिएटर का उद्घाटन तत्कालीन प्रधानमंत्री श्रीमती इंदिरा गांधी ने अक्तूबर 1980 में किया था। जब इस थिएटर का नामकरण किया गया तो उस समय ध्वनि-प्रतिध्वनि का एक ऐसा विशेष कार्यक्रम इस पंखेनुमा नवाचारी सभागार में किया गया था, जो भारत में पहले कभी नहीं हुआ था। उच्च श्रेणी के ध्वनित और दृश्य व्यवस्था से सज्जित

इस हजार से अधिक सीटोंवाले सभागार में बैठे प्रत्येक व्यक्ति के लिए मंच के दृश्य व ध्वनि को सहज रूप से देखने और सुनने की व्यवस्था वास्तव में एक विश्व स्तर की सुविधा थी। परिसर में अन्य सुविधाओं के साथ 300 सीटोंवाला प्रायोगिक थिएटर, 200 सीटोंवाला नृत्य अकादमी थिएटर, कला दीर्घा, वाचन एवं श्रव्य पुस्तकालय, कंप्यूटरीकृत संगीत अनुसंधान प्रयोगशाला, दृश्य कला केंद्र, सृजनात्मक कला केंद्र और दृश्य-श्रव्य पुरालेख वॉल्ट भी अवस्थित हैं।

सर दोराबजी टाटा न्यास द्वारा दिए गए 40 लाख रुपए के प्रारंभिक अनुदान के बाद निगमित क्षेत्रक द्वारा उदारतापूर्वक दिए गए संदानों से इसमें पर्याप्त इजाफा हुआ। यह निगम द्वारा प्रायोजित पहली सार्वजनिक परियोजना थी, जिसने अन्य न्यासों और व्यक्तियों से वित्तीय सहायता माँगी थी। इसे 8 जून, 1966 को सोसाइटी के रूप में पंजीकृत किया गया था। इसकी स्थापना सार्वजनिक न्यास के रूप में भी की गई थी। एन.सी.पी.ए. जमशेद भाभा (होमी जे. भाभा के छोटे भाई) के दिमाग की उपज थी। वे उस समय सर दोराबजी टाटा न्यास के युवा न्यासी थे। एन.सी.पी.ए. का विचार उनके मस्तिष्क में उस समय आया, जब वे इस प्रस्ताव को अभिलिखित कर रहे थे कि न्यास ने राष्ट्रीय महत्त्व के जिन संस्थानों को वित्त-पोषित एवं समर्थित किया है, वे सभी चिकित्सा, विज्ञान और प्रौद्योगिकी के क्षेत्र से संबंधित थे। उन्होंने सोचा कि इसी प्रकार कला के क्षेत्र में पुरोगामी संस्थान स्थापित किए जाने की नितांत आवश्यकता है। यद्यपि इस संबंध में न्यास के कुछ बुजुर्ग सदस्यों ने अपनी आशंकाएँ व्यक्त की थीं, तथापि जे.आर.डी. की ओर से भाभा को इस संबंध में पूर्ण सहयोग प्राप्त हुआ था। जे.आर.डी. के समान ही प्रबुद्ध प्रबंधन न्यासी प्रो. रुस्तम चोकसी ने भी उनका समर्थन किया था। वे पुराने न्यासियों द्वारा विनिर्दिष्ट इस शर्त के साथ एन.सी.पी.ए. परियोजना के लिए 40 लाख रुपए के प्रारंभिक अनुदान की संस्वीकृति प्राप्त करने में सफल हो गए थे कि वे इस प्रयोजनार्थ 5 एकड़ भूमि प्राप्त करेंगे। इस अनुक्रम में भाभा ने सलाहकारों का एक ऐसा बोर्ड भी गठित किया, जिसमें अभिनय कला को सहयोग देनेवाले लब्धप्रतिष्ठ भारतीय ही नहीं, अपितु यहूदी मेनुहिन और आंद्रे मैलरॉक्स जैसे प्रतिष्ठित विदेशी भी शामिल थे। जब उन्होंने इस प्रयोजनार्थ 5 एकड़ भूमि आवंटित कराने के लिए प्रयास किया तो राज्य सरकार ने उन्हें अजंता गुफाओं के निकट एक बड़ा भूखंड देने का प्रस्ताव रखा। यह परियोजना की प्रकृति के मद्देनजर स्पष्टतः एक अनुपयुक्त स्थान था। तब भाभा ने यह सुझाव दिया था कि मैरीन ड्राइव पर तारापोरवाला मछलीघर के सामने 5 एकड़ भूमि का इस उद्देश्य के लिए उपयोग किया जाए।

महाराष्ट्र सरकार कुछ शर्तों के साथ इस प्रस्ताव से सहमत हो गई। भूमि सुधार के लिए सैद्धांतिक रूप से सरकार के सहमत होने पर भाभा का हौसला बढ़ा और उन्होंने मैरीन ड्राइव के दूसरे छोर पर इस भूखंड के सुधार हेतु सरकार की सहमति प्राप्त करने के लिए गंभीरतापूर्वक प्रयास शुरू कर दिए। अंततोगत्वा सरकार ने इस संबंध में अपनी अनुमति प्रदान कर दी। इस अवसर पर जे.आर.डी. ने एन.सी.पी.ए. को 3 एकड़ अतिरिक्त भूमि दिलाने में निर्णायक भूमिका अदा की। यह 3 एकड़ भूमि पब्लिक पार्क के लिए निश्चित कर दी गई। इस संबंध में जे.आर.डी. ने यह भी तर्क प्रस्तुत किया था कि एन.सी.पी.ए. द्वारा जनता के समक्ष संगीत कार्यक्रमों, नृत्यों और थिएटर कला को प्रस्तुत करके कहीं अधिक बड़ा जन-प्रयोजन पूरा किया जाएगा। कई वर्षों तक न्यास के अध्यक्ष रहनेवाले और सर दोराबजी टाटा न्यास का वृत्तांत बतानेवाली पुस्तक 'द हार्टबीट ऑफ ए ट्रस्ट' के लेखक आर.एम. लाला के अनुसार—"40 लाख रुपए का भूखंड सुधारार्थ पहला अनुदान वास्तव में अरब सागर में डूब गया था।"

इस संबंध में प्रसिद्ध वास्तुकार फिलिप जॉनसन को वास्तुकार और कोलंबिया विश्वविद्यालय के प्रो. साइरिल हैरिस को ध्वनिक परामर्शदाता के रूप में नियुक्त किया गया। उन्होंने अपने द्वारा निष्पादित कार्यों का कोई पारिश्रमिक नहीं लिया था। उनका कार्य यह था कि वे किसी इलेक्ट्रॉनिक प्रवर्धन के बिना मंचन-निष्पादन हेतु सभागार बनाएँ। पंखे के रूपवाले अभिनव सभागार की प्रेरणा भारत में पारंपरिक रूप से अभिनेताओं के चारों ओर अर्ध-गोलाकार बैठनेवाले श्रोताओं से प्राप्त हुई और ध्वनिक व्यवस्था टेराहेडरल रूपों, एकांतरतः, उन्नतोदर व अवतल और छत की दिशा में अनन्य रूप से उठी हुई अद्‌भुत ध्वनिक-युक्ति का परिणाम था। जे.आर.डी. और भाभा दोनों नियमित रूप से वास्तुकार से मिलकर कार्य के ब्योरों की गहन जानकारी प्राप्त करते थे। कोई भी व्यक्ति जॉनसन के वास्तुकार के रूप में जे.आर.डी. की राय से तो अवगत नहीं था, तथापि इसमें कोई संदेह नहीं है कि वे प्रसिद्ध फ्रांसीसी वास्तुकार ली कॉरब्यूजियर के मुकाबले जॉनसन को अधिक महत्त्व देते थे। कॉरब्यूजियर कई बार जे.आर.डी. के साथ रुके थे और उनके व्यक्तित्व के साथ-साथ उनके कुछ डिजाइनों को भी देखकर भौचक्के रह गए थे।

शेष, जैसा कि वे कहते हैं, इतिहास है। जमशेद भाभा नब्बे वर्ष से भी अधिक होने के बावजूद एन.सी.पी.ए. के प्रगति पथ पर प्रेरणास्रोत बने रहे। 1,150 सीटोंवाले जमशेद भाभा थिएटर का उद्‌घाटन 24 नवंबर, 1999 को किया गया। यह पश्चिमी ओपेरा व बैले नृत्यों के मंचन हेतु उपयुक्त उत्कृष्ट मंच कौशल तथा

अभियंत्रण सुविधाओं से सुसज्जित है, जिससे एन.सी.पी.ए. की झोली में एक और उल्लेखनीय उपलब्धि का इजाफा होता है। इस संबंध में जे.आर.डी. ने अपनी राय व्यक्त करते हुए कहा था कि राष्ट्रीय थिएटर जबरदस्त होने के बावजूद मंच के परदे सहित शास्त्रीय अग्रमंच से वंचित रहा। इंदिरा गांधी ने भी एक बार जमशेद भाभा थिएटर के बारे में कहा था कि यह खेद का विषय है कि इसमें कोई भी ऑर्केस्ट्रा पिट नहीं है। नया जमशेद भाभा थिएटर इन दोनों कमियों को पूरा करते हुए व्यक्ति को कुछ इस प्रकार का आभास कराता है कि इसके द्वारा उसे न केवल एन.सी.पी.ए. की याद आ जाती है, अपितु उसे यह भी अहसास होने लगता है कि एन.सी.पी.ए. राष्ट्रीय महत्त्व के संस्थान के रूप में कैसे परिणत हुआ। इससे उस वैभवशाली मार्बल से बनी सीढ़ियों की स्मृति भी ताजा हो उठती है, जिसे तीसरे रईसजादे और जे.आर.डी. की बड़ी बहन साइला के पति सर दिनशॉ पेटिट ने दान-स्वरूप दिया था। सर दिनशॉ ने चार ऐसे शानदार शमादान भी भेंट किए थे जिनसे राष्ट्रीय थिएटर की आभा में चार चाँद लग गए हैं।

□

टाटा उद्यमियों को प्रधानमंत्री राष्ट्रीय राहत कोष शुरू कराने संबंधी प्रक्रिया में भी योगदान देने का गौरव प्राप्त है। देश का बँटवारा होने के फौरन बाद टाटा सामाजिक विज्ञान संस्थान ने शरणार्थी राहत कार्य में सहायता देने के लिए एक दल भेजा था। चूँकि चारों ओर हो रहे कत्लेआम से बचने के लिए लाखों लोग सुरक्षित स्थानों की ओर भागने का प्रयास कर रहे थे, इसलिए जे.आर.डी. ने नेहरू को सुझाव दिया था कि प्रधानमंत्री के नाम पर एक राष्ट्रीय राहत व विस्थापित कोष प्रारंभ किया जाए। स्वाभाविक था कि टाटा उद्यमियों को इसमें पर्याप्त अनुदान देना पड़ा। इस विचार को दिसंबर 1948 में साकार रूप प्राप्त हुआ और टाटा न्यासियों के एक प्रतिनिधि को कोष के एक न्यासी के रूप में स्थान दिया गया। सन् 1944 में जे.आर.डी. ने ज्ञान-विज्ञान के विकास और पीड़ित मानवता को राहत पहुँचाने के लिए बहुप्रयोजनीय न्यास के रूप में जे.आर.डी. टाटा न्यास प्रारंभ किया। वर्ष 1991 में उन्होंने पीड़ित महिलाओं और बच्चों के लिए जे.आर.डी. और थेलमा टाटा न्यास की स्थापना की। स्टर्लिंग अपार्टमेंट्स में उनके फ्लैट के विक्रय से प्राप्त राशि (4 करोड़ रुपए) को जे.आर.डी. न्यास को भेंट कर दिया गया।

विलक्षण नागरिक 'जेह' भारत में परिवार नियोजन अभियान में भी महत्त्वपूर्ण भूमिका निभाते थे। जे.आर.डी. जनसंख्या नियंत्रण के प्रति सदैव सजग रहे और उन्होंने स्वतंत्रता के शीघ्र बाद इस मुद्‍दे को नेहरू के साथ उठाया था; किंतु नेहरू

जनसंख्या को एक सार्थक शक्ति के रूप में मानते थे। अस्तु, सरकार ने इस दिशा में कोई रुचि नहीं दिखाई। वस्तुतः जब सरकार जनसंख्या की विस्फोटक स्थिति की अनुभूति तक नहीं कर पा रही थी, तब जे.आर.डी. ने इस हालत को सुधारने के लिए स्वयं आगे कदम बढ़ाया। इस क्रम में उन्होंने सर दोराबजी टाटा न्यास, केंद्र सरकार और संयुक्त राष्ट्र संघ के संयुक्त उपक्रम के रूप में जुलाई 1956 में जनसांख्यिकीय प्रशिक्षण और अनुसंधान केंद्र की स्थापना की। बाद में यह अंतरराष्ट्रीय जनसंख्या अध्ययन संस्थान (आई.आई.पी.एस.) के रूप में परिणत हो गया। जनसंख्या नियंत्रण अभियान को जे.आर.डी. ने एक पूजा जैसा दर्जा दे दिया था। उनका विचार था कि भारत के उज्ज्वल भविष्य का निर्धारण दो महत्त्वपूर्ण कारकों—जनसंख्या नियंत्रण और शिक्षा के द्वारा किया जा सकता है। उन्होंने महसूस किया कि देश का भाग्य जनसंख्या के नियंत्रण और जनता को शिक्षित करने में निहित है। उनका दृढ़ विश्वास था कि भारत में महान् बौद्धिक प्रतिभा मौजूद है।

जे.आर.डी. इस समस्या के निदानार्थ अपने द्वारा किए गए अप्रत्यक्ष प्रयासों से संतुष्ट नहीं थे। अतएव इस संबंध में उन्होंने प्रत्यक्षतः दखल देने का निर्णय लिया और इस प्रयोजनार्थ सन् 1970 में भारतीय परिवार नियोजन प्रतिष्ठान की स्थापना की। इसे फोर्ड फाउंडेशन से 2,00,000 डॉलर का अनुदान मिला था। जे.आर.डी. इस धनराशि को जनसांख्यिकीय क्षेत्र में वैज्ञानिक अनुसंधान पर व्यय करना चाहते थे। इस प्रतिष्ठान ने अनेक अध्ययन कार्यों और कार्यक्रमों को सहायता दी है। इसके संस्थापक अध्यक्ष जे.आर.डी. नई दिल्ली में प्रतिष्ठान की प्रायः होनेवाली बैठकों में विशेष रूप से भाग लिया करते थे।

दशक के अंतिम वर्षों के दौरान सर दोराबजी टाटा न्यास ने बंगलौर में राष्ट्रीय आधुनिक अध्ययन संस्थान की स्थापना की थी और डॉ. एम. एस. स्वामीनाथन अनुसंधान प्रतिष्ठान की इतनी सहायता की गई थी कि वे चेन्नई में जे.आर.डी. टाटा पारिस्थितिकीय प्रौद्योगिकी केंद्र प्रारंभ कर सकें। जे.आर.डी. ने राष्ट्रीय आधुनिक अध्ययन संस्थान का उद्‍घाटन सन् 1991 में किया था। इस न्यास ने ग्रामीण दृष्टिहीनों के लिए एशिया के प्रथम प्रशिक्षण संस्थान और अंतरराष्ट्रीय जनसांख्यिकी अध्ययन संस्थान को भी शुरू करने में सहायता दी है।

टाटा के सामाजिक दायित्व की परंपरा निर्बाध रूप से जारी रही है। टाटा उद्यमी भारत में अब तक अस्पष्ट अवधारणा यानी निगमित सामाजिक दायित्व के विचार को धारणीय मानव विकासार्थ टाटा तालिका की विशेष सी.एस.आर. तालिका के आधार पर विकसित करने का प्रयास कर रहे हैं। यह तालिका सामाजिक

विकास और पर्यावरण संरक्षण के प्रति टाटा कंपनियों द्वारा दिए गए सहयोग को अभिव्यक्त करने के लिए टाटा सामुदायिक अभिक्रम परिषद् (टी.सी.सी.आई.) द्वारा विकसित की गई है। इस संबंध में पंद्रह समूह फर्में पहले से ही इस व्यवस्था को अंगीकृत कर चुकी हैं और पाँच अन्य फर्मों ने अपने सी.एस.आर. क्रिया-कलापों के प्रारंभिक निरूपण कार्य को पहले से पूरा कर लिया है।

□

14

विकास और विस्तारण

सन् 1938 में जे.आर.डी. को टाटा समूह का अध्यक्ष नियुक्त करनेवाला दशक टाटा उद्यमियों के लिए बहुत महत्त्वपूर्ण था। इस अवधि के दौरान 1 जनवरी, 1939 को टाटा केमिकल्स, मीठापुर की स्थापना की गई थी (यद्यपि इसका उत्पादन कार्य सन् 1944 में ही प्रारंभ हुआ)। टेल्को सन् 1945 में अस्तित्व में आया और सन् 1948 में एयर इंडिया इंटरनेशनल ने एशिया से लंदन के लिए अपनी पहली निर्धारित उड़ान भरी।

टाटा केमिकल्स

हम जमशेदपुर में अनुसंधान और नियंत्रण प्रयोगशाला में नवाचार के प्रति जे.आर.डी. की रुचि देख चुके हैं। इसके माध्यम से युद्ध के दौरान उल्लेखनीय कार्य हुए। टाटा केमिकल्स जे.आर.डी. की नवाचारप्रियता का श्रेष्ठ उदाहरण है। टाटा केमिकल्स, मीठापुर मैनचेस्टर में प्रशिक्षित रसायन इंजीनियर कपिलराम वकील के मस्तिष्क की उपज थी। उन्होंने किसी अवतार की भाँति ओखा के नमक को एक अभिनव मूल्यवान् रूप दे डाला। वकील ने अंतिम लक्ष्य के तौर पर समेकित भारी अजैव रासायनिक सम्मिश्रित सोडा ऐश विनिर्मित करने सहित समुद्र से नमक और समुद्री खनिजों के प्रापण की भारी संभावनाएँ देखीं। कपिलराम वकील पहले टाटा में कार्य कर चुके थे। (वे जमशेद ऑयल मिल्स, कुर्ला में प्रबंधक की हैसियत से भी कार्य कर चुके थे।) उन्होंने बड़ौदा के महाराज गायकवाड़ की सहायता से सन् 1926 में अपना उद्यम शुरू किया। ओखा गायकवाड़ के क्षेत्र में

बॉम्बे हाउस के बोर्ड रूम में जे.आर.डी. के पीछे संस्थापक जमशेदजी टाटा की अर्धप्रतिमा।

ही अवस्थित था। प्रारंभिक सफलता प्राप्त होने के बाद परियोजना उस समय कमजोर पड़ने लगी, जब प्रशुल्क बोर्ड ने सन् 1938 में नमक संरक्षण व्यवस्था को वापस ले लिया था। इस संबंध में उन्होंने जे.आर.डी. और जैल नौरोजी से सहायता की गुहार की। टाटा उद्यमियों ने इस परियोजना को 11.5 लाख रुपए में खरीद

लिया और फलस्वरूप वकील ने भी भारत में एक अलकली उद्योग स्थापित करने का प्रस्ताव रखा।

जैल नौरोजी और सर नौरोजी सकलातवाला की मृत्यु होने के कारण मीठापुर संयंत्र के कार्यान्वयन में विलंब हुआ। इसकी नींव सन् 1937 में रखी गई थी; पर इसका संचालन सन् 1939 में ही किया जा सका। सर आर्देशिर दलाल को इसका अध्यक्ष बनाया गया था। जे.आर.डी. के अनुसार, वे जिन सभी कंपनियों से जुड़े हुए थे, उनमें टाटा केमिकल्स का भाग्य सर्वाधिक धीमा था तथा उन्हें इस संबंध में आनेवाली बाधाओं का मुकाबला करने के लिए भारी संघर्ष करना था। इस संयंत्र में उत्पादन कार्य सन् 1944 में ही प्रारंभ किया जा सका। इससे पूर्व कपिलराम वकील दो बार मृत्यु के शिकंजे से बाल-बाल बचे। पहली बार तब उनके जलयान को तारपीडो किया गया था और दूसरी बार तब जब उनका वायुयान दुर्घटना का शिकार हो गया था। उनके द्वारा माँगी गई मशीनें कभी अपने गंतव्य पर नहीं पहुँचीं, क्योंकि उन मशीनों को लानेवाला जहाज समुद्र में डूब गया था। इसके बाद एक निरपेक्ष राष्ट्र स्वीडन से मशीनें आयात करने का निर्णय लिया गया। जब यह सामान रूस के रास्ते से भारत को भेजा जा रहा था तो उसी समय जर्मनी ने रूस पर आक्रमण कर दिया। जे.आर.डी. ने यह सोचकर कि सामान अवश्य ही खो गया होगा, इसके लिए नया आदेश दिया। पर उसी समय उन्हें यह समाचार प्राप्त हुआ कि यह सामान फारस की खाड़ी में पहुँच चुका है। अंततः दोनों ही सामान अपने गंतव्य पर पहुँच गए। लेकिन मीठापुर की समस्याएँ यथावत् बरकरार रहीं। इस संयंत्र को सोडा ऐश, कास्टिक सोडा और अन्य अलकली उत्पादों के लिए बनाया गया था। वकील की तकनीकी जानकारी अपर्याप्त थी और सोडा ऐश की गुणवत्ता निर्धारित मानक के अनुरूप नहीं थी, न ही संयंत्र अनुमानित क्षमता के साथ कार्य कर रहा था। इन समस्याओं का निदान करने से पूर्व ही वकील सन् 1946 में स्वर्ग सिधार गए। फलस्वरूप जे.आर.डी. उनके स्थान की प्रतिपूर्ति करने के लिए विशेषज्ञों को बुलाने के लिए बाध्य हो गए।

टाटा केमिकल्स को संचालित करने और उसे सन्निकट बरबादी से बचाने की जिम्मेदारी दरबारी सेठ की तकनीकी योग्यता के तहत दे दी गई। उनके नेतृत्व में टाटा केमिकल्स भारत की 100 श्रेष्ठ कंपनियों में शुमार होने लगी।

सन् 1974 में दरबारी सेठ और टाटा केमिकल्स ने टाटा ऊर्जा अनुसंधान संस्थान (TERI) को स्थापित करने की दिशा में कदम बढ़ाया। प्रारंभिक अवस्था में ध्यान मुख्यतः प्रलेखन व सूचना प्रचार-प्रसार क्रिया-कलापों पर दिया गया;

जबकि ऊर्जा, पर्यावरण और धारणीय विकास के क्षेत्र से संबंधित कार्य सन् 1982 के अंत में ही शुरू किया जा सका। इन क्रिया-कलापों का आधारभूत गंतव्य टेरी की इस आस्था पर आधारित था कि ऊर्जा का पर्याप्त उपयोग, प्राकृतिक संसाधनों का धारणीय प्रयोग और आधुनिक ऊर्जा प्रौद्योगिकी के बड़े पैमाने पर अंगीकरण से धारणीयता के लक्ष्य की ओर विकास का मार्ग प्रशस्त हो।

बॉम्बे प्लान

यह 1944 का वर्ष था। चालीस वर्षीय जे.आर.डी. बंबई में प्रख्यात उद्योगपतियों और टेक्नोक्रेटों के एक समूह की मेजबानी कर रहे थे। अतिथियों की सूची में जी.डी. बिरला, कस्तूरभाई लालभाई, सर पुरुषोत्तमदास ठाकुरदास, सर श्रीराम, सर आर्देशिर दलाल, ए.डी. श्रॉफ और डॉ. जॉन मथाई जैसे गण्यमान्य व्यक्ति शामिल थे। यह कोई साधारण सभा नहीं थी और न ही सभा की एक सूत्रीय कार्यसूची 'भारत के आर्थिक विकास की योजना' कोई मामूली योजना थी। इस कार्ययोजना के लिए 10,000 करोड़ रुपए निर्धारित किए गए थे और इसका कार्यवृत्त 'आर्थिक योजना' नाम से दो भागों में 90 पृष्ठों में लिखा गया, जो 'बॉम्बे प्लान' के नाम से विख्यात हुआ। इस दस्तावेज का नाम 'भारत के आर्थिक विकास की योजना' रखा गया।

समूह ने इस कार्ययोजना की प्रेरणा भारत के प्रख्यात सिविल इंजीनियर और मैसूर के दीवान मोक्षगुंडम विश्वेश्वरैया द्वारा दस वर्ष पूर्व प्रकाशित पुस्तक से प्राप्त की थी। उनकी योजना 'भारत के लिए योजनाकृत अर्थव्यवस्था' में भारत के देहातों को प्रभावी आर्थिक इकाइयों में परिणत करना था। उनका प्रसिद्ध आदर्श वाक्य था कि 'या तो औद्योगिकीकरण करो अथवा विनाश को गले लगा लो।' विश्वेश्वरैया के शोधपत्र लिखे जाने के चार वर्ष बाद सन् 1938 में पं. नेहरू ने राष्ट्रीय योजना आयोग की स्थापना की, जिसका सदस्य सचिव अर्थशास्त्री प्रो. के.टी. शाह को नियुक्त किया गया। स्वास्थ्य, स्वच्छता और भोज्य पदार्थों आदि से संबंधित इसके प्रतिवेदन सन् 1940 तक प्रकाशित होने शुरू हो गए थे। इस कार्ययोजना में भारी उद्योगों पर ध्यान केंद्रित करनेवाली सोवियत व्यवस्था को भी शामिल कर लिया गया।

जे.आर.डी. और उनके साथियों का विचार था कि किसी भी सारगर्भित और सार्थक योजना को कष्ट उठाए बिना अस्तित्व में नहीं लाया जा सकता है। उन्होंने उन लक्ष्यों को प्रस्तुत किया, जिन्हें भारत की आर्थिक योजना बनाते समय ध्यान में

रखा जाना चाहिए। उन्होंने यह भी कहा कि माँगों से संबंधित योजना को देश के संसाधनों के मद्देनजर अस्तित्व में लाया जाए। योजना का दूसरा भाग सन् 1944 में प्रकाशित हुआ। इसका शीर्षक 'राज्यों की वितरण भूमिका' था।

डॉ. जॉन मथाई द्वारा प्रारूपित इस योजना का एक विशेष उद्देश्य यह था कि आबादी में प्रतिवर्ष 50 लाख व्यक्तियों की वृद्धि को ध्यान में रखते हुए पंद्रह वर्षों के भीतर प्रति व्यक्ति आय को दो गुना (सन् 1931 में पैंसठ रुपए) कैसे किया जाए। इस लक्ष्य को प्राप्त करने के प्रयोजनार्थ समूह ने प्रस्ताव रखा कि कृषि कार्य का सकल निवेश दो गुना और उद्योग को पाँच गुना कर दिया जाए। उन्होंने न्यूनतम मानक जीवन और परिमाणनकृत आवश्यकताओं के परिप्रेक्ष्य में अनुमान लगाया कि प्रत्येक वयस्क व्यक्ति को एक दिन में 2,800 कैलोरी खुराक, 30 गज कपड़ा और 100 वर्ग फीट स्थान की आवश्यकता होती है। तदुपरांत उन्होंने संबंधित लागतों, निधियों के स्रोतों और सरकार द्वारा विकसित किए जानेवाले उद्योगों की संगणना की। जे.आर.डी. के अनुसार, जी.डी. बिरला ने इस व्यवस्था का उस समय सुझाव दिया था, जब समिति अपने विचारों व अवधारणाओं को प्रतिपादित करने के लिए कोई उपयुक्त कार्य-प्रणाली अपनाने का प्रयास कर रही थी। उनके इस उद्देश्य का मार्ग टाटा उद्यमियों द्वारा वर्ष 1940 में स्थापित आर्थिक और सांख्यिकीय विभाग द्वारा दिए गए सहयोग से भी सुगमतापूर्वक प्रशस्त हुआ। इसके अतिरिक्त सरकार के पास भोज्य उपभोग, कपड़ा उपभोग और भारतीयों की औसत जीवन प्रत्याशा के बारे में भी व्यापक ब्योरे उपलब्ध थे।

जीवन प्रत्याशा 26 वर्ष तथा प्रत्येक 9,000 की आबादी पर एक डॉक्टर और प्रत्येक 86,000 लोगों के लिए एक नर्स की उपलब्धता को ध्यान में रखते हुए योजना में न्यूनतम स्वास्थ्य मानक भी निर्धारित किए गए। मथाई ने लिखा था कि मानव जीवन की मात्र आधारभूत आवश्यकताओं को पूरा करने के लिए 2,900 करोड़ रुपए की आय अपेक्षित थी। इस अनुमान में भोजन की लागत 2,100 करोड़ रुपए, कपड़े की लागत पर 260 करोड़ रुपए, भवन-निर्माण पर आवर्ती व्यय 260 करोड़ रुपए, स्वास्थ्य और औषधियों पर 190 करोड़ रुपए, प्राथमिक शिक्षा पर 90 करोड़ रुपए शामिल थे। योजना के अंतर्गत क्षेत्रवार अंतराल रखे गए थे, जिनके कुल व्यय का अनुमान 10,000 करोड़ रुपए था। इस अनुक्रम में उद्योगों पर 4,480 करोड़ रुपए, कृषि कार्य पर 1,240 करोड़ रुपए, संचार व्यवस्था पर 940 करोड़ रुपए, शिक्षा पर 490 करोड़ रुपए, स्वास्थ्य पर 450 करोड़ रुपए, भवन-निर्माण पर 2,200 करोड़ रुपए और विविध कार्यों पर 200 करोड़ रुपए

व्यय करने का अनुमान लगाया गया था।

खर्चों को सूचीकृत करने के बाद योजनाकर्ताओं ने आय के स्रोतों पर विचार किया। उन्होंने कहा कि "बाह्य और आंतरिक स्रोतों से उपलब्ध हमारे पास देश का संचयकृत धन है, जिसमें मुख्यतः सोना (300 करोड़ रुपए); यूनाइटेड किंगडम को दिए गए हमारे अल्पकालिक ऋण जैसे रिजर्व बैंक ऑफ इंडिया द्वारा धारित स्टर्लिंग प्रतिभूतियाँ (1,000 करोड़ रुपए); हमारे व्यापार की सहायक शेष राशि (600 करोड़ रुपए); विदेशी ऋण (700 करोड़ रुपए); लोगों की बचत राशि (4,000 करोड़ रुपए); नवीन प्रवाहित धन (3,400 करोड़ रुपए) शामिल हैं।

बॉम्बे योजना में जिन लक्ष्यों को इंगित किया गया था, उनका मुख्य लक्ष्य विकास कार्यों को आगे बढ़ाना था; इसमें ऐसा कोई उल्लेख नहीं था कि योजना को निष्पादित करने के लिए अपेक्षित कार्य-पद्धतियाँ किस प्रकार की होनी चाहिए। उद्योगपतियों के समूह ने इसकी समीक्षा करते हुए कहा था कि "इसमें कृषि कार्य की ओर कम ध्यान दिया गया है।" जे.आर.डी. ने बाद में इस कमी को सहृदयतापूर्वक स्वीकार किया। इस संबंध में सरकार ने इस स्थिति पर विशेष ध्यान दिया। लॉर्ड वेवल ने सेक्रेटरी ऑफ़ स्टेट लियोपोल्ड एमरी को लिखा कि "भारत के लिए 10,000 करोड़ रुपए की आर्थिक योजना से पर्याप्त सनसनीपूर्ण स्थिति पैदा हो गई है।" इस कार्य-योजना का प्रकाशन यूनाइटेड किंगडम में पेंगुइन द्वारा किया गया था। इस संबंध में समीक्षा की गई थी कि भारतीय लोग देश के लिए योजना बनाने में अंग्रेजी शासकों से कहीं आगे हैं। इस कार्य-योजना के प्रकाशन का तत्काल नतीजा यह प्राप्त हुआ कि लॉर्ड वेवल ने जे.आर.डी. से अनुरोध किया कि वे योजना विभाग प्रारंभ करने के प्रयोजनार्थ सर आर्देशिर दलाल की सेवाएँ अर्पित करें। अस्तु, इस प्रस्ताव को स्वीकार कर लिया गया था। यह कोई पहला अवसर नहीं था कि सरकार ने प्रतिभावान् व्यक्तियों से सहायता प्राप्त करने के लिए टाटा उद्यमियों से सहयोग माँगा था।

नेहरू योजना के प्रति कभी भी ज्यादा गंभीर नहीं रहे, तथापि उनके मन में यह बात अवश्य विद्यमान थी कि भारतीय व्यापार और उद्योग राष्ट्रीय आर्थिक योजना को सहायता देने के लिए प्रतिबद्ध है। यही कारण है कि जब पहली पंचवर्षीय योजना की घोषणा की गई तो लोगों को इसमें कुछ भी नया प्रतीत नहीं हुआ। योजना का सर्वाधिक महत्त्वपूर्ण पहलू यह था कि टाटा विश्व के पहले उद्योगपति थे, जिन्होंने एक ऐसी योजना तैयार की थी, जिसमें सामाजिक हितों को प्राथमिकता के आधार पर शामिल किया गया था।

अक्तूबर 1944 में बॉम्बे योजना के प्रथम भाग के प्रकाशन के नौ महीने बाद भारत सरकार ने इंग्लैंड और अमेरिका की यात्रा करने के लिए भारतीय उद्योगपतियों और व्यापारियों के एक समूह को आमंत्रित किया था। इस आमंत्रण का उद्‌देश्य यह था कि भारतीय उद्योगपति उक्त देशों द्वारा की गई तकनीकी प्रगतियों और औद्योगिक संगठनों का अध्ययन करें। सरकार स्पष्टत: भविष्य पर दृष्टि गड़ाए हुए थी। सरकार यह देख चुकी थी कि भारतीय उद्योग ने युद्धकालीन समय के दौरान से कितनी प्रगति की थी और यह एक गैर-सरकारी मिशन था। इसके प्रतिभागी अपनी स्वयं की योजनाएँ बनाने और अपने साथी यात्रियों को अपना सहभागी बनाने के लिए मुक्त थे। सरकार ने औद्योगिक प्रतिष्ठानों तक उनकी पहुँच को सुग्राह्य बनाने के साथ-साथ विदेशी व्यापारिक नेताओं से उनकी मुलाकात कराई।

इस मिशन में उद्योग जगत् की सभी बड़ी हस्तियाँ जैसे जे.आर.डी., जी.डी. बिरला, कस्तूरभाई लालभाई, सर सुल्तान चिनॉय, कृष्णराज ठाकरसे और सर पदमपत सिंघानिया शामिल थे। इस संबंध में जे.आर.डी. को अपेक्षित व्यवस्थाएँ करने के लिए समन्वय का कार्य करना था; किंतु जे.आर.डी. को न्यूमोनिया होने के कारण यह कार्य जी.डी. बिरला को निष्पादित करना पड़ा। 7 मई, 1945 को जर्मनी ने आत्मसमर्पण कर दिया था। उसी दिन उद्योगपतियों के समूह का स्वागत समाचार-पत्रों में प्रस्तुत आलोचनाओं के माध्यम से किया गया। 'बॉम्बे क्रॉनिकल' अखबार में गांधीजी के वक्तव्य के परिप्रेक्ष्य में अनुरोध किया गया था कि सभी उद्योगपति अपनी काररवाई उस समय तक रोक दें, जब तक कि जेल में बंद नेताओं को आजाद न कर दिया जाए। उन्होंने कहा कि आजादी का सूर्य तभी उदय होगा जब भारतीय व्यापारिक जगत् अंग्रेजों की लूट में भागीदारी लेने से परहेज करे। इस बयान से प्रत्येक व्यक्ति को बड़ा आश्चर्य हुआ। जी.डी. बिरला ने उसी दिन गांधीजी को केबल के जरिए एक संदेश भेजा, जिसको प्रकाशनार्थ प्रेस में भेज दिया गया। उन्होंने इस बयान को एक आवरण-पत्र के साथ गांधीजी को संप्रेषित किया, जिसमें उन्होंने गांधीजी के विचारों और जिस कठोर भाषा में उन्होंने भारत के उद्योग समूह के लिए अपने विचार व्यक्त किए थे, पर अपनी नाराजगी व्यक्त की थी।

गांधीजी ने इस सार्वजनिक आलोचना के बाद अपने निजी पत्रों में कुछ संशोधन किए। जे.आर.डी. को लिखे अपने हस्तलिखित पोस्टकार्ड में उन्होंने उन्हें 'भाई जहाँगीरजी' (गुजराती में) कहकर संबोधित किया। फिर उन्होंने पत्र को अंग्रेजी में इस प्रकार लिखा—"यदि आप कोई क्रोधपूर्ण बात लिख सकते हैं तो

मुझे आपका क्रोध भरा पत्र मिला। यदि आप सभी लोग कुछ भी न करने के लिए प्रतिबद्ध हो जाएँ तो मेरे द्वारा लिखी गई यह टिप्पणी आपको संरक्षित करेगी। यह एक परिकल्पित सवाल के प्रति मेरा एक यथार्थवादी जवाब है। यदि यह परिकल्पना गलत है तो जवाब स्वाभाविक रूप से गलत होगा। इसलिए ये सभी बातें आप सभी की संरक्षा की द्योतक हैं।'' जे.आर.डी. इस अपेक्षाकृत अस्पष्ट संदेश में निहित प्रासंगिकता और तर्कों पर विचार करते रहे। आर.एम. लाला कहते हैं कि जे.आर.डी. और नेहरू दोनों ही आधुनिक व्यक्ति थे, इसलिए कुछ मामलों में उनमें सामंजस्य पाया जाता था। निस्संदेह जे.आर.डी. गांधीजी का सबसे अधिक सम्मान करते थे। लेकिन वे उनके साथ नेहरू की भाँति तालमेल स्थापित नहीं कर पाते थे (अर्थ-व्यवस्था संबंधी विचारों में उनके बीच मत-भिन्नता थी)।

जो मिशन उन्होंने शुरू किया था; उसमें जे.आर.डी., जी.डी. बिरला, ए.डी. श्रॉफ, सर सुल्तान चिनॉय, लायक अली, अजायब सिंह और नलिनी सरकार शामिल थे। जे.आर.डी. के एक खास साथी चालीस वर्षीय मूलगाँवकर थे, जिन्हें टेल्को में शीघ्र ही एक महत्त्वपूर्ण भूमिका निभानी थी। जब वे मई 1945 के मध्य में ब्रिटेन पहुँचे तो जे.आर.डी. के मेजबान उनके इस अनुरोध पर हैरान रह गए कि वे युद्ध की विभीषिका से ग्रस्त जर्मन शहरों की विनाश-लीला, जिससे भारत बच गया था, को हवाई जहाज के द्वारा स्वयं अपनी आँखों से देखना चाहते हैं। यह हवाई यात्रा अपेक्षाकृत खराब मौसम में की गई, जिसके फलस्वरूप उसके अधिकांश यात्री बीमार पड़ गए। मिशन के सदस्यों ने ब्रिटिश उद्योग परिसंघ, विभिन्न वाणिज्य केंद्रों और अमेरिका के राज्य विभाग को भी देखा। इस संबंध में अमेरिकियों ने तो भारतीय शिष्टमंडल के लिए अपने कुछ संवेदनशील सुरक्षा प्रतिष्ठानों को भी खोल दिया था। यह मिशन आधुनिक उद्योग के महत्त्व, कार्यक्षेत्र की आवश्यकताओं और पेचीदगियों के बारे में उच्च श्रेणी के ज्ञान से सुसज्जित होकर वापस लौटा।

टेल्को (अब टाटा मोटर्स)

टाटा इंजीनियरिंग ऐंड लोकोमोटिव कंपनी को सितंबर 1945 में टाटा लोकोमोटिव ऐंड इंजीनियरिंग कंपनी के रूप में शुरू किया गया था। जे.आर.डी. को विश्वास था कि टाटा उद्यमी इस प्रकार का इंजीनियरिंग परिसर खोलने में सक्षम है, जो देश में विद्यमान नहीं है। कंपनी को बॉयलरों और लोकोमोटिव के अलावा भारी इंजीनियरिंग उपकरणों के लिए संवर्धित किया गया। इस परियोजना के लिए जे.आर.डी. ने संयुक्त सीमेंट कंपनी (ए.सी.सी.) के कार्यकारी निदेशक

सुमंत मूलगाँवकर में अपना विश्वास व्यक्त किया। इंपीरियल कॉलेज ऑफ साइंस ऐंड टेक्नोलॉजी, लंदन से मेकैनिकल इंजीनियरिंग में स्नातक की उपाधि प्राप्त करनेवाले मूलगाँवकर ने ए.सी.सी. के लिए उल्लेखनीय कार्य किए थे। यही कारण था कि सर होमी मोदी ने उन्हें नौकरी छोड़ने की अनुमति बड़ी मुश्किल से दी थी। टेल्को की परियोजना बॉयलर बनाने से शुरू हुई थी। बाद में इसने वैगनों और लोकोमोटिव इंजनों का भी निर्माण कार्य शुरू कर दिया था। यह प्रौद्योगिकी अंग्रेजों से संबंधित थी और वे नहीं चाहते थे कि अन्य लोग इसका लाभ उठाएँ। टाटा उद्यमियों ने म्यूनिख के निकट क्रॉस मैफई नाम की एक जर्मन फर्म की खोज की। यह फर्म उन्हें बॉयलरों और लोकोमोटिव इंजनों को बनाने से संबंधित प्रौद्योगिकी देने के लिए तैयार हो गई।

सन् 1947 टेल्को के लिए बड़ी परेशानी का समय था। कंपनी के अधिकांश कामगार पठान थे, जो बँटवारे के दौरान उत्पन्न झगड़ों के कारण पाकिस्तान भाग गए थे। फलस्वरूप, कामगारों को नए ढंग से प्रशिक्षित करना पड़ा और यह कार्य पूरा होने तक उन्हें संयंत्र की सफाई के कार्य पर लगाया गया। उस समय यह कारखाना निस्संदेह विश्व का सबसे साफ-सुथरा कारखाना रहा होगा।

बॉयलरों के बाद लोकोमोटिव इंजनों का भी निर्माण कार्य शुरू किया गया और अगले एक दशक के भीतर भारतीय रेलवे में एक हजार से भी अधिक टाटा रेलवे इंजन शामिल किए गए। टाटा के रेलवे इंजनों का एकमात्र ग्राहक भारतीय रेलवे था और इनकी माँग व मूल्य के संबंध में टेल्को बड़ी असमंजस की स्थिति में था। इस क्रम में जे.आर.डी. की यह चिंता भी स्वाभाविक थी कि उन्हें एकमात्र ग्राहक पर निर्भर होना पड़ता है। उन्हें यह विदित था कि डेमलर-बेंज एशिया में व्यापारिक वाहनों के विक्रय हेतु भागीदार की खोज में है। अत: दोनों पार्टियों ने मई 1954 में जिनेवा में एक बैठक आयोजित की। इस बैठक में भारत में ट्रक बनाने के लिए संयुक्त उद्यम की संभावनाओं पर विचार-विमर्श किया गया। इस बैठक में जे.आर.डी. के साथ जे.डी. चोकसी, टाटा उद्यम के कानूनी सलाहकार और मूलगाँवकर शामिल थे। चोकसी ने पाया कि डेमलर-बेंज द्वारा प्रस्तुत मसौदा करार अत्यधिक एकतरफा है, जिसमें तदनुरूप मुद्दे समाहित हैं। जब यह वार्त्ता असफल होने लगी तो अध्यक्ष डेमलर-बेंज ने जे.आर.डी. से कहा, "आप करार का मसौदा तैयार करें, फिर हम इसपर विचार-विमर्श करेंगे।" तदुपरांत टाटा के मसौदे को स्वीकार कर लिया गया है। अब शेष कार्य यह बाकी था कि सरकार से लाइसेंस प्राप्त किया जाए। इस संबंध में जे.आर.डी. और मूलगाँवकर सुखद रूप

से आश्चर्यचकित थे। तत्कालीन उद्योग मंत्री टी.टी. कृष्णामाचारी (टी.टी.के.) ने उन्हें न केवल हरी झंडी दिखाई बल्कि व्यक्तिगत रूप से भी उन्हें इस दिशा में प्रोत्साहित किया। जिनेवा बैठक होने के बाद पाँच माह से भी कम समय में यानी 15 अक्तूबर, 1954 को टाटा का पहला ट्रक तैयार हो चुका था। टाटा ने सार्थक निर्णय लेने संबंधी टी.टी.के. की योग्यता की प्रशंसा की। यद्यपि उन्हें यह भी आभास था कि टी.टी.के. कठोर और अपनी सत्ता प्रदर्शित करनेवाले एक हठधर्मी व्यक्ति हैं, तथापि इन बातों को उपेक्षित करते हुए जे.आर.डी. को टी.टी.के. को अनेक धन्यवाद देने थे। टेल्को परियोजना के अतिरिक्त टी.टी.के. ने जे.आर.डी. को वर्ष 1955 में उस समय दो गुना अर्थात् 20 लाख टन उत्पादन करने की अनुमति दी थी, जबकि जी.डी. बिरला द्वारा स्टील संयंत्र के लिए प्रस्तुत आवेदन पत्र पर बहुत धीमी गति से कार्य हो रहा था। बाद में जे.आर.डी. ने टी.टी.के. को तत्परता से कार्य निपटाने और वर्तमान स्थिति को नियंत्रित करने के बारे में पत्र लिखा। उन्होंने लिखा था कि संबंधित समस्या के समाधान संबंधी निर्णय मात्र से काम नहीं चलेगा, अपितु उसे तत्परता से निपटाना होगा।

बेंज और टाटा उद्यमियों के बीच प्रारंभिक सहयोग पंद्रह वर्षों के लिए था। जर्मन लोग अपने कार्य में सक्षम होते थे, जिससे जे.आर.डी. और मूलगाँवकर दोनों को लाभ प्राप्त हुआ, क्योंकि दोनों ही श्रेष्ठ उत्पादन के पक्षधर थे। दोनों ही प्रासंगिक एवं तर्कसंगत रूप में बेहतर मानकों के साथ छोटी-छोटी कमियों की ओर भी विशेष ध्यान देते थे। (प्रारंभ में यह अवधारणा केवल विदेशों से जुड़ी हुई थी।) इस प्रकार की कार्यविधि अपनाने से टेल्को में उत्पादन का समग्र मानक अपेक्षित रूप में आगे बढ़ा।

मूलगावकर मात्र ट्रकों के निर्माण में ही रुचि नहीं ले रहे थे, अपितु वे चाहते थे कि टेल्को को मशीनों के पुरजे बनाने का भी सामर्थ्य प्राप्त करना चाहिए था, अर्थात् उसे ऐसी मशीनें भी निर्मित करनी चाहिए थीं जिनसे ट्रकों के पार्ट बनते हैं। इस दार्शनिक अभिमत को ध्यान में रखते हुए टाटा उद्यमियों ने पूना में एक टेल्को फैक्टरी और एक अनुसंधान प्रभाग की स्थापना की। इस संबंध में उन्हें जे.आर.डी. का पूर्ण समर्थन प्राप्त हुआ। यद्यपि इस प्रकार की अफवाहें भी गरम थीं कि उन्हें भविष्य के लिए योजना बनाने के पूर्व अपनी वर्तमान स्थिति को संरक्षित कर लेना चाहिए। अनेक आपूर्तिकर्ताओं ने टेल्को को सहायक पार्ट उपलब्ध कराए और टेल्को विशेषज्ञों को उनके पास इस आशय के साथ भेजा गया कि वह उन्हें टेल्को के सटीक मानकों के बारे में अवगत कराएँ। इस अभ्यास का यह नतीजा हुआ कि

देश भर में इंजीनियरिंग कौशल उन्नत हुआ।

जे.आर.डी., जो टिस्को के कार्यों में व्यस्त थे, ने टेल्को की जिम्मेदारी मूलगावकर के सक्षम हाथों में सौंप दी थी। उन्होंने उन्हें इस बात की पूरी आजादी दी कि वह अपनी मरजी से कंपनी के निर्णय लें। मूलगावकर ने भी उन्हें निराश नहीं किया। दोनों के घरों पर कार्यशालाएँ थीं, जहाँ पर वे कार्य-योजनाएँ बनाते थे। मूलगावकर ने जे.आर.डी. की कार्यशाला के लिए निक्षेपण भेजे। विदेश यात्रा करने के बाद दोनों ही अपनी कार्यशालाओं के लिए उपहारों का आदान-प्रदान करते थे। जे.आर.डी. प्रौद्योगिकी और वस्तुओं की कार्यविधि पर हमेशा से विशेष ध्यान देते थे। वे अपने कार्यों को स्वयं अपने हाथों से करना पसंद करते थे। एस. ए. सबावाला यादों के झरोखे से कहते हैं, ''उनके मुलाकातियों में से कोई भी पुरुष अथवा महिला जिज्ञासापूर्ण सवालों से बच नहीं पाते थे, विशेष रूप से यदि किसी पुरुष या महिला ने नई घड़ी या नए आभूषण पहन रखे हों तो वे उनके बारे में अवश्य ही सवाल किया करते थे। उनकी एक आदत यह भी थी कि वे किसी मशीन को खोलकर उसे फिर दुबारा जोड़ने का प्रयास करते थे।''

वे अपने कामगारों के कल्याण की भी बड़ी चिंता करते थे। वे उनके बारे में प्रत्येक बात जानना चाहते थे। विशेष तौर पर वे यह जरूर जानना चाहते थे कि वे किस प्रकार कार्य करते हैं। एक बार उनके चपरासी ने, जब वह पहली बार अंदर आया, सबावाला को बताया कि वे कभी भी उन दस्तावेजों को दराज में रखकर न छुपाएँ, जिनका कार्य-निष्पादन अभी नहीं हुआ है, क्योंकि 'साब' यहाँ आकर हर एक दराज को खोलकर देखेंगे कि कहीं कोई कार्य लंबित तो नहीं पड़ा हुआ है। वे आलसी व्यक्तियों को पसंद नहीं करते थे, तथापि कामगारों से कोई गलती होने पर उसे बरदाश्त भी कर लिया करते थे; लेकिन वह बार-बार की जानेवाली गलतियों को उपेक्षित नहीं कर पाते थे। वे व्यक्ति को एक बार आजमाने के बाद दोबारा नहीं आजमाते थे। गलती करनेवाले लोगों को उनके क्रोधी स्वभाव का सामना करना पड़ता था; किंतु यह क्रोध तभी होता था, जब उन्हें यह पता चलता था कि अमुक व्यक्ति लापरवाह है और संगठन पर एक बोझ बना हुआ है। जे.आर.डी. सफाई बहुत पसंद करते थे और झूठ बोलनेवाले लोगों से बहुत चिढ़ते थे। वे व्यक्ति के व्यक्तित्व का निर्णय तत्काल करने की क्षमता रखते थे और इस बात का पता लगा लेते थे कि कौन व्यक्ति मेहनती है और कौन नहीं। जे.आर.डी. अपने कार्यालय में निर्धारित से अधिक समय गुजारते थे। इसका परिणाम यह निकला कि उनके अधीनस्थ स्टाफ को वहाँ उनसे अधिक समय रुकना पड़ता था। उनकी एक खूबी

यह थी कि वे अपनी गलतियों को तत्काल स्वीकार कर लेते थे। एक बार उन्होंने मूलगावकर को एक हस्तलिखित नोट भेजा, जिसके द्वारा उन्होंने तनाव और अनिद्रा रोग का उल्लेख करके उनसे क्षमा-याचना की थी। उन्होंने यह कहते हुए पत्र समाप्त किया था कि मूलगावकर के प्रति उनके स्नेह और प्रशंसा में कभी भी कमी नहीं आएगी। इसमें आश्चर्य की कोई बात नहीं थी कि जे.आर.डी. को भारत के कुछ श्रेष्ठ टेक्नॉक्रेटों की जीवनपर्यंत निष्ठा, सम्मान और स्नेह प्राप्त था।

जे.आर.डी. ने मूलगावकर के साथ जिस प्रकार का व्यवहार रखा, वह उनके प्रबंधकीय कार्य-कौशल का श्रेष्ठ प्रमाण है। उनका विश्वास था कि कंपनी के निदेशकों के साथ खुलकर विचारों का आदान-प्रदान किया जाए। वे उनकी विशेष उपलब्धियों के लिए उन्हें पर्याप्त भत्ते भी दिया करते थे; पर वे ऐसा तभी करते थे जब उन्हें यह विश्वास होता था कि यह क्रिया-कलाप जन-कल्याण के कार्यों को प्रोत्साहित करेंगे। टेल्को की सफलता मूलगावकर की दूरदर्शिता और जे.आर.डी. के सर्वसम्मति प्राप्त प्रबंधकीय कौशल का श्रेष्ठ प्रमाण है। (विशेषतः कहा जाता है कि टेल्को की मोटर कार 'सूमो' का नाम सुमंत मूलगाँवकर के नाम पर ही रखा गया था।)

टेल्को में एक महिला की भरती करने से संबंधित एक रोचक वृत्तांत का उल्लेख यहाँ किया जा रहा है। वह महिला सुधा कुलकर्णी थीं, जिन्होंने भारतीय विज्ञान संस्थान, बंगलौर से कंप्यूटर विज्ञान की कक्षा में प्रथम स्थान प्राप्त किया था। उन्हें यह देखकर बड़ी निराशा हुई कि विज्ञापन की पाद टिप्पणी पर लिखा हुआ था कि महिला अभ्यर्थियों को आवेदन करने की आवश्यकता नहीं है। उन्होंने गुस्से में आकर जे.आर.डी. को एक पोस्ट कार्ड लिखा, जिसके द्वारा उन्होंने जे.आर.डी. से पूछा था कि टाटा जैसा प्रगतिशील औद्योगिक घराना ऐसी पाबंदी किस आधार पर लगा सकता है? इस अभिव्यक्ति का अपेक्षित प्रभाव पड़ा। शीघ्र ही सुधाजी को एक टेलीग्राम मिला, जिसके माध्यम से उन्हें साक्षात्कार के लिए उपस्थित होने के लिए कहा गया था। उन्हें यह भी वचन दिया गया था कि उन्हें दोनों ओर की यात्रा के लिए फर्स्ट क्लास किराया दिया जाएगा।

सन् 1974 में स्नातक प्रशिक्षणार्थी के रूप में चयनित सुधा कुलकर्णी (अब सुधा मूर्ति) टेल्को की प्रथम महिला तकनीकी अधिकारी थीं। पुणे और जमशेदपुर में कार्य करने के बाद उनका स्थानांतरण बॉम्बे हाउस में कर दिया गया। बाद में उन्हें पता चला कि इस मामले में जे.आर.डी. ने स्वयं हस्तक्षेप करते हुए बोर्ड को निर्देश दिया था कि अगर वे अपने विषयों में सक्षम हों तो उनकी भरती तुरंत कर

ली जाए। वे अपनी यादों को ताजा करते हुए कहती हैं कि फरवरी 1982 में अपने दस्तावेज प्रस्तुत करने बाद वे आभार व्यक्त करने के लिए जे.आर.डी. से मिलना चाहती थीं। तब तक वह सुधा मूर्ति बन चुकी थीं। संयोग से जे.आर.डी. से उनकी मुलाकात सीढ़ियों पर चढ़ते हुए उस मौके पर हुई, जब उन्होंने जे.आर.डी. को बताया कि वे अपनी नौकरी से त्यागपत्र दे रही हैं, क्योंकि वे और उनके पति 'इन्फोसिस' नाम की कंपनी शुरू करने जा रहे थे।

वे अब भी जे.आर.डी. के शब्दों को याद करती हैं, जो इस प्रकार थे, "जब आप सफल हो जाएँ तो आपको चाहिए कि आप समाज को उसमें साझीदार बना लें। समाज हमें इतना कुछ देता है कि हमें बदले में उसकी प्रतिपूर्ति अवश्य ही करनी चाहिए। मैं आपके श्रेष्ठ भविष्य की कामना करता हूँ।" यही शब्द इन्फोसिस कंपनी की स्थापना का प्रेरणास्रोत बन गए थे। आज सुधा मूर्ति इन्फोसिस का प्रबंधन करती हैं। जब उनके साथियों ने उनसे पूछा कि टाटा उद्यम को छोड़ने के समय वे कौन सी खास वस्तु प्राप्त करना चाहती हैं, तो उन्होंने कहा था कि "उन्हें जमशेदजी नौशेरवनजी टाटा और जे.आर.डी. टाटा की उनके मशहूर नीले सूटवाली दो ब्लैक ऐंड व्हाइट तसवीरें चाहिए।"

टेल्को के जमशेदपुर, पुणे और लखनऊ (सन् 1992 में प्रारंभ) में तीन बड़े संयंत्र थे। एक चौथा संयंत्र हाल ही में धारवाड़ में बनाया गया है। इस संयंत्र में दो विशेष व्यापारिक इकाइयाँ—एक वाणिज्यिक वाहनों और दूसरा यात्री कारों के लिए—संचालित की गई हैं। कंपनी ने इनका संचालन सफलतापूर्वक किया है। टेल्को को '80 के दशक में श्रमिकों से संबंधित समस्या के साथ इंडिका कार की गुणवत्ता के बारे में भी कुछ रुकावटों का सामना करना पड़ा। कंपनी को उस वर्ष (सन् 2000-01) के दौरान इंडिका उत्पादों की माँग में 45 प्रतिशत तक की जबरदस्त कमी होने के कारण 500 करोड़ रुपए का नुकसान बरदाश्त करना पड़ा, जो कंपनी के लिए अब तक की सबसे बड़ी चुनौती थी। इस संबंध में सन् 1997 में इंडिका का विक्रय 10 हजार करोड़ रुपए तक बढ़ गया था, जो अचानक ही गिरकर 6,637 करोड़ रुपए रह गया। परंतु कंपनी इतनी भी कमजोर नहीं थी कि इस नुकसान को बरदाश्त न कर सके। समय ने फिर करवट ली और सन् 2002-03 के दौरान टेल्को ने 500 करोड़ रुपए के कर की अदायगी के साथ इंडिका परियोजना के साथ 1,700 करोड़ रुपए का रिकॉर्ड मुनाफा दर्ज कराया। नए मॉडल की कार इंडिका वी-2 के विक्रय का ग्राफ काफी ऊँचा था। सन् 2002 में कंपनी ने 'सीडान' और 'इंडिगो' कारें निकालीं।

29 जुलाई, 2003 को जे.आर.डी. के जन्मदिवस के अवसर पर कंपनी ने अपना नाम 'टाटा इंजीनियरिंग' से बदलकर 'टाटा मोटर्स' रख लिया। कंपनी का नया नाम स्वयं इस बात का द्योतक है कि कंपनी का मुख्य कार्य मोटर कारों के डिजाइन, विनिर्माण और विपणन पर संकेंद्रित है। अगस्त 2003 में एक माह से कम अवधि के भीतर टाटा मोटर्स ने 30 लाख मोटर कारें बनाईं, जो कंपनी की महत्त्वाकांक्षा और प्रगति का उल्लेखनीय उदाहरण है। सन् 2003 के दौरान यूरोपीय देशों की सड़कों पर इंडिका की उन्नत कारों को बहुसंख्या में देखा जा सकता था। ऐसा पहली बार हुआ था कि भारत में निर्मित कारों का विदेशों में निर्यात हुआ और एक यूरोपीय निर्माता ने उन पर अपने नाम की छाप डालकर यूरोप में उनका विक्रय किया। उस समय इस विषय पर बड़ा विवाद खड़ा हुआ था कि भारत ने विदेशी डिजाइनों को लेकर स्वयं अपनी कारें विकसित कर ली हैं। 27 सितंबर, 2004 को टाटा मोटर्स ने पहली भारतीय इंजीनियरिंग व मोटर इकाई बनने और वी.एस.एन.एल. के बाद दूसरी टाटा कंपनी घोषित होने पर न्यूयार्क स्टॉक एक्सचेंज में अपनी प्रतिभूतियाँ दर्ज कराई थीं।

□

वर्ष 1945 में जे.आर.डी. की पहल पर पूर्णतः टाटा संस के स्वामित्वाधीन टाटा इंडस्ट्रीज के नाम से एक कंपनी शुरू की गई। टाटा संस एक चयनित निकाय था और उस समय उसमें केवल छह निदेशक थे। जे.आर.डी. ने कंपनी में श्रेष्ठतम व्यवसायियों को नियोजित किया। उन्होंने उन्हें न केवल अपनी-अपनी कंपनियाँ चलाने के लिए प्रोत्साहित किया, अपितु उनसे कहा कि वे इस क्षेत्र में टाटा उद्यम के लिए श्रेष्ठ योजनाएँ बनाएँ। टाटा इंडस्ट्रीज पूर्णतः टाटा संस के स्वामित्वाधीन थी। यह एक प्रबंधन एजेंट के रूप में कार्य कर रही थी। टाटा की सभी बड़ी कंपनियों के निदेशक इसके बोर्ड में बैठते थे। कार्य-प्रचालन के लिए किसी भी प्रभारी को विचार-विमर्श के लिए बुलाया जा सकता था। इस प्रक्रिया से टाटा कंपनियों के प्रबंधन में व्यावसायिकता का मार्ग प्रशस्त हुआ। चूँकि यह कार्य निदेशकों के स्तर तक सीमित था, इसलिए जे.आर.डी. ने एक अंतर विभागीय सम्मेलन शुरू किया, ताकि उसमें टाटा कंपनियों के विभागों के प्रमुख शामिल हो सकें। ऐसी बैठकों में चर्चित अनेक मुद्दे संबंधित कंपनियों के दृष्टिकोण से अप्रासंगिक हैं, किंतु जे.आर.डी. का उद्देश्य यह था कि उन्हें व्यापक आधार और प्रतिभागिता प्रदान की जाए।

दो वर्षों बाद सन् 1947 में जे.आर.डी. ने एक दूसरा महत्त्वपूर्ण कदम उठाया।

उन्होंने टाटा उद्यम में एक कार्मिक विभाग की स्थापना की। इसका प्रयोजन उनके द्वारा सन् 1943 में टाटा स्टील में अपने साथियों को लिखे गए एक पत्र से व्यक्त होता है, जिसमें कार्मिक विभाग की आवश्यकता पर जोर दिया गया था। श्रमिक नेताओं के साथ विचारों का वैयक्तिक आदान-प्रदान अपनी जगह ठीक था, लेकिन उनका विचार था कि श्रमिकों की समस्याओं को बोर्ड के सामने भी रखा जाए। वह चाहते थे कि प्रबंधन कार्यों में श्रमिकों को भी शामिल किया जाए। उस जमाने में यह एक बहुत ही प्रगतिशील विचार था। सन् 1956 में कर्मचारियों और प्रबंधकों के मूल अधिकारों और अनिवार्य दायित्वों के लिए दो करारों पर हस्ताक्षर हुए। इस प्रयोजनार्थ दो विभागीय परिषदें अस्तित्व में आईं, जहाँ प्रबंधक और कर्मचारी नियमित रूप से अपनी समस्याओं पर चर्चा कर सकते थे। किन्हीं और कंपनियों में ऐसी परिषदों को टाटा जैसी सफलताएँ प्राप्त नहीं हुईं।

सन् 1948 में पं. नेहरू ने जे.आर.डी. को पेरिस में संयुक्त राष्ट्र संघ अधिवेशन में शिष्टमंडल के सदस्य के रूप में चुना। विजयलक्ष्मी पंडित ने शिष्टमंडल का नेतृत्व किया। जे.आर.डी. कहते हैं कि उन्हें आर्थिक कार्यसमिति का ही कार्य-भार सौंपा गया था, पर वे अधिकतर चुप ही रहे। उन्होंने वहाँ सभा की काररवाई को सुनने और समझने को प्राथमिकता दी। उन्हें यह काररवाई कहीं अधिक रोचक लगी। यह एक अच्छी नीति सिद्ध हुई। विजयलक्ष्मी ने प्रत्येक सदस्य को बता दिया था कि उन्हें क्या कहना है और किस प्रकार कहना है। उन्हें निर्धारित लक्ष्य से हटकर बोलनेवाले सदस्यों को चेतावनी देने में भी कोई संकोच नहीं होता था। नेहरू ने अगले वर्ष भी जे.आर.डी. को आमंत्रित किया, लेकिन उन्होंने इनकार कर दिया। वास्तव में कुछ ही समय पूर्व उन्होंने 'इंडियन रेयर अर्थ्स' नामक पद की अध्यक्षता से भी इनकार कर दिया था। यह पद अंततः उनके डिप्टी जे.डी. चोकसी को मिला। स्वतंत्रता के बाद जे.आर.डी. ने घरेलू एयर इंडिया वायुयान की व्यवस्था की थी (उस समय एयर इंडिया इंटरनेशनल का कार्य शुरू नहीं हुआ था), ताकि विजयलक्ष्मी पंडित को सोवियत संघ ले जाया जा सके। उस समय वे सोवियत संघ में भारत की पहली राजदूत नियुक्त की गई थीं।

□

15

एयर इंडिया का जन्म

सन् 1946 में टाटा एयर लाइंस को सार्वजनिक कर दिया गया और यह एक संयुक्त स्टॉक कंपनी घोषित कर दी गई। नई कंपनी का नाम एयर इंडिया लिमिटेड रखा गया। चार वर्ष पूर्व टाटा उद्यमियों ने पूना में डी हैवीलैंड मॉस्क्यूटो एयरक्राफ्ट का बड़े पैमाने पर उत्पादन करने के प्रयोजनार्थ ब्रिटिश सरकार के पास एक प्रस्ताव भेजा था। युद्ध के कारण एयर लाइन के संचालन पर सख्ती से रोक लगा दी गई थी। किंतु जे.आर.डी. और नेविल विंटसेंट का विचार था कि वायुयान विनिर्माण के क्षेत्र में शानदार अवसर विद्यमान हैं। उनका विचार था कि संपूर्णतः धातुमय वायुयान बनाने के लिए एक बहुत बड़ी फैक्टरी की आवश्यकता होगी, इसलिए उन्होंने संपूर्णतः लकड़ी का मॉस्क्यूटो यान बनाने का निर्णय लिया। उनका विचार था कि भारत में उनका विनिर्माण सुगमतापूर्वक किया जा सकता है। इस संबंध में अनुमति प्रदान कर दी गई और फैक्टरी का कार्य आगे बढ़ने लगा।

टाटा एयरक्राफ्ट लिमिटेड नाम की एक नई कंपनी बनाई गई; पर अचानक ही ब्रिटिश सरकार ने अपना इरादा बदलकर आक्रमणकारी ग्लाइडर बनवाने का निर्णय लिया। चूँकि कंपनी में वायुयान बनाने का कार्य इस सीमा तक आगे बढ़ गया था कि उसे छोड़ा नहीं जा सकता था, इसलिए टाटा उद्यमियों ने बड़े अनमने ढंग से उसपर अपनी सहमति व्यक्त की। यह वह समय था, जब टाटा उद्यमियों और जे.आर.डी. को भाग्य ने एक जबरदस्त चोट पहुँचाई। नेविल विंटसेंट, जो मॉस्क्यूटो वायुयान बनाने के विषय पर ब्रिटिश सरकार से परिचर्चा करने के लिए वायुयान द्वारा इंग्लैंड जाया करते थे, उस समय मारे गए जब फ्रांस के समुद्री

किनारे पर रॉयल एयर फोर्स के हडसन बॉम्बर नाम के उस वायुयान को मार गिराया गया, जिसमें वे यात्रा कर रहे थे। विंटसेंट जे.आर.डी. के बहुत निकट मित्र थे। इस दुर्घटना से उनके हृदय को बड़ा आघात पहुँचा। एक कहावत है कि सारी मुसीबतें एक ही साथ आती हैं। ब्रिटिश सरकार ने संपूर्ण परियोजना को निरस्त कर दिया। इसका कारण यह था कि पूना में टाटा उद्यमियों द्वारा विनिर्मित आक्रमणकारी ग्लाइडरों का इस कारण उपयोग नहीं हो सका, क्योंकि उन्हें लाने व ले जाने के लिए कोई वायुयान उपलब्ध नहीं था। यह कड़वी गोली निगलना जे.आर.डी. के लिए एक कठिन कार्य था, क्योंकि उन्होंने इस परियोजना पर बड़ी ही तन्मयता के साथ कार्य किया था।

विंटसेंट की अचानक मृत्यु होने के बाद जे.आर.डी. ने सरकार से अनुरोध किया कि वह नागर विमानन के महानिदेशक सर फ्रेडरिक टिम्स की सेवाएँ उन्हें उधार दे दें। टिम्स जे.आर.डी. के बड़े अच्छे मित्र बन गए थे। यह मित्रता भविष्य में भी कायम रही। सन् 1943 में सरकार ने टिम्स को यह कार्य सौंपा कि वे भारत में विमानन के विकासार्थ युद्धेतर योजनाओं पर एक रिपोर्ट प्रस्तुत करें। उन्होंने हिसाब लगाकर बताया कि भारत को 40 डकोटा विमानों की आवश्यकता है। उन्होंने यह भी सिफारिश की कि निजी वायुयानों की संख्या 4 से अधिक नहीं होनी चाहिए। युद्ध के बाद सरकार ने टिम्स से सहमत होते हुए अपनी रिपोर्ट प्रकाशित की। सरकार ने कहा कि एयर लाइनों की संख्या अधिक नहीं होनी चाहिए।

सन् 1946 में टाटा एयर लाइंस देश के लगभग एक-तिहाई वायु यात्रियों को सफर कराती थी। उस समय देश में प्रचालित 48 डकोटा विमानों में से 18 एयर लाइंस के पास थे। जे.आर.डी. का सपना था कि वायुसेवा को पश्चिम दिशा की ओर विस्तारित किया जाए। बँटवारे के तुरंत बाद जे.आर.डी. ने अक्तूबर 1947 में एयर इंडिया इंटरनेशनल नाम की एक नई कंपनी खोलने का प्रस्ताव रखा। उन्होंने प्रस्ताव रखा कि इस उद्यम में भारत सरकार की 49 प्रतिशत, टाटा उद्यमियों की 25 प्रतिशत और शेष भागीदारी जनता की होनी चाहिए। यह भारत में जनता और निजी क्षेत्रकों के बीच संयुक्त उद्यम का सबसे पहला प्रस्ताव था। इस संबंध में जे.आर.डी. को जिस बात का सबसे ज्यादा आश्चर्य हुआ, वह यह कि सरकार ने इस प्रस्ताव को कुछ ही सप्ताह के भीतर मंजूरी दे दी। जब जे.आर.डी. ने मंत्रिमंडलीय मंत्री बाबू जगजीवन राम से इस बारे में बात की तो उन्होंने अप्रत्याशित स्पष्टवादिता से जवाब दिया, ''हम इससे बेहतर कोई दूसरी बात नहीं जानते।'' किंतु यह

कहानी का आधा ही रूप था। टाटा उद्यमियों ने तीन लॉकहीड कांस्टीलेशन वायुयानों का पहले से ही आदेश दे दिया था। नई एयर लाइन का प्रबंधन टाटा उद्यमियों की घरेलू एयरलाइन एयर इंडिया लिमिटेड द्वारा किया जाना था। इसका लाभ सरकार को भी पहुँचा। यदि सरकार इसे नए सिरे से प्रारंभ करती तो उसे इस प्रक्रिया को निष्पादित करने में कम-से-कम दो वर्ष लगते।

एयर इंडिया इंटरनेशनल को औपचारिक रूप से 8 मार्च, 1948 को संस्थापित किया गया था। इसके ठीक तीन माह बाद यानी 8 जून को 'मलाबार प्रिंसेस' नाम का 40 सीटोंवाला एक चमचमाता लॉकहीड कांस्टीलेशन बंबई से लंदन की उड़ान भरने के लिए तैयार खड़ा था। ये वायुयान 6 माह से पहले प्राप्त नहीं होने थे, तथापि अन्यत्र से आदेश निरस्त होने के कारण उनकी आपूर्ति शीघ्र हो गई। इस वायुयान के यात्रियों में जे.आर.डी., थेली, नावानगर के जाम साहिब, नेविल वाडिया और जे.आर.डी. की बहनें साइला व रोदाबेह शामिल थीं। अपने भाई की शानदार उपलब्धि पर उनका सिर गर्व से ऊँचा उठा हुआ था। बाद में जे.आर.डी. ने आर.एम. लाला को बताया, "मलाबार प्रिंसेस काहिरा, जिनेवा और लंदन के हवाई अड्डों पर अपने दोनों ओर भारतीय ध्वज प्रदर्शित करते हुए खड़ा हुआ तो मेरा मन रोमांच और उल्लास से भर उठा।" जे.आर.डी. ने जब वायुयान से बाहर कदम रखा तो उन पर चारों ओर से कैमरों की फ्लैश लाइटों के झमाके पड़ने लगे। उन्होंने सफलता से गौरवान्वित भावना के साथ एयर इंडिया के लंदन स्थित कार्यालय के प्रभारी मानेक दलाल को बताया था, "लड़को! अपनी घड़ियाँ मिला लो, हम बिलकुल ठीक समय पर पहुँच गए हैं।" पूरब को पश्चिम से जोड़नेवाले किसी एशियन एयर लाइन की यह पहली उड़ान थी। यह उस व्यक्ति की ओर से ऐतिहासिक उपलब्धि थी, जिसके लिए उल्लेखनीय कार्य करना साधारण बात बन गई थी।

जिनेवा में एयर इंडिया के प्रबंधक का नाम ज्ञानी बरटोली था। उनका विवाह थेली की बहन किटी के साथ हुआ था। सन् 1966 में उसी विमान दुर्घटना में उनकी दुःखद मृत्यु हो गई थी, जिसमें होमी जे. भाभा की जान चली गई थी। फाली नरीमन काहिरा का कार्यालय देखते थे। बंबई कार्यालय की देखभाल एस.के. बॉबी उर्फ कूका करते थे। वे एयर इंडिया के यातायात प्रबंधक थे। यही वे व्यक्ति थे जिन्होंने एयर इंडिया को उसका प्रसिद्ध और सर्वप्रिय निशान 'महाराजा' दिया था। उन्हें एयर लाइन के विकास में भी महत्त्वपूर्ण भूमिका निभानी थी।

आलोचकों का कहना है कि टाटा उद्यमियों को अंतरराष्ट्रीय विमानन के इस अत्यधिक प्रतिस्पर्द्धात्मक क्षेत्र में प्रवेश करने की क्या आवश्यकता थी; पर एयर

इंडिया ने यह सिद्ध कर दिया कि वे इस चुनौती का मुकाबला करने में सक्षम हैं। आकार के संबंध में अपनी सीमाओं से अवगत जे.आर.डी. ने यह सुनिश्चित किया कि उनकी एयरलाइन सेवागत गुणवत्ता के क्षेत्र में बहुत आगे बढ़ गई है। पूर्णतावादी जे.आर.डी. उड़ान के दौरान अपनी अनुभूतियों को विस्तारपूर्वक दर्ज करके यह सुनिश्चित करते थे कि वे यात्रा से लौटने पर उनका कार्यान्वयन सुनिश्चित करेंगे। अपनी एक पंक्तिवाली यह सूक्ति उन्हें बहुत प्रिय थी—'पूर्णता में ही श्रेष्ठता निहित है।' एल.के. झा याद करते हुए कहते हैं कि एक बार उड़ान के दौरान जे.आर.डी. काफी लंबे समय के लिए गायब हो गए थे। जब उनसे इस बारे में पूछा गया तो उन्होंने जवाब दिया कि वे प्रसाधन कक्षों में देख रहे थे कि वे साफ और स्वच्छ होने के साथ टॉयलेट पेपर से सज्जित हैं या नहीं।

सन् 1948 में जे.आर.डी. का रात्रि वायु डाक योजना प्रारंभ किए जाने पर सरकार और विशेषकर पं. नेहरू के सर्वाधिक निकट मंत्रिमंडलीय साथी रफी अहमद किदवई के साथ टकराव हुआ। इस संबंध में सरकार ने निर्णय लिया था कि वायुयान बंबई, कलकत्ता, मद्रास और दिल्ली से उड़ान भरकर नागपुर में मिलेंगे, ताकि वे वहाँ डाक का आदान-प्रदान करके वापस आ जाएँ। जे.आर.डी. ने इसपर आपत्ति व्यक्त की, क्योंकि रात्रि-उड़ान में सुरक्षा की समस्या विद्यमान थी। किंतु इस संबंध में किदवई दृढ़ संकल्पी थे और इस योजना को इंडियन ओवरसीज एयर लाइंस द्वारा 31 जनवरी, 1949 को प्रारंभ कर दिया गया। शीघ्र ही उसे वित्तीय कठिनाइयों का सामना करना पड़ा। इस योजना के तहत सभी पत्रों को वायु सेवा द्वारा लाने-ले जाने की व्यवस्था की गई थी। रात्रि डाक सेवा योजना इस व्यवस्था का एक अंश थी। किदवई चाहते थे कि सभी एयरलाइनें इन्हीं शर्तों पर उनके साथ कार्य करें। यह प्रस्ताव एयर इंडिया और चार अन्य एयरलाइनों को स्वीकार नहीं था। अतः उन्होंने सरकार के विरुद्ध एक संयुक्त मोरचा बना लिया था।

इस संबंध में करार निष्पादित होने पर सरकार ने दी जानेवाली सहायता वापस ले ली। किदवई इस बात पर अडिग थे कि एयर इंडिया रात्रि वायु डाक योजना में भाग ले। किंतु जे.आर.डी. एयरलाइंस की वित्तीय परिस्थितियों के मद्देनजर इसके विरुद्ध थे। यह विवाद इतना आगे बढ़ा कि किदवई ने विमानन उद्योग के औचित्य पर संसद् में कुछ बयान दे डाले। फलस्वरूप जे.आर.डी. को ऐसी प्रेस कॉन्फ्रेंस बुलानी पड़ी, जिसके माध्यम से वे इन मिथ्या आरोपों को नकार सकें। अंततः नेहरू ने इस मामले में हस्तक्षेप किया और दोनों ओर से होनेवाले वाद-

विवाद रुकते हुए महसूस हुए। दूसरी ओर नेहरू सार्वजनिक रूप से तो एयर इंडिया का पक्ष लेते थे, लेकिन संसद् में किदवई का साथ देते थे। राजाध्यक्ष समिति (सन् 1950) को यह कार्य सौंपा गया था कि वह विमानन उद्योग के बारे में सरकार को सुझाव दे। समिति की रिपोर्ट ने जे.आर.डी. के मंतव्य को सच साबित कर दिया। उसमें कहा गया था कि सरकार की लाइसेंस देने की प्रणाली उद्योग की दु:खद स्थिति का मुख्य कारण है।

उस जमाने में किदवई की तूती बोल रही थी, इसलिए रात्रि वायु डाक सेवा सरकार के पूर्ण सहयोग के साथ निरंतर जारी रही। यात्रियों के किराए में कमी कर दी गई और जे.आर.डी. द्वारा अभिव्यक्त सुरक्षा संबंधी शंकाएँ निराधार सिद्ध हुईं। कुछ वर्षों बाद जे.आर.डी. ने स्वीकार किया कि रात्रि सेवा के बारे में उनका मंतव्य गलत था। उन्होंने कहा कि जब उन्होंने इस विचार की सार्थकता को पहचाना तो उन्हें इस बात का अहसास हुआ कि उन्होंने अपनी एयरलाइन में अमेरिकी अनुभव को शामिल करके गलती की थी।

□

16

एयर इंडिया का राष्ट्रीयकरण और उसके बाद का वृत्तांत

1 अगस्त, 1953 का दिन जे.आर.डी. के लिए दु:खद दिन था। वर्षा हो रही थी और चिपचिपा मौसम उस उदासी व व्यथा का साथ निभा रहा था, जो सामान्यत: टाटा उद्यमों और विशेषत: जे.आर.डी. के दिल में समा गया था। यह वह समय था जिस दिन संसद् ने नौ राष्ट्रीयकृत निजी स्वामित्वाधीन एयरलाइनों को एक जगह मिलाकर उन्हें दो राज्य स्वामित्वाधीनवाले निगमों यानी एयर इंडिया इंटरनेशनल और घरेलू उड़ान के लिए इंडियन एयरलाइंस में परिणत कर दिया था। जी.डी. बिरला की भारत एयरवेज को भी राष्ट्रीयकृत कर दिया गया था। किंतु बिरला विमानन क्षेत्र के प्रति उस प्रकार उत्सुक एवं जिज्ञासु नहीं थे जिस प्रकार जे.आर.डी. थे। (वास्तव में बिरला अपने पुत्र बसंत कुमार के अनुरोध पर ही विमानन क्षेत्र में दाखिल हुए थे।) स्वाभाविक है कि इस प्रक्रिया से जे.आर.डी. को भारी आघात लगा होगा।

जे.आर.डी. की दूरदृष्टि भविष्य के गर्भ में छुपे घटनाक्रम को ताड़ चुकी थी। उन्होंने पिछले सात वर्षों से हर संभव रूप में राष्ट्रीयकरण के विरुद्ध संघर्ष छेड़ रखा था। उन्होंने इस बारे में जी.डी. बिरला को भी चेतावनी दी थी। परंतु उन्होंने यह कहकर उन्हें चुप करा दिया था कि इसमें प्रत्येक व्यक्ति के लिए गुंजाइश है। जे.आर.डी. का विचार था कि रफी अहमद किदवई और फिर जगजीवन राम और यहाँ तक कि जवाहरलाल नेहरू ने भी उन्हें धोखा दिया था। इस अनुक्रम

में उनके गौरव और महिमा को कायम रखने के लिए केवल एक कार्य किया गया कि उन्हें एयर इंडिया का अध्यक्ष और इंडियन एयरलाइंस का निदेशक नियुक्त कर दिया गया। (उन्हें दोनों एयर लाइनों की अध्यक्षता स्वीकार करने का प्रस्ताव दिया गया था। लेकिन उन्होंने कार्याधिक्य के कारण इंडियन एयरलाइंस की अध्यक्षता ग्रहण करने से इनकार कर दिया था। कार्य की अधिकता के कारण उनके पास कोई दूसरा काम करने का समय नहीं था। वे हमेशा अपने साथियों से सलाह-मशविरा करते थे। इसलिए उन्होंने 10 दिसंबर, 1952 को अपने विभागाध्यक्षों की बैठक यह सलाह लेने के लिए बुलाई कि क्या उन्हें उक्त अध्यक्षता स्वीकार कर लेनी चाहिए। इस पद को स्वीकार करने संबंधी एक मुख्य कारण यह भी था कि वे यह सुनिश्चित करना चाहते थे कि उक्त एयरलाइन में उनके द्वारा प्रारंभ से ही शुरू किए गए मानकों का अनुरक्षण किया जाएगा।)

सरकार नवंबर 1952 तक यह निर्णय ले चुकी थी कि वह एयरलाइंस को राष्ट्रीयकृत करेगी। यह मनसूबा पहले ही जोर पकड़ चुका था और अंतिम फैसला जगजीवन राम पर छोड़ दिया दिया गया था। 5 नवंबर, 1952 को जे.आर.डी. और सर होमी मोदी ने जगजीवन राम से मुलाकात की। जगजीवन राम ने उनके सामने पहले से ही संपन्न कार्य को निष्पादित करने की पेशकश रखी। जिस बात से जे.आर.डी. को सबसे ज्यादा आघात पहुँचा, वह यह था कि सरकार ने इस विषय पर टाटा उद्यमियों से परामर्श तक करना उचित नहीं समझा। इस मुलाकात के द्वारा जगजीवन राम उनसे केवल यह परामर्श चाहते थे कि उनकी परिसंपत्तियों के बदले उनकी कंपनियों के लिए कितना जायज मुआवजा निर्धारित किया जाए। जगजीवन राम ने जे.आर.डी. की उस वैकल्पिक योजना को भी सुनना पसंद नहीं किया, जो वे उनके सामने रखना चाहते थे। जगजीवन राम से मामूली भिड़ंत होने के बाद अंततः जे.आर.डी. उनके प्रति नरम पड़ते दिखाई दिए। एस.ए. सबावाला बताते हैं कि उस समय जगजीवन राम ने उनकी जेब में कागज का एक टुकड़ा डाला, जिसमें उनके किसी संबंधी अथवा मित्र का नाम लिखा हुआ था। वह चाहते थे कि जे.आर.डी. उस व्यक्ति को टाटा उद्यम में किसी-न-किसी पद का कार्यभार दे दें। दूसरे राजनीतिज्ञों में से जे.आर.डी. सरदार वल्लभभाई पटेल की व्यक्तिगत रूप से बड़ी प्रशंसा और सम्मान करते थे। वे उनकी सशक्त बोधगम्यता और स्पष्टवादिता से बहुत अधिक प्रभावित थे। वे सी. राजगोपालाचारी का भी

बहुत सम्मान करते थे; किंतु मोरारजी देसाई को बिलकुल भी पसंद नहीं करते थे। जे.आर.डी. जयप्रकाश नारायण (उनके पक्के समाजवादी होने के बावजूद) के भी बहुत निकट थे। उन्हें वे बहुत अधिक ईमानदार और युक्तिसंगत व्यक्ति कहते थे।

इस संबंध में निराश जे.आर.डी. ने नेहरू से भेंट की। उन्होंने उनसे स्पष्ट शब्दों में सरकार के निकृष्ट व्यवहार की शिकायत की। उन्होंने नेहरू के सामने अपना अभिमत व्यक्त करने में किसी संकोच से काम नहीं लिया। नेहरू ने खामोशी और धैर्य के साथ उनकी बातें सुनीं। कुछ दिनों बाद उन्होंने जे.आर.डी. को एक पत्र लिखा, जिसके द्वारा उन्होंने उनकी इस गलतफहमी को दूर करने का प्रयास किया था कि सरकार ने सामान्यत: नागर विमानन और विशेषत: टाटा एयरलाइंस के विरुद्ध कोई षड्यंत्र रचा है। नेहरू ने यह कहते हुए अपना पत्र समाप्त किया था—"इस संबंध में और अन्य मामलों में भी हमें आपकी सहायता चाहिए। यह बुरी बात है कि आप सरकार के इरादों के प्रति शंकालु होकर अपना गुस्सा अभिव्यक्त करें। आप जैसे पुराने मित्र से इस प्रकार के शब्द सुनकर मेरा मन बहुत व्यथित हो रहा है।" जे.आर.डी. ने उन्हें यह जवाब दिया कि वे केवल नेहरू तक अपने विचारों का संप्रेषण करना चाहते थे। इस संबंध में उन्होंने उस वैकल्पिक योजना का भी उल्लेख किया, जिसे जगजीवन राम ने उपेक्षित कर दिया था। उन्होंने यह कहकर अपना पत्र समाप्त किया कि वे मजबूत और सुचारु वायु परिवहन प्रणाली देखना चाहते थे। उन्होंने यह भी कहा कि इस संबंध में जबरदस्त नुकसान उठानेवाले निवेशकों और कार्मिकों के साथ न्याय किया जाए। राष्ट्रीयकरण की प्रक्रिया के बाद जे.आर.डी. और नेहरू के बीच संबंध इस हद तक बिगड़ गए थे कि वे फिर कभी सुधर न सके।

31 जुलाई, 1953 को राष्ट्रीयकरण की प्रक्रिया से एक दिन पूर्व जे.आर.डी. ने दोनों कंपनियों के कार्मिकों के पास एक भावनात्मक संदेश भेजा। एयर इंडिया इंटरनेशनल के यातायात प्रबंधक बॉबी कूका द्वारा 'अलविदा' शीर्षक से एक अतुकांत विरही विदाई लिखी गई। एक व्यावसायिक कलाकार उमेश राव ने अपने चित्र में दु:खद अवस्था में सिर झुकाए और अपने दोनों हाथ पीछे की ओर बाँधे हुए महाराजा को दूर जाते हुए दिखाया है।

इंडियन एयरलाइंस में जे.आर.डी. के साथी अध्यक्ष बी.सी. मुखर्जी थे। जब जगजीवन राम ने इस संबंध में जे.आर.डी. से परामर्श किया तो उन्होंने आई.सी.एस.

अधिकारी एच.एम. पटेल (जो सन् 1977-79 के दौरान जनता पार्टी सरकार में वित्त मंत्री बने थे) और एस. लाल के नामों की संस्तुति की थी। मुखर्जी प्रारंभ से ही जे.आर.डी. के विरोधी थे। उन्हें शंका थी कि वे उनके प्रत्येक मामले में हस्तक्षेप करेंगे। तदुपरांत दोनों के बीच उस समय मित्रवत् सामंजस्य स्थापित हुआ, जब मुखर्जी को यह विदित हुआ कि उन्होंने जे.आर.डी. को समझने में गलती की है। जे.आर.डी. ने जगजीवन राम को एक पत्र लिखकर उनके लिए एक महाप्रबंधक उपलब्ध कराकर उनके कार्य-निष्पादन में उनकी सहायता की।

□

17

1950 का दशक–नींव के निर्माण का काल

देश के बँटवारे से उत्पन्न समस्या से उबरने के बाद 1950 का दशक भारत के लिए व्यवस्थित होने का काल था। प्रारंभ में सरकार जे.आर.डी. के साथ सहयोग करती थी। लेकिन शीघ्र ही परिस्थितियाँ विपरीत होने लगीं और सन् 1950 के मध्य तक सरकार ने उनके साथ पहले जैसा सहयोग करना बंद कर दिया। देश में समाजवादी पद्धति के अंगीकृत होने और सन् 1956 के औद्योगिक नीति संकल्प के स्वीकार होने के साथ ही परिदृश्य तेजी से बदलने लगा।

1950 के दशक के प्रारंभ में टाटा उद्यमियों ने प्रसाधन सामग्री के क्षेत्र में पदार्पण किया। विदेशी विनिमय अवरोधों के कारण विदेश की प्रसाधन सामग्रियों के आयात पर रोक लगाए जाने के विरुद्ध भारतीय महिलाओं द्वारा प्रतिरोध किए जाने के फलस्वरूप सन् 1952 में लक्मे का उत्पादन किया गया। लोगों के एक कुपित प्रतिनिधिमंडल ने पं. नेहरू से भेंट की। नेहरू ने अपने सचिव एम. ओ. मथाई से पूछा कि भारत इन प्रसाधन सामग्रियों का उत्पादन क्यों नहीं कर सकता है। मथाई ने टाटा उद्यम के स्थानीय निदेशक के.ए.डी. नौरोजी को बुलाया और उनसे पूछा कि क्या टाटा उद्यमी भारत में सभी प्रसाधन सामग्रियों का उत्पादन नहीं कर सकते हैं? टाटा उद्यमियों ने इस प्रस्ताव पर अपनी सहमति व्यक्त कर दी और फ्रांसीसी सहयोग से लक्मे का उत्पादन शुरू कर दिया गया। इसकी मूल कंपनी का नाम 'टॉम्को' था। नवल टाटा की स्विस पत्नी सीमोन टाटा ने मूल लक्मे बनाने में महत्त्वपूर्ण योगदान दिया था। 1998 में इसे हिंदुस्तान लीवर द्वारा अधिगृहीत कर लिया गया।

जे.आर.डी. भारतीय विज्ञान संस्थान, बंगलौर द्वारा किए गए एक स्वागत समारोह में

टाटा उद्यमियों ने उस समय कई प्रबंधन अभिकरण फर्में ले ली थीं। इनमें से कुछ नई फर्मों में फॉर्बेस, फॉर्बेस कैंपबेल ऐंड कंपनी, बॉम्बे सेफ डिपोजिट, गोकाका मिल्स और इंडियन वेजीटेबल प्रोडक्ट्स के नाम शामिल थे। टाटा उद्यमियों ने बंबई में व्यापक रूप से निवेश करनेवाली कंपनी सासून जे. डेविड और कलकत्ता में मैकनेल ऐंड बेरी की संपूर्ण शेयर पूँजी को भी अधिगृहीत कर लिया। वर्ष 1954 में टाटा उद्यमियों ने वोल्टाज नाम की एक नई कंपनी बनाई। इस कंपनी का अधिग्रहण उन्होंने स्विट्जरलैंड के वोल्कार्ट बंधुओं से प्राप्त किया था।

जे.आर.डी. ने सन् 1955 में भारत का दूसरा सर्वाधिक सम्मानित नागरिक सम्मान 'पद्म विभूषण' प्राप्त किया। इसी वर्ष राजनीतिक तोड़-फोड़ के कारण 'कश्मीर प्रिंसेस' नामक उनका एक विमान नष्ट हो गया। उसको चीन के प्रधानमंत्री चाऊ-एन-लाई के लिए माँगा गया था। वे उसमें बैठकर बांडुंग में गुट-निरपेक्ष देशों के नेताओं से मिलना चाहते थे। हांगकांग से उड़ान भरने के समय विमान में एक विस्फोट हुआ, जिसमें पायलट डी.के. जातर और एयर होस्टेस ग्लोरिया बेरी सहित सोलह व्यक्ति मारे गए। इस घटना से चाऊ-एन-लाई को यह चेतावनी दे दी गई थी कि उनकी जान ली जा सकती है। इसलिए चाऊ-एन-लाई ने अपने स्थान पर कुछ कनिष्ठ अधिकारियों को बांडुंग भेजा था। जब बचाव प्रयास का पर्यवेक्षण करने के लिए सिंगापुर पहुँचे कैप्टन विश्वनाथ ने उनसे मुलाकात की तो उन्हें चाऊ-एन-लाई से यह जानकर बड़ा दुःख पहुँचा कि वे तोड़-फोड़ की इस काररवाई से पहले से ही अवगत थे। उन्होंने इसकी सूचना किसी व्यक्ति को क्यों नहीं दी और क्यों कई बेगुनाह लोगों को मरवा दिया? यह बात हमेशा एक रहस्य बनी रही।

जे.आर.डी. हमेशा यह प्रयास करते रहे कि टाटा उद्यम में श्रेष्ठ युवा व्यक्तियों को नियोजित किया जाए। उनका लक्ष्य यह था कि टाटा संगठनों में उच्चतर पदों को संचालित करने के लिए दीर्घकालीन उच्च श्रेणी के पदों को सृजित किया जाए। इस प्रयोजनार्थ उन्होंने 'श्रेष्ठ कार्मिक भरती समिति' का गठन किया था। उन्होंने और उनके साथियों ने उम्मीदवारों के साक्षात्कार लिये और तीन मेधावी युवा व्यक्तियों का चयन किया। दुर्भाग्य से, वे तीनों व्यक्ति दो साल के भीतर अपनी नौकरियाँ छोड़कर चले गए और अंततोगत्वा जे.आर.डी. की योजना उपहास का केंद्र बनकर रह गई। लेकिन जे.आर.डी. अपनी जिद पर अड़े रहे, जिसके फलस्वरूप सन् 1956 में टाटा प्रशासनिक सेवा (टी.ए.एस.) का जन्म हुआ। लंदन स्कूल ऑफ इकोनॉमिक्स में प्रशिक्षित अर्थशास्त्री डॉ. फ्रेडी मेहता इस सेवा

में शामिल होनेवाले प्रथम व्यक्ति थे। बाद में वे फॉर्बेस, फॉर्बेस ऐंड कैंपबेल समूह के अध्यक्ष बने। यह समूह सत्रह कंपनियों का संचालन करता था। टाइटन घड़ियों के जेरेक्सिस देसाई और भारतीय होटलों के कैमेलिया पंजाबी ऐसे दो नाम हैं, जो टी.ए.एस. से जुड़े हुए हैं। आज यह विशेष सेवा संवर्ग सर्वाधिक मेधावी एवं श्रेष्ठतम इंजीनियरों और एम.बी.ए. धारकों को अपनी ओर आकर्षित करता है।

इसी दौरान जे.आर.डी. ने इन लोगों को प्रबंधन प्रशिक्षण देने में भी रुचि दिखाई, जो टाटा उद्यम में महत्त्वपूर्ण पदों पर कार्य करते थे। पुणे में टर्फ क्लब को एक महीने के लिए किराए पर लिया गया तथा टाटा के निदेशकों और विशिष्ट अतिथि वक्ताओं ने टाटा अधिकारियों के सामने अपने व्याख्यान दिए। जे.आर.डी. द्वारा स्टाफ कॉलेज खोले जाने संबंधी निर्णय के महत्त्व को अंतत: सन् 1964 में उस समय स्वीकार कर लिया गया था, जब पूना में टाटा प्रबंधन प्रशिक्षण केंद्र अस्तित्व में आया था।

वर्ष 1956 में एक अध्यादेश के द्वारा सरकार ने जीवन बीमा को राष्ट्रीयकृत कर दिया और सरकार द्वारा टाटा उद्यमियों द्वारा विकसित न्यू इंडिया इंश्योरेंस कंपनी को भी अधिगृहीत कर लिया गया। बाद में सन् 1973 में जनरल इंश्योरेंस को भी राष्ट्रीयकृत कर दिया गया। इससे जे.आर.डी. बहुत परेशान हुए; पर वे इस संबंध में कुछ भी नहीं कर सकते थे।

दो वर्ष बाद सन् 1958 में एस. ए. डांगे के नेतृत्व में साम्यवादियों ने टाटा वर्कर्स यूनियन पर अपना नियंत्रण स्थापित करने का प्रयास किया। इस संबंध में निर्णय लिया गया कि जमशेदपुर मजदूर यूनियन को फिर से सक्रिय किया जाए और प्रबंधन से रियायतें प्राप्त करके टिस्को कामगारों को अपनी ओर मिला लिया जाए। इसमें मूल वेतन को 25 प्रतिशत बढ़ाने और माइकल जॉन के अधीन मान्यता प्राप्त यूनियन को अमान्यकृत करने की माँग शामिल थी। जे.आर.डी. ने स्थिति को नियंत्रित करने के लिए जे.डी. चोकसी को जमशेदपुर भेजा। श्रम आयुक्त ने कामगारों को 25 लाख रुपए प्रदान किए। लेकिन डांगे इससे अधिक धन चाहते थे। जुलूस निकालने, धमकियाँ देने और कामगारों पर हमला करने के बाद डांगे ने 28 अप्रैल, 1958 को हड़ताल का आह्वान किया। किंतु इस हड़ताल को गैर-कानूनी घोषित कर दिया गया, जिसके फलस्वरूप यह स्वयं ही समाप्त हो गई। 12 मई को पार्टी कार्यकर्ताओं ने कंपनी के फाटकों के सामने धरने दिए, जिसके कारण उत्पादन कार्य में बाधा आई। इस संबंध में विशेष परिदृश्य उस समय सामने आया, जब टिस्को प्रबंधन ने यह कहते हुए संयंत्र को बंद कर दिया कि यह कदम सुरक्षात्मक

तौर पर उठाया गया है और यह कि कंपनी को हमेशा के लिए बंद नहीं किया गया है। दूसरे दिन आगजनी और लूटपाट के साथ हिंसा भड़क उठी। अंततोगत्वा डांगे हड़ताल समाप्त करने के लिए बाध्य हो गए।

जे.आर.डी. का कार्मिक विभाग बड़ा प्रभावी और असरदार रहा। श्रमिकों के संबंध में टिस्को के अनुभवों ने भारतीय उद्योग जगत् के लिए नए मानक स्थापित किए। जे.डी. चोकसी के सुदृढ़ कार्य-संचालन से इस दिशा में आस्था और विश्वास का एक नया वातावरण पैदा हुआ। चोकसी ने सन् 1938 में टाटा उद्यम में कानूनी सलाहकार के रूप में कार्यभार ग्रहण किया था। उन्होंने अगले तीस वर्षों तक समूह की शानदार सेवाएँ की थीं। टाटा के अध्यक्ष के रूप में यह घटना उनकी दूरदर्शिता और इलेक्ट्रिक कंपनीज अध्यवसाय की द्योतक है कि सरकार ने बंबई में अतिरिक्त बिजली के लिए अपना अनुमोदन प्रदान कर दिया था। अस्सी वर्ष की आयु में चोकसी की याददाश्त कमजोर पड़ने लगी थी। जे.आर.डी. उन्हें लगातार उस समय भी देखने के लिए आते थे, जब लोगों ने काफी पहले से उनसे इसलिए मुलाकात करनी बंद कर दी थी, क्योंकि वे बड़ी मुश्किल से बोल पाते थे।

सन् 1958 का वर्ष टिस्को के लिए कठिनाई भरा था तो जे.आर.डी. के लिए यह वर्ष विमानन के क्षेत्र में काफी अच्छा था। यह वह दिन था जब उन्हें इंटरनेशनल एयर ट्रांसपोर्ट एसोसिएशन (आई.ए.टी.ए.) का अध्यक्ष चुना गया था। उन्होंने अक्तूबर 1946 में काहिरा में आई.ए.टी.ए. की पहली बैठक में भाग लिया। उन्होंने इस बैठक में भाग लेने के लिए कराची और शारजाह के रास्ते बंबई से काहिरा जानेवाले एयर इंडिया के पहले डीसी-3 वायुयान के पायलट का कार्य स्वयं किया। वे आई.ए.टी.ए. के अध्यक्ष सर विलियम हिलड्रेड के कहने पर अप्रैल 1952 में आई.ए.टी.ए. की कार्यकारी समिति के सदस्य चुने गए। ज़े.आर.डी. ने कार्याधिक्य होने के कारण सन् 1948 में ऐसे ही एक प्रस्ताव को नामंजूर कर दिया था। उनकी कार्यावधि 1955 में समाप्त हो गई थी। लेकिन सर विलियम ने उनसे अपने पद पर बने रहने का अनुरोध किया। उन्होंने कहा कि इसमें एसोसिएशन की भलाई है। वे सन् 1958-59 में अध्यक्ष चुने गए और उन्होंने इस हैसियत से यूरोप व अमेरिका के बाहर अक्तूबर 1958 में नए निर्मित अशोक होटल में पहले आई.ए.टी.ए. सम्मेलन की मेजबानी की। पं. नेहरू ने 27 अक्तूबर, 1958 को विज्ञान भवन में आरंभिक सत्र का उद्घाटन किया। यह सम्मेलन एक बहुत बड़ी सफलता सिद्ध हुआ। इस सम्मेलन को गौरवपूर्ण स्थानों (आगरा और जयपुर) के चयन व प्रतिनिधिमंडलों और उनकी पत्नियों की मेजबानी में थेली टाटा और

एयरलाइन कार्मिकों की पत्नियों द्वारा ली गई व्यक्तिगत रुचि के कारण हमेशा याद किया जाएगा।

जनवरी 1960 में एयर इंडिया ने पहला बोइंग 707 विमान प्राप्त किया। यह 19 अप्रैल, 1960 को जेट युग में उस समय दाखिल हुआ, जब उसका बोइंग-707 पहली बार अपने ब्लू रिबन मार्ग से लंदन के लिए रवाना हुआ। जे.आर.डी. ने सन् 1956 में बोइंग का आदेश दिया था। यह आदेश उन्होंने सिएटल में, जहाँ विमानन उद्योग की अन्य अग्रणी कंपनियाँ भी आई हुई थीं, बोइंग का प्रदर्शन देखने के बाद दिया था। फरवरी 1960 में जे.आर.डी. ने संभरण उड़ान के विमानों में से एक को उड़ाया था। उन्होंने निर्धारित दूरी को 8 घंटे और 45 मिनट में पूरा कर लिया था। बाद में उन्हें बताया गया कि जब वे पूर्व में बंबई से लंदन के लिए अकेले उड़ान भर रहे थे तो उन्हें यह दूरी तय करने में कई दिन और कई घंटे लगे थे।

एयर लाइन में बोइंग के दाखिल होने से एक नए युग का सूत्रपात हुआ। बोइंग अन्य विमानों के मुकाबले दो गुनी तेजी से उड़ता था और उसमें सुपर कांस्टिलेशन विमान की अपेक्षा तीन गुनी क्षमता विद्यमान थी। इस विमान के वायु सेवा में आने से उड़ान की नई स्थितियों और सेवा विभागों में परिवर्तन लाना अपरिहार्य हो गया। जे.आर.डी. एक संपूर्णतावादी व्यक्ति थे, इसलिए उन्होंने सारी कार्य-व्यवस्था की जाँच करने के बाद सुचारु सेवा निष्पादित करने के प्रयोजनार्थ क्रॉकरी और कटलरी से लेकर अपेक्षित 5 हजार वैयक्तिक मदों में से प्रत्येक को अनुमोदन दे दिया। दोनों विमान कंपनियों की लघुतम समस्याओं के प्रति दिया गया उनका वैयक्तिक ध्यान व्यापार प्रबंधन का एक महत्त्वपूर्ण पाठ है। वे लोग, जो जे.आर.डी. के साथ कार्य करते थे, उन्होंने हमें बताया कि उनका आदर्श वाक्य यह था कि जो कुछ भारत के लिए श्रेष्ठ है, वह विश्व के लिए भी श्रेष्ठ होना चाहिए। यही वह आधार है, जिसने उन्हें उन कार्यों को उन संस्थानों में निष्पादित करने की प्रेरणा दी, जो टाटा उद्यमियों ने आणविक अनुसंधान और समाज-सेवा प्रशिक्षण कार्य से लेकर अभिनय कला के विभिन्न क्षेत्रों में कायम किया था। उन में से प्रत्येक की गुणवत्ता पर बहुत जोर दिया गया था। टाटा एयरलाइन (बाद में जिसका नाम 'एयर इंडिया' रखा गया) से जे.आर.डी. जुनून की हद तक प्रेम करते थे। टाटा एयरलाइंस के प्रति उनका झुकाव इतना स्पष्ट था कि टाटा के कुछ वरिष्ठ निदेशक मजाक में उनकी आलोचना करते हुए कहते थे कि 'वे अकेले एयर इंडिया को इतना समय देते हैं जितना समय टाटा समूह की संपूर्ण कंपनियों को भी नहीं देते।'

□

18

राजाजी और स्वतंत्र पार्टी

टिस्को ने सन् 1958 में अपनी स्थापना का पचासवाँ वर्ष मनाया। इस अवसर पर अपेक्षा की गई थी जे.आर.डी. अच्छी मन:स्थिति में होंगे। लेकिन वे सरकार की राष्ट्रीयकरण की नीति और मुआवजा देने संबंधी प्रक्रिया से कुपित थे। वे नेहरू के समाजवाद से भी क्षुब्ध थे। एयर इंडिया, इस्पात मंत्रालय और सरकार के अन्य विभागों में कार्यरत नौकरशाह दिन-प्रतिदिन बढ़-चढ़कर उन्हें आँखें दिखा रहे थे। सन् 1957 के चुनावों के बाद साम्यवादी पार्टी एक बड़े ब्लॉक के रूप में सामने आई। इसके बाद जे.आर.डी. अपनी नीतियों में मूलभूत परिवर्तन करने की तैयारी करने लगे।

मई 1961 में सी. राजगोपालाचारी ने उनसे स्वतंत्र पार्टी को सहायता देने का अनुरोध किया। राजाजी को विश्वास था कि अगर जे.आर.डी. चाहें तो वे पार्टी को सत्ता में लाने के लिए सहायता दे सकते हैं। उन्होंने कहा कि अच्छी सरकार और संसदीय प्रजातंत्र के हित में एक प्रभावी विरोधी दल का होना नितांत आवश्यक है। टाटा उद्यमियों के बीच मीनू मसानी स्वतंत्र पार्टी के समर्थक थे। किंतु नवल टाटा ने इस संबंध में उन्हें सावधान रहने की चेतावनी दी। उन्होंने जे.आर.डी. को सलाह दी कि वे राजाजी को खुलकर सहायता देकर नेहरूजी की नाराजगी मोल न लें। मसानी ने सन् 1959 में स्वतंत्र पार्टी बनाने के प्रयोजनार्थ राजाजी की सहायता की थी। जे.आर.डी. ने उनसे त्याग-पत्र देने के लिए कहा था, क्योंकि वे नहीं चाहते थे कि किसी एक कर्मचारी के कृत्यों के कारण उनके शेयरधारक नुकसान उठाएँ। फलस्वरूप मसानी निराश हो गए और जे.आर.डी. यह निर्णय नहीं ले पाए

कि उनके साथ क्या किया जाए। अंततः जे.आर.डी. ने उन्हें परामर्शदाता के पद पर नियुक्त कर दिया और उन्हें अपने लेटर हेड का डिजाइन बनाने में भी सहायता दी।

यह जल्दी में लिया जानेवाला निर्णय नहीं था। जे.आर.डी. ने यह फैसला लेने में पूरा-पूरा समय लिया। दो महीने बाद उन्होंने यह कहकर जवाब दिया कि यह सुनिश्चित करना अति आवश्यक है कि मात्र साम्यवादी ही कांग्रेस के प्रभावी विपक्ष न हों। उन्होंने आगे कहा कि इस संबंध में यह महत्त्वपूर्ण है कि भारत की राजनीतिक व्यवस्था में दो ऐसी मुख्य विपक्षी पार्टियाँ होनी चाहिए, जो न तो अत्यधिक वामपंथी हों और न ही दक्षिणपंथी। उन्होंने राजाजी को अपनी सहायता का विश्वास दिलाया; किंतु यह भी इंगित कर दिया कि वे कांग्रेस को भी अपनी सहायता देना जारी रखेंगे।

जे.आर.डी. ने राजाजी को समर्थन देने संबंधी अपने निर्णय के बारे में नेहरू को बताया, जिससे नेहरू बड़े परेशान हुए। जे.आर.डी. को ऐसा होने की आशा थी, पर उन्हें इस बात से कुछ हैरानी हुई कि उनसे नेहरू की नाराजगी कुछ ज्यादा ही बढ़ गई है। उन्होंने यह सोचकर उन्हें एक ऐसा पत्र लिखना उचित समझा, जिसमें वस्तु-स्थिति की स्पष्ट व्याख्या हो। उन्हें आशा थी कि नेहरू पत्र को शांत मन से पढ़ लेंगे। उन्होंने उन्हें 16 अगस्त, 1961 को उक्त पत्र लिखा। उन्होंने नेहरू को आश्वस्त किया कि टाटा घराने ने कांग्रेस से समर्थन वापस नहीं लिया है। उन्होंने इस बात पर भी अपनी सहमति जताई कि कांग्रेस देश के लिए स्थिरता और एकता लेकर आई है। इस संबंध में जे.आर.डी. का मुख्य तर्क यह था कि यह समय उस भविष्य के बारे में सोचने का है, जब नेहरू जैसा सशक्त नेतृत्व कायम नहीं रहेगा। उन्होंने साम्यवादी विकल्प से उत्पन्न होनेवाले खतरे को भी जताया। उन्होंने कहा कि एक जिम्मेदार विपक्ष के रूप में स्वतंत्र पार्टी एक बेहतर पार्टी होगी। उन्होंने यह भी कहा कि यह पार्टी भी कांग्रेसी परंपराओं के अनुरूप फली-फूली है। उन्होंने नेहरू से कहा कि वह स्थिति को समझने की कोशिश करें। उन्होंने यह कहकर पत्र समाप्त किया कि उन्हें इसका जवाब नहीं चाहिए।

इसके बावजूद नेहरू ने पत्र का जवाब दिया। उन्होंने कहा कि उनके विचार में स्वतंत्र पार्टी एक व्यावहारिक विपक्ष सिद्ध नहीं होगा, क्योंकि इसकी विचारधाराएँ पुरानी हैं और यह हालात के साथ कदम से कदम मिलाकर नहीं चल सकती है। तथापि उन्होंने यह भी कहा कि जे.आर.डी. जिस तरह चाहें, पार्टी की सहायता कर सकते हैं। कालांतर में नेहरू की बात सच साबित हुई। स्वतंत्र पार्टी मात्र दस वर्षों की अवधि में लुप्त हो गई। लेकिन, जे.आर.डी. द्वारा अभिव्यक्त खतरा नेहरू

की मृत्यु के ग्यारह वर्षों बाद इमरजेंसी के रूप में सामने आया। यह भाग्य की विडंबना ही थी कि उस अवधि के दौरान जे.आर.डी. इंदिरा गांधी के सर्वाधिक निकट समर्थकों में से एक थे।

जे.आर.डी. हमेशा इस बात की वकालत करते रहे कि व्यापारियों को चाहिए कि वे व्यापार के साथ राजनीति को सम्मिश्रित न करें। उनका विचार था कि व्यापारियों को जिम्मेदार नागरिकों के रूप में राजनीतिक समस्याओं के प्रति इसलिए रुचि लेनी चाहिए, क्योंकि राजनीति के प्रभावों का विश्लेषण किए बिना अर्थव्यवस्था का कोई भी सार्थक विश्लेषण संभव नहीं है। जे.आर.डी. चाहते थे कि भारत में राष्ट्रपति प्रणालीवाली सरकार होनी चाहिए। भारत में सन् 1960 के दशक का अंतिम दौर अस्थिरतावाला दौर था। यह उस समय की बात है जब केंद्र में इंदिरा गांधी और कांग्रेस को चुन लिया गया था, किंतु उन्हें सत्ता में कायम रहने के लिए वामपंथी दलों का समर्थन चाहिए था। कांग्रेस उत्तर प्रदेश जैसे कुछ राज्यों पर अपना नियंत्रण खो चुकी थी और दल-बदल तथा सांसदों का विक्रय होना एक आम-सी बात बन गई थी। जे.आर.डी. का विचार था कि भारत में सरकार की राष्ट्रपति प्रणाली से स्थायित्व बिलकुल उसी प्रकार आएगा जैसे फ्रांस में चार्ल्स डी. गॉल द्वारा इस व्यवस्था को प्रतिपादित करने के बाद वहाँ आया था। उन्होंने अपनी चिंता प्रकट करते हुए कहा था कि मात्र राजनीतिक स्थिरता से ही आर्थिक वातावरण में सुधार आएगा। उनका विश्वास था कि सरकार का संसदीय रूप देश की परिस्थितियों के लिए अनुपयुक्त है।

□

19

पहली उड़ान की पुनरावृत्ति

जे. आर.डी.की विमानन के प्रति अभिरुचि अनवरत बनी रही। सन् 1962 के प्रारंभ में उनके मस्तिष्क में एक अभिनव विचार विकसित होने लगा। 15 अक्तूबर की तारीख उनकी प्रथम उड़ान की तीसवीं जयंती थी और विमानन क्षेत्र का यह जिज्ञासु लौह पुरुष अपने शौक में पुन: एक नया रंग भरना चाहता था।

जे.आर.डी. के सामने इस संबंध में ऐसी कुछ समस्याएँ विद्यमान थीं, जिनका निदान किया जाना था। पहली समस्या यह थी कि कोई पस मॉथ पुराना विमान प्राप्त करके उसे नए ढंग से सँवारा जाए। भारत में विमान उपलब्ध न होने पर इस संभावना पर विचार करना था कि क्या डी हैवीलैंड ऐसा एक विमान उपलब्ध करा देगा? दूसरे, जे.आर.डी. अब एक प्रकार से राष्ट्रीय संपत्ति बन चुके थे और अट्ठावन वर्ष की आयु में ऐसा दु:साहसिक कार्य, बावजूद इसके कि वे पूर्णत: स्वस्थ थे, एक विचारणीय मुद्दा था। इन सभी अवरोधों को एक तरफ रखते हुए जे.आर.डी. ने निर्णय लिया कि वे ऐसा अवश्य करेंगे, इस प्रयोजन के लिए आवश्यक मशीनें हासिल करने की कोशिश की जाने लगी।

पस मॉथ विमान तो प्राप्त न हो सका, लेकिन दमदम हवाई अड्डे, कलकत्ता में एसोसिएटेड एयरवर्क्स के पास एक डी हैवीलैंड लियोपर्ड मॉथ विमान उपलब्ध था। एयर इंडिया के प्रतिभावान् अभियंत्रण प्रबंधक के. जी. अप्पुसामी जे.आर.डी. के लिए लियोपर्ड देखने के लिए कलकत्ता रवाना हुए। लियोपर्ड मॉथ के मालिक श्री डी. घोष यह जानकर बड़े उत्साहित हुए कि उनके विमान को पुन: उड़ाया जाएगा। यह यान पस मॉथ यान से बहुत मिलता-जुलता था। डी. घोष अपने

विमान को जे.आर.डी. को देने के लिए इतने इच्छुक थे कि अगर उनका वश चलता तो वे उसे उठाकर उन्हें दे आते। उस मॉथ यान को बंबई लाया गया। सांताक्रूज हवाई अड्डे के परिसर में स्थित हाल में एयर इंडिया में शामिल किए गए बोइंग-707 की सर्विस के लिए स्थापित नए अभियंत्रण कार्यशाला में यान को पूर्णतः खोलकर अलग-अलग कर दिया गया। बोइंग-707 को हाल ही में एयर इंडिया में लाया गया था। यह एक बड़ा रोचक दृश्य था कि आधुनिक अभियंत्रण मशीनोंवाली विशाल कार्यशाला के बीच में प्लाईवुड एवं कपड़े से बना हुआ और पेट्रोल द्वारा चालित एक इंजनवाला छोटा सा विमान खड़ा हुआ था। इसके बावजूद इतिहास की विजय-गाथा आधुनिक अभियंत्रण से ऊपर रही तथा यह मामूली और छोटा सा मॉथ विमान सभी की आँखों का केंद्र बन गया।

इस विमान का पूरी तरह से जीर्णोद्धार करके इसे अनुभवी अभियांत्रिकों और मेकैनिकों द्वारा पूर्णरूपेण आधुनिक सुविधाओं से सुसज्जित किया गया। इस संबंध में अप्पुमासी की रिपोर्ट पढ़ना दिलचस्पी से भरा हुआ है। उन्होंने इस विमान के व्यवस्थित पुनर्जन्म के रूप में उल्लिखित मुराद फैजी के बयान की विस्तारपूर्वक मीमांसा की है। उनकी रिपोर्ट आश्चर्यचकित करनेवाली उस क्रय सूची के साथ समाप्त होती है, जिसमें विमान की मरम्मत करने के लिए इमारती लकड़ी, प्लाईवुड, कपड़ा और ग्लू खरीदा गया था। उस समय एयर इंडिया के वरिष्ठ इंजीनियर श्री नेविल इंग्लैंड में रॉल्स रॉइस का प्रशिक्षण ले रहे थे। बाद में पता चला कि नेविल सन् '30 के दशक में डी हैवीलैंड के कर्मचारी रह चुके हैं। उनके बारे में यह भी पता चला कि वे लकड़ी से बने विमानों पर भी कार्य कर चुके थे। उन्हें यान के पुनरुद्धार कार्य के प्रयोजनार्थ इंग्लैंड से वापस बुलाया गया। दूसरी ओर, डी हैवीलैंड ने भी मिस्टर ब्राउन नाम के एक व्यक्ति को मरम्मत और पुनर्निर्माण कार्य का पर्यवेक्षण करने के लिए रवाना कर दिया।

अप्पुसामी के गहन पर्यवेक्षण में एसोसिएटेड एयरवर्क्स की कार्यशाला में कार्य को तेजी से निष्पादित किया गया। सभी कुछ ठीक-ठाक चल रहा था, तभी एक ऐसी दुर्घटना घटी, जिससे संपूर्ण कार्य-योजना खतरे में पड़ जाती। लियोपर्ड को बंबई लाने से ग्यारह दिन पूर्व परीक्षण उड़ान के दौरान हुई दुर्घटना से उसके दाएँ हाथ का लैंडिंग गियर बुरी तरह क्षतिग्रस्त हो गया। लेकिन अप्पुसामी उन व्यक्तियों में से नहीं थे, जो आसानी से उम्मीद छोड़ देते हैं। उनकी टीम ने चौबीस घंटे कार्य किया और छाए हुए निराशा व व्यथा के बादल कुछ ही दिनों बाद आनेवाली दूसरी रिपोर्ट से लुप्त हो गए।

11 अक्तूबर को टिस्को के कैप्टन घोष लियोपर्ड मॉथ को कलकत्ता से बंबई लाए और इस संबंध में यह न कहना अन्यायपूर्ण होगा कि इस मिशन की कामयाबी का सेहरा अप्पूसामी एवं उनकी टीम को जाता है। इस यान में जो परिवर्तन किया गया, वह यह था कि उसमें वी.एच.एफ. मर्फी रेडियो लगाया गया था, वरना लियोपर्ड लगभग पस मॉथ के समान ही था। समय व्यर्थ न करते हुए जे.आर.डी. ने अगले दिन प्रायोगिक उड़ान भरी। उन्होंने विमान को अपने ढंग से उड़ाया और उससे संतुष्ट भी हुए। अगले दिन 13 अक्तूबर को जे.आर.डी. ने कराची के लिए उड़ान भरी। रास्ते में उन्हें अहमदाबाद में ईंधन भरने के लिए रुकना था। एयर इंडिया के अनुभवी पायलट और एयर इंडिया के तत्कालीन प्रचालन निदेशक कैप्टन विश्वनाथ यात्री के रूप में उनके साथ बैठे हुए थे। यह उड़ान मूलतः डाक परिवहन के प्रयोजनार्थ निर्धारित थी।

कराची से 15 अक्तूबर को रवाना होनेवाली उड़ान बिजली/रेडियो के फेल होने के कारण 2 घंटे के लिए विलंबित हो गई। जे.आर.डी. कहते हैं कि वे बिना रेडियो के ही रवाना हो गए। जुहू पहुँचने पर उन्होंने कहा, ''एक तरह से मैंने संभवतः इस प्रथम उड़ान को उस मूल उड़ान से और ज्यादा करीब कर दिया था, जिसका मैंने इरादा किया था।'' जी.एम.टी. में प्रविष्ट करने के बाद जे.आर.डी. ने 03.05 बजे कराची से उड़ान भरी और वे 07.25 बजे ईंधन भरने के लिए अहमदाबाद उतरे। एक बार फिर इस ईंधन को एक बैलगाड़ी में भरकर लाया गया, ताकि उस प्रकार की प्रथम उड़ान के अनुरूप इस अवसर को सम्मानित किया जा सके। वास्तव में जे.आर.डी. को अगस्त के महीने में बर्मा शेल के चार्ल्स रॉसीटर-स्मिथ नाम के एक अंग्रेज की ओर से एक पत्र मिला था, जिसके द्वारा उन्होंने अनुरोध किया था कि उन्हें ईंधन उपलब्ध कराने की जिम्मेदारी से बिलकुल उसी प्रकार सम्मानित किया जाए, जैसा कि इस प्रकार की पहली उड़ान के दौरान किया गया था। उन्होंने अपना पत्र यह कहते हुए समाप्त किया कि ''आपके लिए यह आवश्यक होगा कि आप हमारी ईंधन रसीदों पर बिलकुल उसी प्रकार से हस्ताक्षर करें, जैसा कि आपने तीस वर्ष पहले किए थे। लेकिन इस मुबारक मौके पर मैं आपको विश्वास दिलाता हूँ कि इसके बदले हम आपके पास कोई बिल नहीं भेजेंगे।''

जे.आर.डी. ने उड़ान के अंतिम चरण के लिए 07.55 बजे अहमदाबाद से उड़ान भरी। 3 घंटे 15 मिनट बाद (11.10 जी.एम.टी.) वे 4.40 बजे सायं जुहू हवाई अड्डे पर पहुँचे। रेडियो बंद हो जानेवाली घटना के अलावा एक सहज व सुचारु उड़ान रही। जमीन पर उतरने से पूर्व उन्होंने तालियों के साथ स्वागत करती

हुई लोगों की भीड़ के ऊपर निकट से जहाज को उड़ाते हुए उसके पंखों को हिलाया, जो एक पारंपरिक विमान चालक का सलाम करने का तरीका था। इस घटना के बाद चारों ओर से बधाई संदेश आने लगे। इसमें से एक संदेश सर ज्योफ्री डी हैवीलैंड का भी था, जिन्होंने जे.आर.डी. को पस मॉथ उपलब्ध न करा पाने के लिए क्षमा माँगी थी।

उन्होंने ऐसा क्यों किया? इसकी अभिव्यक्ति उनके अपने ही शब्दों में बड़े सटीक ढंग से की गई है—''उड़ान का प्रयोजन व्यक्तित्व और भावनात्मक होने के अलावा यह भी था कि इस परिप्रेक्ष्य में यह स्पष्ट किया जाए कि बहुत ही मामूली आधार पर शुरू किए जानेवाले कार्य को दोबारा भी बड़ी महारत व शीघ्रता के साथ प्रतिपादित किया जा सकता है।'' उन्होंने यह भी स्वीकार किया कि उन्होंने उड़ान की पुनरावृत्ति करने का निर्णय इसलिए भी लिया था कि उन्हें डर था कि वे '50 के दशक तक जीवित नहीं रहेंगे। भविष्य के बारे में व्यक्ति की अनभिज्ञता उसकी नश्वरता की द्योतक होती है। किंतु जे.आर.डी. की यह शंका निराधार सिद्ध हुई। उन्होंने इस प्रथम ऐतिहासिक उड़ान की पचासवीं वर्षगाँठ को यादगार बनाने के लिए अठहत्तर वर्ष की आयु में उसी विमान में 15 अक्तूबर, 1982 को दूसरी बार उड़ान भरी।

□

20

कार्य-नियंत्रण का युग

कार्य-विस्तारण के संबंध में '60 का दशक टाटा उद्यमियों के लिए अपेक्षाकृत शांति और विश्रांति का काल था। टिस्को ने सन् 1959 तक अपना विस्तारण-कार्य पूरा कर लिया था। उनका दूसरा बड़ा प्रस्ताव सन् 1967 में उस समय आया, जब टाटा केमिकल्स ने अपने विशाल उर्वरक संयंत्र का प्रस्ताव रखा। यह काल अधिकांशत: सुदृढ़ीकरण का काल था। किंतु इस काल में सरकारी अनुमोदनों को प्राप्त करने की प्रक्रिया दुष्कर होती जा रही थी। इस संबंध में जे.आर.डी. ने कहा था कि अनिश्चितता के इस वातावरण में योजनाएँ बनाना बहुत मुश्किल हो गया है। निस्संदेह इस समय उनके दिमाग में यह बात मौजूद थी कि कारों व उर्वरकों के भी निर्माण के संबंध में सरकार अनुमति देने से इनकार कर सकती है।

फिर भी, इस संबंध में कुछ प्रगति हुई। सन् 1962 में टाटा रॉबिंस फ्रैसर टाटा एक्सपोर्ट्स की भाँति अस्तित्व में आया। लेकिन वर्ष 1962 को हमेशा इसलिए याद किया जाएगा कि इस वर्ष के दौरान मीठापुर को भारी जल-संकट का सामना करना पड़ा था। वर्षा बिलकुल नहीं हुई थी और शहर को जल की आपूर्ति करनेवाली दो झीलें एवं रसायन परिसर लगभग बिलकुल सूख गए थे। इस दौरान शहर को खाली करने की बात शुरू हुई। लेकिन वे जुझारू स्वभाव के जिद्दी पठान दरबारी सेठ के सामने अपनी एक न चला सके। सेठ और उनके दल ने ताजा पानी को संरक्षित, वैकल्पिक और उत्पादित करने के लिए कई कार्य किए। यहाँ तक कि उन्होंने एक झील-विहीन सप्ताह का भी आयोजन किया, जिसके दौरान झीलों से बिलकुल भी पानी नहीं निकाला गया। आखिरकार मनुष्य के दु:साहस और हिम्मत

ने प्रकृति की पेचीदगियों पर विजय पाई। वहाँ लगातार तीन वर्षों तक वर्षा नहीं हुई, लेकिन उत्पादन में वृद्धि होती रही। नई युक्तियों ने भी मीठापुर को प्रकृति के प्रकोप से बचा लिया था।

इस जमाने के दौरान टाटा उद्यमियों ने घरेलू और निर्यात बाजार के लिए जेम्स फिनले कंपनी के साथ मिलकर घरेलू खपत के लिए पैकेटशुदा चाय और निर्यात के लिए इंसटेंट चाय का संयुक्त उद्यम शुरू किया। इस क्षेत्र में मामूली प्रगति हुई, लेकिन जब सन् 1976 में जेम्स फिनले ने भारत में चाय बागान में निवेश करने की इच्छा प्रकट की तो जे.आर.डी. ने चाय उद्योग में पदार्पण करने के लिए इस अवसर का स्वागत किया। टाटा केमिकल्स के प्रमुख दरबारी सेठ, जो बाद में सन् 1983 में टाटा टी के नए अध्यक्ष बने थे, ने बताया कि टाटा केमिकल्स उस नुकसान को पूरा करने के लिए तैयार है, जिसे पूरा करने के लिए अन्य टाटा कंपनियाँ संकोच कर रही हैं।

सन् 1963 में जे.आर.डी. को एक व्यक्तिगत आघात पहुँचा। उनकी बड़ी बहन साइला नाइस शहर में कैंसर से जूझते हुए स्वर्ग सिधार गईं। जे.आर.डी. उन्हें टाटा परिवार की श्रेष्ठतम और निश्चित रूप से सर्वाधिक बहादुर सदस्या कहते थे। उनकी अंत्येष्टि में दुकानदारों और ड्राइवरों तक ने शिरकत की। टाटा परिवार में नियमित अंतरालों पर मृत्यु के आगमन से जे.आर.डी. का जीवन बिखरकर रह गया था। सन् 1966 में होमी जे. भाभा और उनके बहनोई ज्ञानी बरतोली तथा उनकी बहन रोदाबेह के पति कर्नल लेसलाई साहनी की मृत्यु ने उन्हें विशेष तौर पर बहुत आघात पहुँचाया था। साहनी की मृत्यु से उन्हें जबरदस्त आघात पहुँचा था। जे.आर.डी. ने यह सोचा था कि उनके बाद टाटा उद्यम के अध्यक्ष उनके बहनोई कर्नल लेसलाई साहनी बने।

सन् 1960 में सरकार ने बड़े औद्योगिक घरानों को नियंत्रित करने के लिए संयुक्त प्रयास किए। सन् 1964 और 1969 के बीच सरकार ने इस प्रयोजनार्थ चार शक्तिशाली पैनल बनाए—महालानोबिस समिति (1964), मोनोपोलीज जाँच आयोग (1965), आर. के. हजारी समिति (1966) और औद्योगिक लाइसेंस नीति समिति अथवा दत्त समिति (1969)। एकाधिकार और प्रतिबंधात्मक व्यापार अभ्यास (एम.आर.टी.पी.) अधिनियम को 1969 में प्रख्यापित किया गया था। सन् 1970 में प्रबंधन अभिकरणों को समाप्त कर दिया गया था। इन आयोगों द्वारा जो प्रतिबंध लाए गए, उनसे जे.आर.डी. के उन उद्यम प्रयासों को और अधिक भारी झटके लगे, जो एयर इंडिया के राष्ट्रीयकरण से शुरू हुए थे।

एयर चीफ मार्शल अर्जन सिंह जे.आर.डी. के साथ, जब उन्हें मानद एयर कमोडोर के पद से सम्मानित किया गया।

टिस्को अपने आप में सबसे बड़ा कारखाना होने की स्थिति खो चुका था। सन् 1958 में इसका विस्तारण करने के बाद टाटा उद्यमियों को पता चला कि उत्पादकता के संबंध में उनकी परिकल्पनाएँ कुछ ज्यादा ही आशावादी थीं। इस संबंध में मूल्यों को नियंत्रित करने पर मामला और बिगड़ गया। इस संबंध में केवल एक ही सकारात्मक पक्ष था और वह यह था कि जे.आर.डी. के नवाचार व प्रायोगिक प्रयासों के प्रति अभिरुचि से अनेक परिस्थितियाँ सुअवसरों में बदल गईं। जे.आर.डी. की हतोत्साहित आत्मा को अवश्य ही बल मिल जाता, यदि सरकार उन्हें कारें बनाने की अनुमति दे देती। सन् 1960 में संबंधित निर्णय लेने से पूर्व वाणिज्य एवं उद्योग सचिव को एक वर्ष तक इस्तेमाल करने के लिए चार मर्सिडीज कारें दी गई थीं। (उनमें से एक का इस्तेमाल वी.के. कृष्ण मेनन ने भी किया था)। कारों की बहुत प्रशंसा की गई थी। लेकिन उनसे कोई सार्थक नतीजा नहीं निकला।

जनवरी 1966 में इंदिरा गांधी प्रधानमंत्री बनीं। उन्होंने बड़े उद्योगों के विरुद्ध अपने उस अभियान को और तेज कर दिया, जो नेहरू के समय में शुरू हुआ था। बाद में उन्होंने समाजवादी सपने को साकार करने के लिए रजवाड़ों को दी जाने वाली पेंशन (प्रिवीपर्स)समाप्त कर दी और बैंकों को राष्ट्रीयकृत कर दिया। जे.आर.डी. के इंदिरा गांधी के साथ गहरे मित्रवत् संबंध थे, लेकिन वे आर्थिक सुधारों के प्रयोजनार्थ अपने मंतव्य पर उतनी ही अटल और निश्चल थीं जितने उनके पिता थे। जब जे.आर.डी. नेहरू के साथ आर्थिक मामलों पर चर्चा करते थे तो नेहरू कमरे की खिड़की की ओर घूरकर देखते रहते थे, जब इंदिरा गांधी के साथ उनकी इस विषय पर बात होती तो वे उन्हें इस वार्त्ता से रोकने के लिए आई हुई डाक को खोलना शुरू कर देती थीं। लेकिन इंदिरा गांधी ने एयर इंडिया से संबंधित उनके विचारों पर गौर किया और जब कोई फ्रांसीसी गण्यमान्य व्यक्ति भारत की यात्रा पर आता तो वे उन्हें अवश्य ही आमंत्रित करती थीं। इसी वर्ष के अक्तूबर माह में जे.आर.डी. को वायुसेना का मानद एयर कमोडोर बनाया गया। इस संबंध में जे.आर.डी. को यह सम्मान प्राप्त है कि उन्हें यह नियुक्ति-पत्र राष्ट्रपति सर्वपल्ली राधाकृष्णन से प्राप्त हुआ था। अप्रैल 1974 में जे.आर.डी. ने तरक्की की और उन्हें देश की वायुसेना का मानद एयर वाइस मार्शल बना दिया गया।

सन् 1968 में टाटा उद्यमियों के बीच एम.आर.टी.पी. विधेयक की आसन्न शुरुआत हेतु चार परामर्शदात्री इकाइयाँ बनाने के लिए मतभेद हुए। इन चार इकाइयों

में परामर्शदात्री सेवा (टी.सी.एस.), टाटा परामर्शदात्री इंजीनियर्स, टाटा आर्थिक परामर्शदात्री सेवा और टाटा वित्तीय सेवा शामिल थीं।

टाटा परामर्शदात्री सेवा, जो अब टाटा के राज मुकुट में एक रत्न की भाँति सुशोभित है, उसकी शुरुआत बड़े ही कमजोर ढंग से हुई थी। यहाँ तक कि इस सेवा के परिदृश्य में फकीर चंद कोहली नाम के एक मेधावी विद्युत् इंजीनियर का पदार्पण हुआ। सन् 1968 में समूह ने इस आशय के साथ रणनीतिक कदम उठाते हुए टी.सी.एस. को प्रारंभ किया कि इसके द्वारा सूचना प्रौद्योगिकी का प्रभावी उपयोग करके भारतीय उद्योग में निहित प्रबंधन समस्याओं से निपटा जा सकेगा। एफ.सी. कोहली के नेतृत्व में मान्यता-प्राप्त ब्रांड को सृजित करने के प्रयोजनार्थ भारतीय प्रयास की अगुवाई की गई। आज टी.सी.एस. भारत की पहली बिलियन डॉलर सॉफ्टवेयर कंपनी है। अब सेवानिवृत्त हो चुके कोहली इस सफलता का श्रेय टी.सी.एस. के तीस वर्षों तक अध्यक्ष रह चुके नानी पालकीवाला को देते हैं। वे कहते हैं कि पालकीवाला ने कंपनी को उस जमाने में आगे बढ़ाया, जब लोग सॉफ्टवेयर की क्षमताओं के बारे में बहुत कम जानते थे।

टी.सी.एस. भारत से सॉफ्टवेयर सेवा निर्यात करनेवाली एकमात्र सबसे बड़ी कंपनी है (वास्तव में यह एशिया की सबसे बड़ी कंपनी है), जो विश्व भर में 50 से भी अधिक देशों में अपने ग्राहकों को सेवा प्रदान कर रही है। कंपनी के भारत से बाहर 65 से भी अधिक कार्यालय हैं। अब टी.सी.एस. अपने रूप और विस्तारण के दृष्टिकोण से वास्तव में एक वैश्विक स्तर की कंपनी है। इसमें 18 हजार से अधिक परामर्शदाता कार्य करते हैं। यह अपने लाखों ग्राहकों को सेवाएँ प्रदान कर रही है। टी.सी.एस. विश्व भर में सरकारी, व्यापारिक और औद्योगिक जगत् में विद्यमान संगठनों को सूचना प्रौद्योगिकी व व्यापार परामर्श सेवाएँ उपलब्ध करा रही है। कंपनी ने सन् 2004 में अपने शेयर जारी करके 5 हजार करोड़ रुपए संचित किए। संयोग से कंपनी के इस कार्य का शुभारंभ जे.आर.डी. की जन्म-शताब्दी से शुरू हुआ था। टी.सी.एस. ने भारतीय सॉफ्टवेयर उद्योग के लिए वैश्विक रूप से मान्यता-प्राप्त ब्रांड के लिए भारतीय प्रयासों की अगुवाई की।

□

21

प्रबंधन एजेंसी व्यवस्था का अंत

अप्रैल 1970 में सरकार द्वारा बनाए गए कानून के द्वारा प्रबंधन एजेंसी व्यवस्था को समाप्त कर दिया गया। टाटा संस सभी टाटा कंपनियों का प्रबंधन एजेंट थी। इस कार्य-प्रणाली के समाप्त होने से प्रत्येक कंपनी के बोर्ड से संबंधित निदेशक अपनी मूल कंपनी से आजाद हो गए। फलस्वरूप जे.आर.डी. ने स्वयं को ऐसी परिस्थितियों में पाया कि वे जहाँ कभी शासन करते थे वहाँ उन्हें इन लोगों को बहला-फुसलाकर अपना काम निकालना पड़ा। जे.आर.डी. ने महसूस किया कि संरचना में बुनियादी तौर पर परिवर्तन किए जाने के बावजूद इसकी प्रकृति यथावत् बरकरार है।

प्रबंधन एजेंसी व्यवस्था के समापन के बाद समूह की पुनर्संरचना में जे.आर.डी. के साथ महत्त्वपूर्ण भूमिका निभानेवाले नानी पालकीवाला एक मेधावी वकील थे। टाटा समूह कंपनियों में से लगभग 74 प्रतिशत का कार्य-संचालन प्रबंधन एजेंसियों के द्वारा किया जा रहा था। इस व्यवस्था के अनायास समापन से टाटा उद्यमियों के लिए जबरदस्त समस्याएँ उत्पन्न हो गईं। अब कंपनियों का कार्य-संचालन बोर्डों के द्वारा किया जाना था, जिसके फलस्वरूप बड़ी संख्या में निदेशकों को नियुक्त किया जाना अपेक्षित था।

पालकीवाला ने टाटा संस के एक निदेशक ए.डी. श्रॉफ की नजर में आने के बाद सन् 1961 में टाटा उद्यम में कार्यभार ग्रहण किया था। टाटा के उक्त निदेशक का विचार था कि वे जे.डी. चोकसी के स्थान पर बेहतर तौर पर कार्य करेंगे। उस समय जे.डी. चोकसी ने सेवानिवृत्त होने का निर्णय ले लिया था। कर विशेषज्ञ

पालकीवाला कर कानून संबंधी समस्याओं को निपटाने और कर संबंधी महत्त्वपूर्ण योजनाओं को निष्पादित करने के कारण एक महत्त्वपूर्ण व्यक्ति माने जाते थे। इस क्षेत्र में उनकी बड़ी माँग थी। उनके असरदार व्यक्तित्व तथा समूह की कानूनी समस्याओं से निपटने की योग्यता ने टाटा उद्यम में उनके स्थान को काफी आगे पहुँचा दिया था। वे जे.आर.डी. के विश्वासपात्र सहायक बन गए और जे.आर.डी. के केबिन के निकट ही उनका कार्यालय बना दिया गया।

प्रबंधन एजेंसी कार्य-प्रणाली के समापन के कारण जे.आर.डी. को भारी आघात पहुँचा, क्योंकि उनके हाथों में यह ही ऐसा साधन था, जिसके द्वारा वे समूह को नियंत्रित करते थे। जे.आर.डी. ने अपने परिवार की संपत्ति को इन कंपनियों में निवेशित कर दिया था। किंतु, उस समय उन्हें यह निवेश जोखिम में पड़ता दिखाई दे रहा था। उन्हें एहसास था कि भविष्य में इसके गंभीर परिणाम निकलेंगे। इस संबंध में रतन टाटा ने बाद में बताया कि जे.आर.डी. द्वारा प्रबंधित कंपनियों में टाटा शेयर मात्र प्रतीकात्मक होने की अपेक्षा एक ठोस यथार्थवादी आधार रखते थे। इस अनुक्रम में प्रत्येक निदेशक बोर्ड और प्रबंधन निदेशक की पुनः व्यवस्था की जानी थी।

एम.आर.टी.पी. अधिनियम के उपबंधों से संबंधित अवरोधों को हटाने के प्रयोजनार्थ बड़ी संख्या में निदेशकों की नियुक्ति की जानी थी। पालकीवाला के सुझाव के अनुरूप व्यापार पर टाटा परिवार की कमजोर पकड़ का एम.आर.टी.पी. के उपबंधों का इस्तेमाल चतुराईपूर्वक मुकाबला करने के लिए किया गया, ताकि टाटा समूह यह दावा कर सके कि संबंधित कंपनियों का व्यावसायिक प्रबंधन जे.आर.डी. द्वारा मात्र अंशकालिक अध्यक्ष के रूप में किया जा रहा है।

परंतु, बाद में इस रणनीति को अनेक समस्याओं का सामना करना पड़ा। 1970 के दशक के दौरान टेक्नोक्रेटों की सत्यनिष्ठा बढ़ती हुई आयु के पितामह जे.आर.डी. की ओर बढ़ती गई। उनका प्राधिकार मैक्स वेबर द्वारा कथित 'करिश्माई प्राधिकार' इसका श्रेष्ठ उदाहरण है और इसमें कोई शक नहीं है कि उनके व्यक्तित्व में एक अभिनव चामत्कारिक अंश समाविष्ट था। इस संबंध में इस यथार्थ को भी उपेक्षित नहीं किया जा सकता है कि हालाँकि चामत्कारिक प्राधिकार में बड़ा आकर्षण होता है, तथापि कानूनी प्राधिकार उससे कहीं अधिक ठोस और अपरिहार्य होता है। 1980 के दशक में यह स्पष्ट प्रतीत होने लगा कि टाटा व्यापारिक जगत् पर जे.आर.डी. की पकड़ कमजोर होती जा रही है और उसके भीतर पारस्परिक सामंजस्य का तारतम्य टूट रहा है। धीरे-धीरे ऐसा महसूस होने लगा कि यह

समूचा व्यापार जगत् छोटी-छोटी स्वतंत्र रियासतों में बँट गया है और जे.आर.डी. अपने क्षत्रपों को यह समझाने में निष्फल रहे कि वे सभी एक ही समूह के अंश हैं।

सन् 1971 एयर इंडिया के लिए एक महत्त्वपूर्ण समय था। अप्रैल 1971 में भारत का प्रथम बोइंग-747 बंबई पहुँचा। इस वायुयान का नाम 'सम्राट अशोक' रखा गया। सांताक्रूज हवाई अड्डे पर 2 मिग-21 वायुयानों और गण्यमान्य व्यक्तियों की एक विशाल भीड़ ने उसका स्वागत किया। यह परिदृश्य दो वर्षों की गहन तैयारी का नतीजा था। जे.आर.डी. को जब सिएटल में स्थित बोइंग मुख्यालय में पहली बार इस यान को दिखाया गया था, तो उन्होंने तभी यानी 1967 में इसको खरीदने का आदेश दिया था। दुर्भाग्यवश पहला बोइंग-747 वायुयान 1 जनवरी, 1978 को बंबई के समुद्र किनारे तबाह हो गया था और उसमें सवार सभी 213 यात्रियों की मृत्यु हो गई थी। जंबो जेट के आगमन से पर्यटन उद्योग पर्याप्त रूप में प्रोत्साहित हुआ और यह सब जे.आर.डी. की दूरदर्शिता का परिणाम है। उन्होंने भविष्य के गर्भ में छुपी हुई उस व्यवस्था को स्पष्टतः देख लिया था, नतीजतन बोइंग-747 विमान के आगमन से पर्यटन के क्षेत्र में भारी उछाल आया।

सन् 1970 तक भारतीय होटल कंपनी केवल भारत में ताजमहल का ही बखान कर पाती थी। परंतु जे.आर.डी. ने भारत में पर्यटन स्थलों की शृंखला में इजाफा करने का कार्य प्रबंध निदेशक अजित केरकर को सौंपा था। इस मंतव्य को दृष्टिगत रखते हुए राजस्थान में ऐतिहासिक महलों का जीर्णोद्धार करके उन्हें होटलों में तब्दील कर दिया गया। गेटवे होटल्स और गेटवे रिसॉर्ट्स के नाम से होटलों की एक ऐसी मध्यम श्रेणी उन लोगों के लिए तैयार की गई, जो फाइव स्टार होटलों का खर्च वहन नहीं कर सकते थे। लंदन में सेंट जेम्स कोर्ट की साज-सज्जा करके उसे भी होटल में परिवर्तित कर दिया गया। इस शताब्दी के समाप्त होने से पूर्व इस समूह के भारत और विदेशों में 64 होटल हो गए थे। जे.आर.डी. एक लंबे समय तक भारतीय होटल समूह के अध्यक्ष रहे। अंततः चौरासी वर्ष की आयु में उन्होंने यह पद अजित केरकर के लिए रिक्त कर दिया।

1970 के दशक के मध्य में बिरला उद्यम समूह विक्रय और सकल लाभ दोनों के मद्देनजर टाटा समूह से काफी आगे बढ़ गया। उपलब्ध आँकड़ों से मालूम हुआ कि टाटा उद्यमियों ने विकास पथ की यात्रा धीमी गति से तय करनी शुरू कर दी थी। इसके अतिरिक्त, टेल्को का कार्य-निष्पादन भी पर्याप्त रूप से असंतोषजनक था। टिस्को ने भी पचपन वर्षों की लंबी अवधि में अपनी लाइसेंसशुदा उत्पादन क्षमता को 10 लाख टन से बढ़ाकर केवल 20 लाख टन किया था। ऐसी

अफवाहें आम होने लगीं कि सन् 1960 और 70 के दशक के दौरान टाटा समूह की अवनति का मुख्य कारण जे.आर.डी. हैं। इनमें से कुछ आरोपों को तो वस्तुतः सरकार की इस काररवाई से जोड़ा जा सकता है कि उसने टाटा परियोजनाओं को अनुमति प्रदान करने में बड़ी सुस्ती से कार्य किया। दूसरे, अन्य औद्योगिक घराने सरकार से उन लाइसेंसों को प्राप्त करने में सफल रहे, जो वे प्राप्त करना चाहते थे। चूँकि टाटा उद्यमी किसी प्रकार की रिश्वत देने से परहेज करते थे, इसलिए यह कोई आश्चर्य की बात नहीं है कि उन्हें असफलता का सामना करना पड़ा।

इस संबंध में जे.आर.डी. ने स्पष्ट रूप में बताया कि टाटा उद्यमियों में से कोई भी अपना लक्ष्य प्राप्त करने के लिए रिश्वत देने में विश्वास नहीं रखता है, भले ही इससे उनके हितों को नुकसान पहुँचे। सिद्धांतों की इतनी कड़ाई से पाबंदी के कारण अन्य व्यापारी समुदाय विचलित नजर आने लगा। इससे उनके प्राधिकार पर भी प्रतिकूल प्रभाव पड़ा। लेकिन दूसरी ओर जनता के मन में टाटा का नाम एक बड़े सम्मान का प्रतीक था। एक बार जे.आर.डी. ने आर.एम. लाला को बताया, "मैं नहीं समझता कि मैंने अर्थव्यवस्था के क्षेत्र में नैतिक मूल्यों को प्रतिस्थापित करने के अलावा कोई और महत्त्वपूर्ण योगदान दिया है।" उन्होंने कहा कि "नैतिक जीवन आर्थिक जीवन का एक अंश है।" कुछ ऐसी परियोजनाओं के नामंजूर होने से 10 लाख टन के संयंत्र हेतु ए.सी.सी. कार्य-योजनाओं, 500 मेगावाट बिजली के उत्पादन और दीर्घ प्रतीक्षित अपेक्षा को पूरा करने के लिए टेल्को का इस आशय के साथ विस्तारण कि वह 36 हजार की बजाय 56 हजार ट्रक का उत्पादन करे, को सर्वाधिक नुकसान पहुँचा।

जे.आर.डी. प्रायः निजी उद्योगों के विरुद्ध सरकार द्वारा संदेह और शत्रुता का माहौल बनाने का आरोप लगाया करते थे। वे कहते थे कि सरकार की इस नीति के कारण उद्योगों की अवनति हुई है। इंदिरा गांधी ने मीठापुर में यूरिया संयंत्र लगाने के लिए मूलगाँवकर को कारें बनाने की अनुमति नहीं दी थी। फिर भी, जे.आर.डी. ने इमरजेंसी के दौरान उनका पक्ष लिया था। उनका विश्वास था कि यह देश के लिए एक बेहतर कदम है।

उस समय इंदिरा और जे.आर.डी. के संबंधों को भारी झटका लगा, जब भारत के सुप्रसिद्ध कानूनविद् और वरिष्ठ टाटा निदेशक नानी पालकीवाला ने इमरजेंसी घोषित होने के तुरंत बाद इंदिरा गांधी का मुकदमा लड़ने से इनकार कर दिया था। वे मुकदमा हार चुकी थीं, जिसके तहत उन्हें सन् 1971 में इलाहाबाद उच्च न्यायालय द्वारा उनके संसदीय चुनाव पर प्रश्न-चिह्न लगाया गया था।

पालकीवाला ने 23 जून, 1975 को उच्चतम न्यायालय में उनके मुकदमे की पैरवी की थी और उन्हें पूरा विश्वास था कि वे मुकदमा जीत जाएँगे। किंतु, संविधान का वह संरक्षक उस समय भौचक्का रह गया, जब इस घटना के मात्र दो दिन बाद उन्होंने इमरजेंसी की घोषणा कर दी थी। क्रुद्ध पालकीवाला इस संबंध में तुरंत ही उनके पक्ष से हट जाना चाहते थे, किंतु निदेशक बोर्ड ने इस आशंका को व्यक्त करते हुए उन्हें वैसा न करने की सलाह दी। उन्हें भय था कि इंदिरा गांधी इस काररवाई के बदले टाटा घराने से प्रतिशोध लेंगी। जे.आर.डी. ने भी निजी तौर पर इसके विरुद्ध उन्हें चेतावनी दी। लेकिन उनके लोकतांत्रिक विचार इतने मुक्त और स्वतंत्र थे कि वे पालकीवाला की अंतर आत्मा की आवाज को न रोक सके। पालकीवाला ने इंदिरा गांधी का पक्ष लेना बंद कर दिया और जैसी आशंका व्यक्त की गई थी, इंदिरा इस स्थिति से अत्यधिक परेशान हुईं। उन्होंने जे.आर.डी. पर आरोप लगाया कि वे उनके विरुद्ध टाटा के निदेशकों को उकसा रहे हैं।

जब इंदिरा गांधी सन् 1977 का चुनाव हार गईं तो जे.आर.डी. ने अपने इस हस्तलिखित नोट के द्वारा उनको सांत्वना दी थी—"पिछले कुछ दिनों से आप निरंतर मेरे विचारों में समाई रहीं। मैं उस शारीरिक और मानसिक व्यथा की भलीभाँति कल्पना कर सकता हूँ, जिससे आप गुजर रही हैं। अग्निपरीक्षा और विषाद के इन कठोर दिनों में मैं आपके साथ हूँ।"

यह बड़ी विचित्र बात है कि यह जनता सरकार के उद्योग मंत्री जॉर्ज फर्नांडीज ही थे, जिन्होंने टाटा उद्यमियों को ए.सी.सी. के विस्तारण और 500 मेगावाट बिजली के उत्पादन के लिए हरी झंडी दिखाई थी। टाटा उद्यमी काफी लंबे समय से ऐसा करने का प्रयास कर रहे थे। 500 मेगावाट बिजली उत्पादन करने संबंधी प्रस्ताव सन् 1971 से इंदिरा गांधी के पास लंबित पड़ा हुआ था। परंतु, यदि फर्नांडीज इन मामलों में जे.आर.डी. का पक्ष ले रहे थे तो उन्होंने उनके लिए भविष्य के गर्भ में कुछ नाखुशगवार बातें भी संचित कर रखी थीं। वे टिस्को का राष्ट्रीयकरण करके उसे सार्वजनिक क्षेत्र की स्टील कंपनी बनाकर जे.आर.डी. को उसका अध्यक्ष नियुक्त करना चाहते थे। सन् 1969 में जे.आर.डी. ने जमशेदपुर में फर्नांडीज को टाटा वर्कर्स यूनियन का नेतृत्व करने का प्रस्ताव रखा। इस घटना के नौ वर्ष बाद, उनके विचारों की मात्र कल्पना की जा सकती है, जब उन्होंने लंच के अवसर पर उन्हें सार्वजनिक क्षेत्र की स्टील कंपनी का अध्यक्ष बनने का प्रस्ताव रखा। इस अवसर पर इस्पात मंत्री बीजू पटनायक भी मौजूद थे। इस घटना से प्रेस में हड़कंप मच गया और टाटा वर्कर्स यूनियन ने इस प्रस्तावित कदम पर अपनी

नाराजगी जताते हुए 4 अक्तूबर, 1978 को प्रधानमंत्री मोरारजी देसाई को पत्र लिखा था। अंत में मोरारजी देसाई ने फर्नांडीज से कहा कि वे इस प्रकार की काररवाई न करें। तदुपरांत फर्नांडीज ने टाटा उद्यमियों को लाइसेंस देने प्रारंभ किए। यहाँ तक कि वे सन् 1980 तक भारतीय औद्योगिक घरानों की श्रेणी में सर्वोच्च हो गए। इस संबंध में स्टील पर से मूल्य नियंत्रण हटाए जाने के कारण भी टाटा उद्यमियों के मुनाफे में इजाफा हुआ।

1980 के दशक के प्रारंभिक वर्षों में टिस्को ने अपनी अधिकांश मशीनों को बदलने की व्यवस्था की। इनमें से अधिकांश मशीनें द्वितीय विश्व युद्ध के जमाने की थीं। इसी अवधि के दौरान तत्कालीन महाप्रबंधक डॉ. जे.जे. ईरानी ने जे.आर.डी. पर संयंत्र को आधुनिकीकृत करने की आवश्यकता पर जोर दिया। जे.आर.डी. ने इस सुझाव पर पूरा ध्यान दिया और आधुनिकीकरण की प्रक्रिया का कार्यान्वयन कार्य वर्ष 1988 से प्रारंभ होकर 2001 तक चलता रहा। इस संबंध में साधारण स्टील विनिर्माण के स्थान पर केवल विशेष स्टील का निर्माण किया जाने लगा और संयंत्र की उत्पादन क्षमता 30 लाख टन हो गई। कामगारों की संख्या 78 हजार से घटाकर 43 हजार कर दी गई। टिस्को को इन सभी क्रियाकलापों से बड़ा प्रोत्साहन मिल रहा था। (इसके स्वामित्वाधीन एक सीमेंट संयंत्र और कैपटिव पावर संयंत्र भी था।) कंपनी ने अपनी आधारभूत कार्यक्षमता यानी स्टील विनिर्माण पर पूरा ध्यान लगा दिया। फलस्वरूप इस कंपनी का लाभ सन् 1999 में 282 करोड़ रुपए से बढ़कर 2002-03 में आश्चर्यजनक तौर पर बढ़कर 1,000 करोड़ रुपए हो गया। यह वह जमाना था, जब स्टील का बाजार वैश्विक रूप से गिरा हुआ था। इन सभी कार्यों को संभव बनानेवाले व्यक्ति वर्ष 1992-2001 के दौरान टिस्को के प्रबंध निदेशक रहनेवाले डॉ. जे.जे. ईरानी थे।

धातु विज्ञान में शेफील्ड से स्वर्ण पदक प्राप्त करनेवाले टाटा स्कॉलर जे.जे. ईरानी को पाँच वर्ष तक इंग्लैंड में कार्य करने के बाद भारत वापस लौटने के लिए प्रोत्साहित किया गया था। प्रारंभ में उन्हें जमशेदपुर में अनुसंधान कार्य सौंपा गया था। जब उन्होंने यह कहा कि वे इंग्लैंड वापस जाना चाहते हैं तो उन्हें संयंत्र में भेज दिया गया था, जहाँ वे सन् 2001 तक रुके रहे। संयंत्र में उन्होंने अधीक्षक, कार्य प्रबंधक, महाप्रबंधक और अंततः प्रबंध निदेशक के रूप में कार्य किया। आजकल वे टाटा संस के निदेशक के पद पर कार्य कर रहे हैं।

□

22

एयर इंडिया से विदाई एवं जे.आर.डी. की पहली उड़ान की पुनरावृत्ति

सन् 1978 एयर इंडिया एवं जे.आर.डी. दोनों के लिए जबरदस्त त्रासदी लेकर आया था। नए वर्ष का पहला ही दिन एयर इंडिया के सबसे पहले विमान 747 'एंपरर अशोक' बंबई समुद्र के किनारे गिर गया था, जिसके कारण उसमें सवार सभी 213 यात्री मारे गए थे। इस दुर्घटना के ठीक एक माह बाद सरकार ने निर्णय लिया कि जे.आर.डी. का नाम एयर इंडिया एवं इंडियन एयरलाइंस दोनों बोर्डों से हटा दिया जाए। नौकरशाही के इस अविवेकपूर्ण कदम को प्रधानमंत्री मोरारजी देसाई का आशीर्वाद प्राप्त था। इस संबंध में सोने पर सुहागा यह हुआ कि इस संदेश को सेवानिवृत्त होनेवाले अध्यक्ष तक बड़े ही भद्दे एवं अशिष्ट ढंग के साथ संप्रेषित किया गया। जे.आर.डी. को इस बारे में तभी पता चला, जब नए मार्शल पी.सी.लाल (जो वास्तव में उस समय जमशेदपुर में इंडियन ट्यूब कंपनी के अध्यक्ष एवं प्रबंध निदेशक के रूप में नियोजित थे) ने उन्हें फोन करके इस बारे में बताया। लाल के अनुसार, जब उन्होंने मोरारजी से पूछा, "जे.आर.डी. का क्या होगा?" तो उन्हें बताया गया, "वे वहाँ काफी समय तक रह चुके हैं।"

जे.आर.डी. इस घटना से अत्यधिक आहत हुए। मोरारजी ने 4 फरवरी को जे.आर.डी. को एक पत्र लिखा, जिसमें अन्य बहुत सी बातों की भाँति अत्यधिक दोहरी नीतिवाले संवाद इस प्रकार लिखे गए थे, "मैं आपको विश्वास दिलाता हूँ कि आपसे विदाई लेते हुए हमें अत्यधिक दुःख हो रहा है।" इसके जवाब में

जे.आर.डी. ने लिखा था कि ''एयर इंडिया के साथ मेरे अत्यधिक पुराने संबंधों को दृष्टिगत रखते हुए क्या सरकार को यह नहीं चाहिए था कि वह इस निर्णय की सूचना प्रत्यक्षत: और उसे सार्वजनिक करने से कुछ समय पहले मुझे संप्रेषित कर देती?'' इस घटनाक्रम का सबसे दु:खद एवं निकृष्ट पहलू यह था कि जे.आर.डी. 24 जनवरी को मोरारजी से मिलने आए थे और उन्हें इस अवसर पर लिये जानेवाले निर्णय की भनक भी नहीं दी गई। जे.आर.डी. को लगा, जैसे उनकी पीठ में खंजर भोंक दिया गया है और तदनुरूप उन्होंने अपने विचार भी व्यक्त किए। मोरारजी और उनके बीच उस समय से कड़वे संबंध चले आ रहे थे, जब जे.आर.डी. मोरारजी के कक्ष से गुस्से में खड़े होकर निकल आए थे, जिस समय वह बंबई के मुख्यमंत्री थे। इस मुलाकात के दौरान जे.आर.डी. और सर होमी मोदी ने बंबई में बिजली की जरूरतों के बारे में मोरारजी से कुछ तथ्यात्मक बातें की थीं। उन्होंने कहा था कि भविष्य में बंबई में बिजली की किल्लत हो सकती है। किंतु मोरारजी इस बारे में ऐसा नहीं समझते थे और उन्होंने इसका वैसा ही जवाब दिया। जे.आर.डी. की उक्त बात सत्य साबित हुई। अतएव, अतिरिक्त बिजली उत्पादन की अनुमति प्रदान कर दी गई; पर इस घटना को दोनों में से कोई भी नहीं भूल सका।

एयर इंडिया के सभी कार्मिक अपने अध्यक्ष की बरखास्तगी पर बहुत दु:खी थे। प्रबंध निदेशक के.जी. अप्पूसामी, उप प्रबंध निदेशक नारी दस्तूर ने अपने पदों से त्यागपत्र दे दिए थे। इसके अतिरिक्त, केबिन क्रू एसोसिएशन और ऑफिसर्स एसोसिएशन ने भी इस निर्णय का भारी विरोध किया। इस घटना की पृष्ठभूमि में अब इंदिरा गांधी की बारी आई। उन्होंने हस्तलिखित टिप्पणी के रूप में उन्हें अपनी संवेदना भेजी। उन्होंने कहा कि उन्हें जे.आर.डी. के एयर इंडिया में न रहने के कारण बहुत खेद है—''हमें आप पर एवं एयरलाइन पर बड़ा गर्व था। कोई भी व्यक्ति इस संबंध में वह कार्य नहीं कर सकता, जो आप कर चुके हैं। देश के प्रति की गई आपकी सेवा से सरकार कभी भी उऋण नहीं हो सकती।''

इस घटना से एयर इंडिया के कार्मिक बड़े हतोत्साहित हुए थे। 8 जून, 1978 को एयर इंडिया की पहली उड़ान की तीसवीं वर्षगाँठ पर स्टाफ ने उन्हें उस पस मॉथ यान की चाँदी के मेडल पर बनी हुई प्रतिकृति भेंट-स्वरूप प्रस्तुत की, जिसे उन्होंने सन् 1932 में उड़ाया था। उसी दिन उन्हें समाचार मिला कि उन्हें फ्लोरिडा में संस्थापित 'टोनी जैनस अवार्ड' के लिए चुना गया है। यह पुरस्कार उन्हें नागर विमानन क्षेत्र के सर्वाधिक पुराने पथ प्रदर्शक व्यक्तियों में शुमार करने हेतु सम्मानित करने के लिए दिया जा रहा था।

30 मार्च, 1979 को जे.आर.डी. को विमानन क्षेत्र का सर्वाधिक गौरवशाली पुरस्कार टोनी जैनस प्रदान किया गया। इस पुरस्कार का नाम अमेरिकी पायलट टोनी जैनस की स्मृति में रखा गया था। वे पहले व्यक्ति थे, जिन्होंने विश्व में प्रथम निर्धारित एयर लाइन सेवा आरंभ की थी। जे.आर.डी. अब तक इस पुरस्कार को प्राप्त करनेवाले सत्रहवें व्यक्ति थे। इस प्रकार वे यह सम्मान प्राप्त करनेवाली विमानन हस्तियों की अत्यधिक चुनिंदा सूची में शामिल हो गए थे। इस सूची में पैन अमेरिकन एयर लाइन के जुआन ट्रीप, जेट इंजन के आविष्कारक सर फ्रैंक व्हिट्टल और बोइंग के पूर्व अध्यक्ष बिल एलन के नाम भी शामिल हैं। जुलाई 1989 में जे.आर.डी. को विमानन के क्षेत्र में एक अन्य गौरवशाली पुरस्कार डेनियल गगेनहीम मेडल प्राप्त हुआ। इस अवसर पर उन्हें उनकी एक तसवीर भी भेंट की गई, जिसे विशेष रूप से बोइंग द्वारा अधिकृत एवं प्रख्यात कलाकार वारेन मैक कैलिस्टर द्वारा पेंट किया गया था। समय गुजरने के साथ-साथ जे.आर.डी. को अनेक सम्मान एवं पुरस्कार प्राप्त हुए। उन्हें प्रदान किए गए अंतरराष्ट्रीय सम्मानों में 'नाइट कमांडर ऑफ द ऑर्डर ऑफ सेंट ग्रेगरी द ग्रेट' (पोप की ओर से प्रदत्त सम्मान), 1964; कमांडर ऑफ द लीजन ऑफ ऑनर ऑफ द फ्रेंच गवर्नमेंट, 1983; जर्मनी गणतंत्र परिसंघ का नाइट कमांडर्स क्रॉस ऑफ दि ऑर्डर ऑफ मेरिट, 1978; गोल्ड एयर मेडल ऑफ द फेडरेशन एयरोनॉटिक इंटरनेशनल, 1985; बेसेमर मेडल ऑफ दि इंस्टीट्यूट ऑफ मेटल्स, लंदन, 1986; अंतरराष्ट्रीय नागर विमानन संगठन की ओर से एडवर्ड वार्नर अवार्ड, 1986; और दादाभाई नौरोजी मेमोरियल अवार्ड, 1989 शामिल हैं। आश्चर्य की बात यह है कि इस अंतिम पुरस्कार, जो स्तर के आधार पर भी अपेक्षाकृत हलका था, पर उन्हें सर्वाधिक गर्व था।

इंदिरा गांधी के सत्ता में लौटने के बाद जे.आर.डी. को जून 1980 में एयर इंडिया के बोर्ड में पुनः नियुक्त किया गया। जब सन् 1982 में बोर्ड का पुनर्गठन किया गया तो सरकार ने उसमें केवल सरकारी अधिकारियों को ही नियुक्त किया तथा उसमें से जे.आर.डी. एवं फील्ड मार्शल सैम मानेकशॉ को हटा दिया गया। जे.आर.डी. को उसी वर्ष पुनः नियुक्त किया गया। लेकिन फील्ड मार्शल मानेकशॉ को बोर्ड में शामिल नहीं किया गया। जे.आर.डी. सन् 1986 तक बोर्ड में रहे। इसी वर्ष रतन टाटा को बोर्ड का अध्यक्ष बना दिया गया।

सन् 1982 में प्रथम उड़ान की स्वर्ण जयंती मनाई गई। यद्यपि जे.आर.डी. अब अध्यक्ष नहीं थे, तथापि वे सन् 1962 की उड़ान को पुनः दोहराना चाहते थे।

यह विचार उनके मन में सन् 1981 के प्रारंभ में आया। इस संबंध में पहली पूर्वापेक्षा यह थी कि अक्तूबर 1982 में प्रस्तावित उड़ान के लिए एक लियोपर्ड मॉथ को हासिल किया जाए। इसी वर्ष मई के महीने में जे.आर.डी. ने यान के कल-पुरजों को सही स्थान पर लगाना शुरू कर दिया। उन्होंने लंदन में डी हैवीलैंड से संपर्क किया और उन्होंने उनका संपर्क मॉथ क्लब से करा दिया। ऐसी बहुत कम संभावना थी कि वायुयान ऋण पर मिल जाएगा; पर फर्म के मालिक क्लिफ लॉवेल ने हैंपशायर में हलकी विमान सेवा की व्यवस्था की थी। उनके मन में भी यह प्रबल इच्छा थी कि वे पुरानी यादों की पुनरावृत्ति करें। जे.आर.डी. ने इसका इरादा करने के बाद जून 1981 में एयर इंडिया के अध्यक्ष रघुराज को अपने विचार के बारे में बताया। उन्होंने सुझाव दिया कि उनके पुराने लियोपर्ड मॉथ विमान को जो साहर हवाई अड्डे के कस्टम्स हॉल में टँगा हुआ है, उसे इंग्लैंड में सुसज्जित किया जाए अथवा नया विमान खरीदा जाए। इस संबंध में जे.आर.डी. रघुराज से यह मालूम करना चाहते थे कि क्या बोर्ड ऑफ एयर इंडिया उनकी इस यात्रा में सहायता करेगा? इस अनुक्रम में उन्होंने अपने पूर्ण रूप से स्वस्थ होने का भी उल्लेख किया, ताकि पचास वर्ष बाद अपनी प्रथम उड़ान की पुनरावृत्ति किए जाने संबंधी उनकी योग्यता पर शक न किया जा सके।

रघुराज ने शीघ्र ही सकारात्मक जवाब दिया। एयर इंडिया बोर्ड ने इंग्लैंड में जे.आर.डी. के पुराने लियोपर्ड मॉथ को दोबारा सुसज्जित करने के लिए 1.75 लाख रुपए के व्यय की संस्वीकृति प्रदान की। ऐसा इसलिए किया गया, क्योंकि उस समय विक्रय हेतु कोई भी मॉथ विमान उपलब्ध नहीं था। जे.आर.डी. ने तत्काल क्लिफ लॉवेल से संपर्क साधा और दिसंबर 1981 में बंबई के साहर अंतरराष्ट्रीय हवाई अड्डे पर उन्नीस वर्षों से टँगे हुए लियोपर्ड मॉथ विमान को उसकी अंतिम उड़ान के प्रयोजनार्थ नीचे उतारा गया। उसे पैक करके सुव्यवस्थित रूप में लंदन भेज दिया गया, ताकि उसे वहाँ अगले वर्ष की उड़ान हेतु तैयार किया जा सके।

छह माह बाद इस छोटे से विमान ने बड़ी अच्छी प्रगति दिखाई, पर साथ ही उसपर आनेवाले व्यय में भी वृद्धि हो गई थी। अतएव एयर इंडिया ने 1.3 लाख रुपए की अतिरिक्त राशि संस्वीकृत करने में कोई सुस्ती नहीं दिखाई। इस उड़ान के लिए सभी कुछ व्यवस्थित और सुलभ दिखाई दे रहा था, तभी समय ने एक नई करवट ली। जून 1982 में रघुराज ने जे.आर.डी. को लिखा कि उनकी राय है कि जे.आर.डी. के साथ एक सह-पायलट जाएगा। जे.आर.डी. की बढ़ती हुई आयु

और उनके एक अंतरराष्ट्रीय हस्ती में शुमार होने के कारण उनकी एकल उड़ान के बारे में गंभीर आपत्ति जताई। जे.आर.डी. ने अपने जवाब में यह स्पष्ट किया कि यह या तो केवल एकल उड़ान होगी, अन्यथा इस उड़ान को निष्पादित ही नहीं किया जाएगा। ("मैंने सन् 1932 में अकेले यह उड़ान भरी थी, फिर सन् 1962 में ऐसा ही किया था और अगर मैं इस उड़ान को पिछली दो उड़ानों की भाँति संचालित नहीं करूँगा तो इस उड़ान का प्रयोजन ही समाप्त हो जाएगा। यदि मैं इस उड़ान में एक यात्री की तरह बैठूँ तो इसका कोई औचित्य नहीं है। इस संबंध में मेरे लिए यह ही बेहतर होगा कि मैं इन सब कहानियों को भूल जाऊँ।") जे.आर.डी. ने रघुराज को जवाब लिखते हुए अपने उड़ान-कौशल के बारे में बताया। उन्होंने कहा कि वे अपने स्वास्थ्य को बरकरार रखने के लिए प्रत्येक शीत ऋतु में स्कीइंग करते हैं। रघुराज ने कहा कि वे हालाँकि ठीक कहते हैं कि उड़ान भरने में उन्हें कोई दिक्कत नहीं आएगी; किंतु उन्होंने उनसे अनुरोध किया कि वे सह-पायलट ले जाने संबंधी निर्णय पर विचार करें।

इस सबके अंत में निर्णय लिया गया कि जे.आर.डी. मॉथ विमान में टाटा स्टील बोनांजा यान सहित एक सह-पायलट के साथ बंबई से कराची के लिए रवाना होंगे। 15 अक्तूबर को वे अहमदाबाद तक अकेले उड़ान भरेंगे। वे बोनांजा के साथ निरंतर संपर्क रखेंगे और कोई कठिनाई होने पर भुज में अपना यान उतार लेंगे। इस संबंध में सबकुछ ठीक चलता रहा और बोनांजा अहमदाबाद में उनके जहाज के आगे उतरा। अहमदाबाद में ईंधन भरने के बाद उन्होंने अपनी एकल उड़ान को बंबई तक जारी रखा। उनसे अपेक्षा की गई कि वे सायं 4.00 बजे जुहू हवाई पट्टी पर अपना यान उतार लेंगे।

जिस प्रकार उपर्युक्त कार्यक्रम बनाया गया था, घटनाक्रम भी व्यावहारिक रूप में ठीक उसके अनुरूप हुआ। 13 अक्तूबर को उन्होंने बंबई से कराची के लिए उड़ान भरी। सहायक पायलट के रूप में उनके साथ उनके पुराने मित्र कैप्टन विश्वनाथ थे। टाटा एयरलाइंस में कर्मचारी के तौर पर अपना कैरियर शुरू करनेवाले पाकिस्तान इंटरनेशनल एयरलाइंस (पी.आई.ए.) के प्रबंध निदेशक एम.एम. सलीम ने हवाई अड्डे पर उनका स्वागत किया। 15 अक्तूबर को जे.आर.डी. ने प्रातः 8 बजे (आई.एस.टी.) कराची से उड़ान भरी। इस अवसर पर बड़ी संख्या में वहाँ एकत्र हुए पारसियों और पी.आई.ए. के अधिकारियों ने उन्हें हवाई अड्डे से विदाई दी। उनके साथ बॉम्बे फ्लाइंग क्लब के मुख्य उड़ान अनुदेशक कैप्टन चौहान थे।

जे.आर.डी. अपराह्न 12.20 बजे अहमदाबाद पहुँचे। हवाई अड्डे पर उनका

स्वागत तत्कालीन राज्यपाल श्रीमती शारदा मुखर्जी, मुख्यमंत्री माधवसिंह सोलंकी और पुलिस महानिदेशक पी.एन. राइटर ने किया। मॉथ में ईंधन भरने की काररवाई से सन् 1930 की यादें ताजा हो उठीं। वहाँ एक बैलगाड़ी को लाया गया, जिसमें ईंधन की कैनें भरी हुई थीं। बैलगाड़ी के साथ खाकी पोशाक और पगड़ियाँ बाँधे हुए इंडियन ऑयल कॉरपोरेशन के पदाधिकारियों ने उस छोटे से यान में ईंधन भरा। यहाँ जे.आर.डी. को बताया गया कि सरकार ने एयर इंडिया के निदेशक के रूप में विलंब के साथ बोर्ड में उनका नाम दर्ज कर दिया है। उनका पहला प्रश्न यह था कि "क्या मानेकशॉ भी बोर्ड में शामिल हैं?" उनके पास सरकारी पत्र उनकी ऐतिहासिक उड़ान के चार दिन बाद यानी 19 अक्तूबर को पहुँचा। अपराह्न 1.20 बजे जे.आर.डी. ने बंबई के लिए अपनी एकल उड़ान भरी।

सायं 4.00 बजे से कुछ पहले हवाई पट्टी पर एकत्र उत्सुक भीड़ ने देखा कि अक्तूबर माह की गरम धूप में शीशे की तरह झिलमिलाती हुई एक नन्ही सी आकृति छोटी-छोटी कणिकाओं के साथ उड़ती आ रही है। धीरे-धीरे इन दोनों कणिकाओं ने दो संरक्षक हेलीकॉप्टरों और नन्ही आकृति जैसी दिखनेवाली वस्तु ने एक इंजनवाले वायुयान का रूप धारण कर लिया। भारतीय नागर विमानन के जनक अपनी सन् 1932 की ऐतिहासिक उड़ान का दूसरी बार पुनः प्रदर्शन पूर्ण करनेवाले थे। जे.आर.डी. ने यह दूरी ढाई घंटे में पूरी कर ली थी। वे निर्धारित गंतव्य पर 10 मिनट पहले पहुँच गए थे। इसलिए जुहू की हवाई पट्टी पर ठीक सायं 4.00 बजे उतरने के लिए वे बाकी समय तक आकाश में मँडराते रहे। हवाई पट्टी पर तत्कालीन राज्यपाल आई.एच. लतीफ, मुख्यमंत्री बाबासाहेब भोंसले, एयर इंडिया के अध्यक्ष रघुराज, इंडियन एयर लाइंस के अध्यक्ष रूसी बिलीमौर्या, नवल टाटा, नानी पालकीवाला, जमशेद भाभा, रतन टाटा, प्रख्यात हस्तियों, मित्रों और शुभचिंतकों ने उनका स्वागत किया।

नीला सफारी सूट पहने हुए जे.आर.डी. यान से उतरे। उन्होंने जहाज के हवाई पट्टी पर उतरने संबंधी औपचारिकताओं को पुलिस महानिरीक्षक के.पी. मेधीकर के सामने पूरा किया। इस अवसर पर उन्होंने लगभग 30 कि.ग्रा. वजनी डाक के पाँच थैले महाडाकपाल वी.एन. साइरिल को सौंपे। इस डाक में पाकिस्तानी राष्ट्रपति की ओर से भारत के राष्ट्रपति ज्ञानी जैल सिंह और सिंध के राज्यपाल की ओर से महाराष्ट्र के राज्यपाल आई.एच. लतीफ के नाम संदेश थे। मंच पर पहुँचने से पूर्व एयर इंडिया की परिचारिका कोलीन हई और इंडियन एयरलाइंस की परिचारिका मीरा दीवान ने उनके गले में पुष्प मालाएँ पहनाईं।

लतीफ, भोंसले, राज और बिलीमौर्या द्वारा वक्तव्य दिए जाने के उपरांत जे.आर.डी. सभा को संबोधित करने के लिए उठे। उन्होंने कहा कि उन्होंने यह कार्य हवाई उड़ान के प्रारंभिक नायकों के प्रति श्रद्धा व्यक्त करने और उन सभी महिलाओं व पुरुषों को सम्मानित करने के लिए किया है, जिन्होंने एयर इंडिया को बनाने में उनकी सहायता की थी। उन्होंने यह भी कहा कि उन्होंने यह कार्य इस प्रयोजन के साथ भी संपन्न किया है कि "हमारे देश की युवा पीढ़ी के बीच इस आशय की आशा और प्रेरणा उत्पन्न हो कि वे समस्त कठिनाइयों और विषादपूर्ण परिस्थितियों के बावजूद एक ऐसा आधार व विश्वास कायम करें कि वे लोगों की सोच-समझ से कहीं अधिक कुछ करने का सामर्थ्य रखें। उन्हें इस घटनाक्रम के बीच आनंद की लहरें प्रस्फुटित होती महसूस होंगी।" अपने विनम्र और सादे स्वभाव के कारण उन्होंने की जा रही प्रशंसा को नजरअंदाज करते हुए कहा कि यह उड़ान कोई मुश्किल कार्य नहीं था। उड़ान के दौरान न तो कोई तूफान था और न ही कोई धुंध थी। किसी पर्वत को भी पार नहीं करना था। यह तो केवल एक साधारण सी उड़ान थी, जिसमें कुछ समय के लिए हवा में रुकना था। जे.आर.डी. ने इस छोटे से यान की साज-सज्जा करनेवाले एयर इंडिया के पूर्व उपनिदेशक पी.डी. बालीवाला सहित इस उड़ान को संभव बनानेवाले सभी लोगों के प्रति अपना आभार व्यक्त किया। उन्होंने बड़ी प्रसन्नता के साथ टाटा स्टील बोनांजा का उल्लेख किया, जिसे उनकी 'नर्स मेड' ने तोड़ डाला था, जबकि उन्होंने स्वयं इसे बनाया था।

जब बी.बी.सी. के संवादाता ने उनसे पूछा कि क्या वे भारतीय नागर विमानन की सौवीं वर्षगाँठ के अवसर पर मौजूद रहने की आकांक्षा करते हैं, तो उन्होंने पारंपरिक हाजिर-जवाबी के साथ बड़े मजबूत लहजे में कहा था कि मैं निश्चित रूप से वहाँ मौजूद रहूँगा। उन्होंने कहा था, "मैं वापस आऊँगा। आप सब लोग देखेंगे, आवागमन के चक्र में मेरा पूर्ण विश्वास है।" बी.बी.सी. के संवाददाता कोई और नहीं बल्कि इस क्षेत्र में भारत की होनेवाली नामवर हस्ती मार्क टुली थे।

दूसरी पुरानी उड़ान के साथ एक धूमिल-सा यथार्थ जुड़ा हुआ है। बताया जाता है कि उड़ान से केवल तीन सप्ताह पूर्व जे.आर.डी. को सामान्य स्तर का हृदयाघात हुआ था। उनके हृदय रोग विशेषज्ञ फारूख उदवादिया ने उन्हें यह अनुमति दे दी थी कि वे यान उड़ाने से संबंधित अपने संकल्प पर कायम रहें। उन्होंने बताया था कि उड़ान की अनुमति न मिलने संबंधी भावनात्मक तनाव जे.आर.डी. के लिए ज्यादा घातक सिद्ध हो सकता है। इस अनुक्रम में भविष्य की घटनाओं ने

इस निर्णय को उचित सिद्ध कर दिया। केशव महिंद्रा कहते हैं कि उन्हें जे.आर.डी. के पास उनसे वार्त्तालाप करने के लिए भेजा गया था और उन्होंने यह कहकर उनका स्वागत किया था, ''ओह, आप आ गए हैं। उन्होंने आपको भेजा है।'' जब उन्होंने कहा कि वे तो केवल उनसे मिलने आए हैं, तो उन्होंने जवाब दिया था, ''मुझे मालूम है, तुम यहाँ क्यों आए हो।'' महिंद्रा वापस बॉम्बे हाउस पहुँचे और उन्होंने बताया, ''उन्हें मत रोको। अगर तुम उन्हें रोकोगे तो वे मर जाएँगे।''

□

23

उत्तराधिकार की समस्या

सन् 1980 के दशक में टाटा उद्यमियों के सामने सबसे बड़ी समस्या उत्तराधिकार का मुद्दा था। ऐसा लगता था कि जे.आर.डी. ने सन् 1981 में रतन टाटा को टाटा उद्योग का अध्यक्ष नियुक्त करके अपने इरादे को सुस्पष्ट कर दिया था। रतन टाटा नवल टाटा के सबसे बड़े पुत्र थे और उन्होंने अपनी दादी लेडी नवाजबाई के कहने पर टाटा उद्यम में कार्य प्रारंभ किया था। कॉर्नेल में प्रशिक्षित वास्तुकार रतन ने सन् 1962 में टाटा उद्यम में कार्यभार ग्रहण किया था। उन्होंने अपनी नौकरी के प्रारंभिक छह माह टेल्को और अगले छह वर्ष टिस्को में व्यतीत किए थे। बंबई लौटने के बाद उन्हें नेल्को और एंप्रेस मिल का प्रभारी बनाया गया। दोनों ही कंपनियाँ नुकसान में चल रही थीं। वहाँ से जे.आर.डी. ने उन्हें सन् 1981 में अपने पास बुलाया। उस समय तक किसी ने भी उन्हें जे.आर.डी. के उत्तराधिकारी के रूप में गंभीरता से नहीं लिया था। नानी पालकीवाला, रूसी मोदी, दरबारी सेठ, एफ.सी. कोहली, एस.ए. सबावाला और एच.एन. सेठना—ये सभी अध्यक्ष पद के संभावित उम्मीदवार थे। लेकिन जे.आर.डी. का मंतव्य अपने उत्तराधिकारी और उसको विधिवत् नियुक्त करने के बारे में स्पष्ट नहीं था। जब एक अवसर पर उनसे पूछा गया कि क्या वे रतन को उत्तराधिकारी बनाएँगे, तो उन्होंने जवाब दिया था कि इसका फैसला तो बोर्ड ही ले सकता है।

रतन टाटा ने समूह को उच्च प्रौद्योगिकी के क्षेत्र में पदार्पण कराने के साथ ही समूह के भीतर पुरोगामी रणनीतिक विचार पैदा किए। सन् 1983 में बोर्ड द्वारा टाटा रणनीतिक योजना को उच्च जोखिम क्षेत्रों में शामिल करने संबंधी मुद्दे पर

विचार किया गया। इस योजना की रूपरेखा न्यूयार्क में लिखी गई थी, जहाँ रतन ने मेमोरियल स्लोन–केटरिंग कैंसर सेंटर में अपनी रोगग्रस्त माँ सूनु के साथ चार माह गुजारे थे। यह कोई आश्चर्य की बात नहीं कि रतन बोर्ड के परंपरावादी वरिष्ठ निदेशकों की सहमति प्राप्त नहीं कर सके थे। उनका विचार था कि रतन परिस्थितियों का अनुचित लाभ उठा रहे हैं। इस तनावपूर्ण वातावरण के बीच उन्हें यह बहुत मुश्किल लगा कि वे कंपनियों के हितों को समूह के हितों के मुकाबले छोटा करके

देखें। बाहरी तौर पर तो यह नजर आता था कि जे.आर.डी. इस विषय पर अपनी सहमति दे रहे हैं, लेकिन वास्तव में उनकी सहमति में गर्मजोशी नहीं थी। शेष निदेशकों ने अपनी दिशा का निर्धारण अध्यक्ष के व्यवहार से सुनिश्चित किया। इससे उन लोगों को विरोधाभासपूर्ण इशारे मिले, जो यह समझते थे कि रतन को अध्यक्ष के रूप में चुन लिया गया है। इन सब परिस्थितियों के बावजूद यह श्रेय रतन को जाता है कि उन्होंने इस अवधि के दौरान टाटा उद्योग की छत्रछाया में छह नए उद्यम स्थापित किए। इन उद्यमों में टाटा हनीवेल, टाटा टेलीकॉम, हाईटेक ड्रीलिंग, टाटा केल्ट्रॉन और टाटा फाइनेंस शामिल हैं।

'80 के दशक की सफल गाथाओं में से एक गाथा टाइटन घड़ियों की है। इसे तमिलनाडु सरकार और फ्रांस के एबॉचेज एवं जापान की सिटिजन वाच कंपनी के सहयोग से शुरू किया गया था। टाइटन घड़ी के बाजार में आने से तस्करी की हुई घड़ियों की कीमतें घट गईं। जे.आर.डी. कंपनी के इस शानदार कार्य-निष्पादन से बहुत अधिक प्रभावित थे। टाइटन उद्यम को सफल बनाने में जेरेक्सिस देसाई का बड़ा हाथ था।

सन् 1985 में राजीव गांधी की उदारवादी नीतियों के कार्यान्वयन के साथ टाटा उद्यम का पर्याप्त विस्तार हुआ। सन् 1985 और 1989 के बीच टाटा की चौदह और कंपनियाँ अस्तित्व में आईं। वास्तव में टाटा समूह की कंपनियों की यह संख्या उस समय विद्यमान थी, जब जे.आर.डी. ने अध्यक्ष के रूप में कार्यभार ग्रहण किया था। बावन वर्ष बाद उनके पद-मुक्त होने पर यह संख्या बढ़कर 95 हो गई थी।

मई 1987 में जे.आर.डी. और टाटा समूह के लिए वह स्थिति बड़ी ही कष्टपूर्ण थी, जब पूर्व वित्तमंत्री वी.पी. सिंह ने 12 मई को इलाहाबाद में आयोजित एक रैली को संबोधित करते हुए बड़े व्यापारिक घरानों पर खुलकर यह आरोप लगाया था कि वे देश के गद्दार हैं। उन्होंने दोषारोपण करते हुए कहा था कि वे एक ऐसी समानांतर अर्थव्यवस्था चला रहे हैं, जिसके माध्यम से देश का धन विदेशी कंपनियों के पास पहुँच रहा है। जे.आर.डी. इन आरोपों से बहुत विचलित हुए थे। उन्होंने वी.पी. सिंह से कहा था कि वे इन अन्यायपूर्ण आरोपों की सार्थकता को स्पष्ट करें। जे.आर.डी. ने इस आशय का पत्र भेजने से पहले उसे टाटा के सभी निदेशकों को दिखाया था। पर उन्हें इस पत्र का कोई जवाब नहीं मिला था। फलस्वरूप उन्होंने प्रेस से संपर्क किया। प्रेस ने वी.पी. सिंह के साथ हो रहे इस विवाद में टाटा समूह को पूरा सहयोग दिया।

सन् 1988 के दौरान ए.सी.सी. परिवर्तनीय ऋणपत्र का मुद्दा एक अरुचिकर विषय बना रहा। ए.सी.सी. ने अपने व्यापार के कायाकल्प के प्रयोजनार्थ 26 करोड़ रुपए के राइट इश्यू की घोषणा की। इस योजना के अंतिम दिन ए.सी.सी. को तीन ऐसे महत्त्वपूर्ण आवेदन पत्र प्राप्त हुए, जिनके माध्यम से जबरदस्त धनराशि के निवेश का प्रस्ताव किया गया था। इस संबंध में दरबारी सेठ ने 10 करोड़ रुपए के 8 लाख ऋणपत्र, शापूरजी पैलोनजी ने 7.5 करोड़ रुपए के 6 लाख ऋणपत्र और नुस्ली वाडिया ने 7 करोड़ रुपए के 5.6 लाख ऋणपत्रों के लिए आवेदन किया। इस संबंध में संबंधित दावों और प्रतिदावों पर मुक्त रूप से विस्तृत चर्चा करने के बाद ए.सी.सी. के अध्यक्ष पालकीवाला ने घोषणा की कि बोर्ड ने इन सभी आवेदन पत्रों को बेनामी मानते हुए निरस्त कर दिया है। पर इस परिप्रेक्ष्य में सेठ को नजरअंदाज नहीं किया गया। उन्होंने महेंद्र स्वरूप के 7 प्रतिशत शेयर खरीदकर ए.सी.सी. के बोर्ड ने अपनी शिरकत दर्ज करा ली। '80 और '90 के संपूर्ण दशकों के दौरान यह विषय आम चर्चा का मुद्दा बना रहा कि टाटा के कुछ बड़े पदाधिकारियों ने अपनी कंपनियों में इतने शेयर बना लिये हैं, जो स्वयं टाटा उद्यम द्वारा धारित शेयरों से भी अधिक हैं। ऐसी खबरों से समूह की एकता का प्रश्न उठ खड़ा हुआ। इस संबंध में जे.आर.डी. सबसे ज्यादा चिंतित थे। यद्यपि बाह्य रूप से उनका विचार था कि वे समूह को कभी भी विखंडित नहीं होने देंगे।

जब '80 का दशक और करीब आया तो जे.आर.डी. ने महसूस किया कि उन्हें अपना उत्तराधिकारी नियुक्त कर देना चाहिए। सन् 1988 तक रूसी मोदी इस पद के सबसे बड़े उम्मीदवार की हैसियत से सामने आए थे। अक्तूबर 1984 में जे.आर.डी. ने रूसी मोदी के पक्ष में टिस्को की अध्यक्षता छोड़ दी थी। इस संबंध में यह योजना थी कि मोदी को मूलगाँवकर की सेवानिवृत्ति के बाद टेल्को का भी अध्यक्ष बना दिया जाए। इस प्रकार टाटा उद्यम की दो बड़ी कंपनियों का अध्यक्ष होने के नाते वे समस्त टाटा उद्यम का अध्यक्ष होने का दावा कर सकते थे। टाटा उद्यम के अधिकांशतः उच्च पदाधिकारियों ने इस निर्णय को स्वीकार कर लिया था; लेकिन मूलगाँवकर इस निर्णय से सहमत नहीं थे। मोदी ने इस संबंध में अपने प्रयासों को आगे बढ़ाने की बजाय अपरिपक्व स्थिति में प्रेस से संपर्क किया। 'बिजनेस स्टैंडर्ड' को दिए गए उनके साक्षात्कार से टेल्को में खतरे की घंटियाँ बजने लगीं। उस जमाने में टेल्को का कुछ बुरा समय चल रहा था। कंपनी को 1,200 करोड़ रुपए के विक्रय पर केवल 2.9 करोड़ रुपए का मुनाफा मिल रहा था। परंतु मोदी के समर्थकों ने यह कहकर मामले को बिगाड़ दिया कि मोदी

मार्च 1992 में तत्कालीन राष्ट्रपति आर. वेंकटरामन से 'भारत रत्न' सम्मान प्राप्त करते हुए।

सरलतापूर्वक टेल्को की समस्याओं का समाधान कर लेंगे। दूसरी ओर, विचलित मूलगाँवकर ने अपना पद छोड़ने से इनकार कर दिया था। उन्होंने जोर देकर कहा था कि रतन को 7 अप्रैल, 1988 की भाँति कंपनी का कार्यकारी उपाध्यक्ष बनाया जाए। जब जे.आर.डी. और पालकीवाला ने रतन से त्याग-पत्र देने के साथ-साथ सार्वजनिक रूप से यह बयान देने के लिए कहा कि वे केवल मोदी के अधीन ही कार्य करेंगे, तो उन्होंने इससे स्पष्ट इनकार कर दिया। इस संबंध में प्रेस पर दोषारोपण किया गया था। लेकिन जो नुकसान होना था, वह तो हो चुका था। अब स्थिति स्पष्ट होती जा रही थी कि मोदी के बजाय रतन ही जे.आर.डी. के उत्तराधिकारी बनेंगे।

रतन ने दिसंबर 1988 में सुमंत मूलगाँवकर से टेल्को की अध्यक्षता औपचारिक रूप में ग्रहण की। पिछले कुछ महीनों से पुणे में स्थित कंपनी के संयंत्र में कठिनाई का दौर चल रहा था। यहाँ तक कि 31 जनवरी, 1989 तक यह खबर हर जगह आम हो गई। जब रतन ने संयंत्र का दौरा किया तो कार्मिकों ने 'काम रोको' हड़ताल करके उनका स्वागत किया। उनके प्रतिरोधी टेल्को कामगार संगठन के पूर्व महासचिव राजन नायर थे। राजन नायर को एक सुरक्षा गार्ड को हत्या की धमकी देने के कारण नौकरी से निकाल दिया गया था। नौकरी छोड़ते समय उसने प्रतिशोध लेने का प्रण लिया था। फलस्वरूप ग्रीष्म और मानसून काल में हड़ताल का हो जाना संभावित था। इस संबंध में मुख्यमंत्री शरद पवार द्वारा की गई मध्यस्थता का भी कोई लाभ नहीं हुआ। रतन ने नायर की माँगों के सामने झुकने से इनकार कर दिया। इस संबंध में 29 सितंबर को उस समय कामगारों की धर-पकड़ शुरू हुई, जब पुलिस ने शनिवारवाड़ा किले में भूख हड़ताल पर बैठे नायर के समर्थकों का घेरा तोड़कर उस स्थान को कामगारों से खाली करा लिया। निस्संदेह रतन यह लड़ाई जीत चुके थे।

वास्तव में उत्तराधिकार की काररवाई 25 मार्च, 1991 को उस समय संपन्न हो गई थी, जब बोर्ड ऑफ टाटा संस ने एकमत होकर रतन टाटा के अध्यक्षता पद के लिए अपना अभिमत व्यक्त कर दिया था। सर्वप्रथम उनके नाम का प्रस्ताव जे.आर.डी. द्वारा रखा गया था, जिसका समर्थन पैलोनजी मिस्त्री ने किया था। रूसी मोदी ही केवल ऐसे निदेशक थे, जो बोर्ड की बैठक में शामिल नहीं हुए थे। जे.आर.डी. पर हाल ही में कंठशूल (एंजीना) का दौरा पड़ा था और उन्हें उपचार के लिए ब्रीच कैंडी अस्पताल में पाँच दिन व्यतीत करने पड़े थे। जे.आर.डी. यह बात भलीभाँति समझ चुके थे कि अपरिहार्य को स्थगित रखने का कोई औचित्य

नहीं है। 18 मार्च, 1991 को उन्होंने रतन को अपने कार्यालय में बुलाकर पूछा कि क्या कोई नया समाचार है? इसपर रतन ने जवाब दिया था कि वे अस्पताल में ही उन्हें सभी अद्यतन घटनाओं से अवगत करा चुके हैं। जे.आर.डी. ने उन्हें अपनी योजनाएँ समझाते हुए बताया कि वे टाटा संस की अगली बैठक में टाटा उद्यम की बागडोर उन्हें सौंप देंगे। उन्होंने यह भी बताया कि इस महत्त्वपूर्ण परिवर्तन के लिए किसी शुभ तारीख के बारे में अजित केरकर के साथ परामर्श करने के बाद वे संबंधित दिवस का भी निर्धारण कर देंगे।

रतन को टाटा संस का अध्यक्ष नियुक्त करने के बाद जे.आर.डी. ने उनसे कहा कि वह समूह की कंपनियों के उन अध्यक्ष पदों को एक स्थान पर संचित कर लें, जिन्हें उन्होंने अपने कार्यकाल के दौरान अलग-अलग व्यक्तियों को बाँट दिया था। अध्यक्षता से संबंधित पदों के अनावश्यक विस्तार से टाटा समूह की कंपनियों के बीच तारतम्यता उस समय और अधिक विघटित हो गई थी, जब प्रबंधन अभिकरण प्रणाली की समापन प्रक्रिया शुरू हो गई थी। रतन ने जे.आर.डी. को इस नीति के बारे में चेतावनी दी थी; लेकिन जे.आर.डी. ने इसे गंभीरता से नहीं लिया था। अब जे.आर.डी. के समक्ष '90 के दशक में कार्य-विधि को पुन: नए स्वरूप में संचालित करने संबंधी कठिनाई का सामना करना था। किंतु यह कोई सरल कार्य नहीं था, जैसाकि नवल टाटा ने एक बार चेतावनी देते हुए कहा था, ''टाटा की प्रत्येक कंपनी में एक मुगल सम्राट् बैठा हुआ है।''

नवंबर 1991 में रूसी मोदी ने बोर्ड को विश्वास में लिये बिना टिस्को की प्रबंधन व्यवस्था में आमूल-चूल परिवर्तन किया। उन्होंने यह कार्य स्पष्टत: अपने आश्रित और अनवरत साथी तथा कानूनी उत्तराधिकारी आदित्य कश्यप के उत्तराधिकार को सुनिश्चित करने के लिए किया था। जे. जे. ईरानी को संयुक्त प्रबंध निदेशक से पदावनत करके अपर प्रबंध निदेशक बना दिया गया और कश्यप को कार्यकारी निदेशक (कॉरपोरेट) के पद से हटाकर ईरानी के स्थान पर नियुक्त कर दिया गया। स्पष्ट है कि इस एक पक्षीय निर्णय से बड़ा शोर-शराबा मचा। फलस्वरूप मोदी ने बोर्ड से माफी माँगी और ईरानी को टिस्को में पद क्रम से दूसरा स्थान प्राप्त हुआ, जबकि अन्य लोग सिर्फ कार्यकारी निदेशक बने रहे। यह प्रक्रिया मोदी के परिदृश्य से हटने की शुरुआत थी।

अप्रैल 1992 में जे.आर.डी. ने टाटा संस के बोर्ड की बैठक में एक संकल्प प्रस्तुत किया, जिसके तहत निदेशकों के लिए सेवानिवृत्ति की आयु 65 वर्ष और अध्यक्ष के लिए 75 वर्ष निर्धारित की गई। इस निर्णय का गंभीर प्रतिरोध किया

जे.आर.डी. 'भारत रत्न' प्राप्त करने के बाद तत्कालीन प्रधानमंत्री पी.वी. नरसिंह राव, राष्ट्रपति आर. वेंकटरामन और उपराष्ट्रपति शंकर दयाल शर्मा के साथ।

गया और इसकी विधि मान्यता पर भी प्रश्न उठाए गए। 19 अप्रैल, 1993 को रूसी मोदी को नौकरी से बरखास्त करने के बाद प्रतिरोधियों की काररवाई धीमी पड़ने लगी और उन्होंने एक-एक करके अपने अध्यक्ष पद को छोड़ना शुरू कर दिया। 11 मार्च, 1993 को जब बोर्ड ने सेवानिवृत्ति नीति शुरू की तो मोदी के व्यवहार में बड़ी विचित्रता पाई गई। बोर्ड ने सेवानिवृत्ति नीति को अंगीकृत करने के बाद यह निर्णय लिया कि मोदी को जुलाई में कार्यभार ग्रहण करनेवाले अगले ए.जी.एम. के आने से पूर्व उनके द्वारा निर्धारित तारीख को अपना पद छोड़ देना चाहिए। इस बीच मोदी ने मीडिया में टिस्को के कार्य-निष्पादन पर निंदात्मक टिप्पणियाँ करनी शुरू कर दी थीं। वे दिल्ली से दूर रहकर 13 अप्रैल को आयोजित होनेवाली बैठक में भी नहीं शामिल हुए। जे.आर.डी. ने उन्हें बोर्ड द्वारा लिये गए निर्णय के बारे में बताया, जिसके जवाब में मोदी ने अनुरोध किया कि इस तारीख को 21 मई निर्धारित कर दिया जाए। उस जमाने में अंग्रेजी समाचार पत्र 'द हिंदू' में उनका कुख्यात साक्षात्कार प्रकाशित हुआ, जिसके माध्यम से उन्होंने उपाध्यक्ष रतन और प्रबंध निदेशक जे.जे. ईरानी पर यह आरोप लगाया था कि वे टिस्को का

कार्य-संचालन कुव्यवस्था के साथ चला रहे हैं, जिसके कारण कंपनी के शेयर मूल्य में भारी गिरावट आई है। यह बयान उनकी अवनति पर आखिरी आघात सिद्ध हुआ।

मोदी को सेवानिवृत्त होने की तारीख से एक माह पूर्व यानी 19 अप्रैल, 1993 को नौकरी छोड़कर चले जाने का निर्देश दिया गया। उनका निष्कासन टाटा के इतिहास का एक दुःखद दिन था। अब तक किसी भी अध्यक्ष को त्यागपत्र देने अथवा बरखास्त होने के लिए बाध्य नहीं किया गया था। पर इस संबंध में मोदी के प्रबलतम समर्थक भी इस यथार्थ से इनकार नहीं कर सके कि अपनी इस दुर्गति को उन्होंने स्वयं आमंत्रित किया था। उनके अक्खड़पन ने उनको नष्ट कर दिया था। यह एक ऐसे व्यक्ति का दुःखद अंत था, जो कभी कॉरपोरेट इंडिया के सिर का ताज था और जिसने बड़ी योग्यता के साथ टाटा उद्यम का संचालन किया था। उनके पिता सर होमी मोदी ने मई 1959 में अपने विदाई संभाषण में जे.आर.डी. की इन शब्दों में प्रशंसा की थी, ''यह गौरव केवल टाटा उद्यम को प्राप्त है कि वह अपने प्रमुख के रूप से एक ऐसे व्यक्ति का नेतृत्व प्राप्त कर रहे हैं, जिसकी दूरदृष्टि अनुपम होने के साथ-साथ उसका सही और गलत को परखने का सामर्थ्य अत्यधिक तीक्ष्ण है।'' अपने पुराने मित्र और सलाहकार के बेटे को अपने जीवन की शाम के उस मोड़ पर अलविदा कहते हुए जे.आर.डी. को निश्चित रूप से दुःख हो रहा था; लेकिन मोदी के अहंकार ने उन्हें कहीं का न छोड़ा। इस अभिव्यक्ति को मोदी के इस बयान से सिद्ध किया जा सकता है, ''इस शताब्दी के गर्भ से निकलनेवाले केवल तीन व्यक्ति ही महान् हुए हैं और वे हैं—जवाहरलाल नेहरू, विंस्टन चर्चिल और रूसी मोदी।''

मार्च 1992 में जे.आर.डी. को भारत का सर्वोच्च नागरिक सम्मान 'भारत रत्न' दिया गया। इस प्रकार वे अब तक के एकमात्र उद्योगपति थे, जिन्हें इस सम्मान से सम्मानित किया गया था। जे.आर.डी. ने इसे अपनी सादगी के साथ यह कहते हुए स्वीकार कर लिया कि उन्होंने जो कुछ किया है, वह उनका कर्तव्य था। वर्षों पहले उन्होंने कहा था कि भारत की अपेक्षा उन्हें विदेशों में अधिक मान्यता प्राप्त हुई है। उसी वर्ष उन्हें भारत में परिवार-नियोजन के प्रति अपने उल्लेखनीय योगदान के लिए संयुक्त राष्ट्र संघ का 'जनसंख्या पुरस्कार' प्रदान किया गया था।

□

24

अनंत यात्रा की ओर

25 मार्च, 1991 को टाटा संस का अध्यक्ष पद छोड़ने के तीन सप्ताह बाद जे.आर.डी. ने अपनी दो बंद धमनियों को खुलवाने के लिए सैन फ्रांसिस्को में एंजियोप्लास्टी कराई। एंजियोप्लास्टी के बाद अपनी सेहत को बेहतर महसूस करते हुए जे.आर.डी. ने अपनी रोजमर्रा की कठोर दिनचर्या फिर से शुरू कर दी। उसी वर्ष माह जून में लंदन में आयोजित टाटा उद्योग की एक बैठक में उन्हें साँस लेने में दिक्कत हुई, जिसके फलस्वरूप उनकी तत्काल एंजियोप्लास्टी कराई गई। इस मौके पर इनके डॉक्टर गूल कांट्रेक्टर को फौरन ही विमान के जरिए बंबई से बुलाया गया। कुछ दिनों के बाद उनकी दूसरी एंजियोप्लास्टी हुई। डॉ. गूल कांट्रेक्टर को जे.आर.डी. के जीवन में एक बहुत ही विशेष स्थान हासिल था। डॉ. गूल कांट्रेक्टर उनकी डॉक्टर ही नहीं थीं, अपितु उनकी पत्नी थेली की भी परिचर्या करती थीं। थेली सन् 1980 में पक्षाघात होने के कारण बेकार हो गई थीं। वे उनकी बहन रोदाबेह की भी देखभाल करती थीं। रोदाबेह अल्जाइमर रोग से पीड़ित थीं। इस रोग में व्यक्ति को अत्यधिक भूलने की शिकायत हो जाती है। जे.आर.डी. अकसर रोगी के रूप में बड़ी मुश्किलें खड़ी कर देते थे, जिससे डॉ. कांट्रेक्टर उनके साथ सख्ती करने के लिए मजबूर हो जाती थीं। यही कारण है कि वे उनका परिचय 'सद्दाम हुसैन' कहकर कराती थीं। अगस्त 1993 में एक सड़क दुर्घटना में डॉ. कांट्रेक्टर की दुःखद मृत्यु के कारण जे.आर.डी. बिखरकर रह गए थे। जे.आर.डी. उनकी मृत्यु के बाद कुछ ही महीने जीवित रह पाए।

9 अक्तूबर, 1993 को जे.आर.डी. बंबई से जिनेवा के लिए रवाना हुए। कोई

नहीं जानता था कि जे.आर.डी., जिन्होंने आधी शताब्दी से भी अधिक अवधि तक बड़ी निपुणतापूर्वक जिस देश की सेवा की थी, वे उस देश की सरहदों को फिर कभी नहीं छू सकेंगे। 4 नवंबर को उन्हें तीव्र बुखार और मूत्र संक्रमण के कारण जिनेवा स्टेट हॉस्पिटल में दाखिल किया गया। बंबई में उनके हृदय रोग विशेषज्ञ डॉ. फारूख उदवादिया, जो उस समय लंदन में थे, उन्हें देखने के लिए विमान से रवाना हुए। जब उदवादिया ने उनसे भेंट की तो उनका बुखार उतर चुका था। लेकिन उन्होंने महसूस किया कि मामला कुछ गड़बड़ है। जे.आर.डी. ने खाना-पीना बंद कर दिया था। यह पूछे जाने पर कि उनकी मुख्य शिकायत क्या है, उन्होंने कहा था कि उनकी मुख्य शिकायत वृद्धावस्था है। यह स्पष्ट था कि जे.आर.डी. में अब आगे बढ़ने की इच्छा-शक्ति नहीं रही थी।

भारतीय उद्योग जगत् के महाधिपति जे.आर.डी. सोमवार 29 नवंबर, 1993 के प्रारंभिक चरण में सोते हुए स्वर्ग सिधार गए। अज्ञात मंजिल की ओर प्रस्थान करने से पूर्व ऐसा लगा था जैसे उन्होंने एक बार खाँसा हो। उस समय उनके परिवार के एक मित्र उनका हाथ पकड़े हुए थे। यह एक विचित्र संयोग है कि टाटा के एक और अध्यक्ष का यूरोप में देहावसान हुआ था। ऐसा लगता था कि जे.आर.डी. विदेश में ही अपना नश्वर शरीर त्यागना चाहते थे, ताकि उनकी मृत्यु के साथ किसी विवाद को न जोड़ा जाए। अस्पताल के स्टाफ को उस समय अपने रोगी की जबरदस्त हैसियत का पता चला, जब वहाँ उनकी मृत्यु के बारे में पूछने के लिए इतने फोन आए कि टेलीफोन लाइन ही जाम होकर रह गई। उनकी मृत्यु से चार दिन पहले नवल टाटा की स्विस पत्नी और जे.आर.डी. की निकटतम मित्र साइमोन टाटा उनसे मुलाकात के लिए अस्पताल में आई थीं। वे कमजोर और बहुत दुबले-पतले दिखाई देते थे। दवाइयाँ खाने के कारण उन पर नींद का नशा चढ़ा हुआ था। अगले दिन वे फिर उनसे मुलाकात के लिए गईं। उस दिन वे कुछ मजबूत दिखाई दे रहे थे। वे मुसकराए थे। कुछ देर के लिए उनकी आँखों में उनकी चिरपरिचित शोले जैसी चमक पैदा हुई थी। जे.आर.डी. ने उनसे कहा था, ''तुम्हें मालूम है कि मैं दूसरी दुनिया के सफर पर जा रहा हूँ। वास्तव में इस सबकी अनुभूति बड़ी ही उत्तेजनापूर्ण लग रही है।'' इसके बाद उन्होंने अपनी आँखें बंद कर लीं, फिर उन्होंने कोई बात नहीं की। ऐसी ही भावनाओं की अभिव्यक्ति उन्होंने उनसे अस्पताल में मिलने गई ज्ञानी की बहन एलीना बरतोली से की थी। स्पष्टत: जे.आर.डी. को अपनी मृत्यु का पूर्वाभास हो गया था और वह संसार से उसी गौरव व महिमा के साथ विदा होना चाहते थे जिस प्रकार उन्होंने अपना जीवन व्यतीत किया था।

आर.एम. लाला के अनुसार, जीवन में ज्यादा-से-ज्यादा की चाह उनका लक्ष्य नहीं था। उनका विश्वास था कि प्रेम से ईश्वर मिल जाता है। बाद में उन्होंने इस दृष्टिकोण से भी सहमति प्रकट की थी कि अगर ईश्वर नहीं है तो बहुत ज्यादा बुलंदियों की चाह भी निरर्थक है। ईश्वर और धर्म के बारे में उनके विचार जो कुछ भी थे, यह एक अलग विषय है, पर उनका आवागमन में पूर्ण विश्वास था। संभवत: जे.आर.डी. के इस विषय पर विचार सेंट जेवियर कॉलेज, बंबई के पूर्व प्रधानाचार्य रेवरेंड फर्डिनेंड एम.एम. बेलागुअर के सामने सर्वाधिक सटीक ढंग से व्यक्त किए गए थे, ''मेरे विचार में, धर्म का दूसरा नाम मानव-सेवा है और व्यक्ति को चाहिए कि वह अपनी भूमिका को भलीभाँति निभाए।'' इस बात से इनकार नहीं किया जा सकता है कि जे.आर.डी. ने अपने संपूर्ण जीवन काल में बड़ी सत्यनिष्ठा और विनम्रता के साथ वही सब किया, जो उन्होंने कहा था।

1 दिसंबर को जर्मनी से हवाई जहाज के जरिए एक पारसी नावर वहाँ आए। उन्होंने उनके ताबूत को बंद करने से पहले उनके लिए संक्षिप्त प्रार्थना-सेवा का आयोजन किया। जे.आर.डी. के नश्वर शरीर को सड़क मार्ग के द्वारा पेरिस स्थित प्यरे लाचेज कब्रिस्तान में दफनाने के लिए ले जाया गया। उनके पिता आर.डी. ने यह स्थान अपने परिवार के लोगों के लिए कब्रिस्तान के प्रयोजन से खरीदा था। प्यरे लाचेज पेरिस का सबसे बड़ा कब्रिस्तान ही नहीं, बल्कि वह वहाँ का सबसे ज्यादा लब्धप्रतिष्ठ स्थान भी है। कला, संगीत, साहित्य और विज्ञान के क्षेत्र की कुछ महानतम हस्तियाँ वहाँ चिरकालिक निद्रा में सो रही हैं। जे.आर.डी. को इस कब्रिस्तान में संगति के लिए बड़ी ही महान् हस्तियों का पड़ोस मिला। चोपिन रोसिनी, प्राउस्ट, बालजाक, पिसारो, ने, फर्डिनैंड डी लेसेप्स, सारा बर्नहार्ट और इसाडोरा डंकन कुछ ऐसी महान् हस्तियाँ थीं, जिनके नश्वर शरीर यहाँ दफन थे।

3 दिसंबर, 1993 अंत्येष्टि का दिन था। उनके नश्वर शरीर को अखरोट की लकड़ी से बने हुए एक सादे से ताबूत में पारसी धर्म केंद्र पर लाया गया। उनके ताबूत पर 'जहाँगीर टाटा—1904-1993' लिखा हुआ था। ताबूत के ढक्कन पर मात्र एक लाल गुलाब रखा गया था। अंत्येष्टि में एकत्र लोगों में सरकार के मंत्री, कूटनीतिज्ञ व्यवसायी, मित्र और परिवार के लोग शामिल थे। भारत सरकार की ओर से विदेश मंत्री और फ्रांस में भारत के राजदूत ने प्रतिनिधित्व किया। एस.ए. सबावाला ने बड़े ही भावनात्मक शब्दों में इस अंतिम यात्रा का वर्णन किया है। उन्होंने बताया कि उस समय पूरे प्रार्थना घर को फूलों से ढक दिया गया था। यह कड़कड़ाती सर्दियों में ज़े.आर.डी. को दी गई अंतिम और अभिनव श्रद्धांजलि थी।

इस अवसर पर जे.आर.डी. के दो प्रिय भजनों को गाया गया और लंदन से आए हुए पारसी धर्म के दो पुजारियों ने 'अवेस्ता' धर्मग्रंथ के उद्धरणों का वाचन किया।

रतन टाटा ने वहाँ एकत्र लोगों के प्रति अपना आभार व्यक्त किया और उन्होंने ताबूत के चारों ओर एकमात्र क्रमबद्ध पंक्ति में खड़े श्रद्धालुओं की अगुवाई की। जब जे.आर.डी. को कब्र में उतारा गया तो वहाँ पूरी तरह से खामोशी छाई हुई थी।

जे.आर.डी. की इस धरती पर अंतिम यात्रा पूरी हो चुकी थी। जहाँगीर रतनजी दादाभाई टाटा, जिन्होंने इस संसार पर विजय प्राप्त की थी, संभवतः परलोक पर भी विजय प्राप्त कर लें। लेकिन इस बात में कोई संदेह नहीं कि वे चाहते थे कि प्रत्येक व्यक्ति उन्हें 'जेह' कहकर पुकारे।

◆

उन्होंने आसमान को छुआ और आसमान उन पर मुसकरा दिया।
उन्होंने अपने हाथ फैलाए और सारे विश्व को अपने आलिंगन में ले लिया।
उनकी दूरदृष्टि ने मनुष्यों और संगठनों के बीच जबरदस्त हस्तियाँ पैदा कीं।

जे.आर.डी. की मृत्यु पर एयर इंडिया से जारी यह संदेश बहुत अधिक मर्मस्पर्शी था। इन शब्दों से एक ऐसे व्यक्ति और विमान चालक को मात्र श्रद्धांजलि ही नहीं दी गई थी, अपितु जे.आर.डी. के जीवन और भावनाओं का सार भी गहराई से प्रकट किया गया था।

□

जीवनक्रम

1904 : 29 जुलाई को पेरिस में जन्म।

1909 : बहन रोदाबेह का जन्म।
आर.डी. टाटा द्वारा हार्डलॉट में मकान की खरीदारी।

1912 : भाई दाराब का जन्म।

1916 : भाई जमशेद (जिमी) का जन्म।

1917 : टाटा परिवार का जापान की ओर प्रस्थान। युद्ध के बाद फ्रांस वापसी।

1923 : पेरिस में माता सूनी का देहावसान।
जे.आर.डी. को इंग्लैंड के एक क्रैमर में भेजा गया।

1924 : एक वर्ष के लिए फ्रांसीसी सेना में भरती।

1925 : टाटा उद्यम में प्रशिक्षु की हैसियत से कार्यभार ग्रहण।

1926 : आर.डी. टाटा का देहावसान। जे.आर.डी. को टाटा उद्यम में निदेशक का पद विरासत में मिला।

1929 : फ्रांसीसी नागरिकता का परित्याग।
भारत के सर्वप्रथम पायलट की हैसियत से लाइसेंस की प्राप्ति।

1930 : थेलमा वीकाजी से विवाह।
आगा खाँ हवाई दौड़

1932 : टाटा उद्यम के विमानन विभाग की स्थापना।
ऐतिहासिक कराची-बंबई वायु डाक उड़ान।

1936 : ऑस्ट्रिया में हुई उड़ान दुर्घटना में भाई जमशेद की मृत्यु।

1938 : टाटा संस के अध्यक्ष के रूप में नियुक्ति।

विमानन विभाग का नाम बदलकर 'टाटा एयरलाइंस' रखा गया।

1939 : टिस्को हड़ताल।

1941 : फिक्की से त्यागपत्र।

टाटा मेमोरियल अस्पताल की स्थापना।

1944 : टाटा केमिकल्स का प्रारंभ।

बॉम्बे योजना का निर्धारण।

1945 : यू.के. और अमेरिका गए उद्योगपतियों के शिष्टमंडल का नेतृत्व।

टाटा आधारभूत अनुसंधान संस्थान का प्रारंभ।

1946 : टाटा एयरलाइंस की एयर इंडिया लिमिटेड के रूप में परिणति।

1947 : टिस्को में कार्मिक विभाग की स्थापना।

1948 : एयर इंडिया इंटरनेशल का संयुक्त क्षेत्रक में समायोजन।

संयुक्त राष्ट्र संघ में प्रतिनिधित्व।

1952 : लक्मे।

अंतरराष्ट्रीय वायु परिवहन समिति (आई.ए.टी.ए.) की कार्यकारी समिति के सदस्य के रूप में नियुक्ति।

1953 : विमानन उद्योग का राष्ट्रीयकरण। जे.आर.डी. की एयर इंडिया इंटरनेशनल के अध्यक्ष के रूप में नियुक्ति।

1954 : फ्रांसीसी सरकार द्वारा 'लीजन ऑफ ऑनर' के नामित अधिकारी।

1955 : 'पद्म विभूषण' से सम्मानित।

1956 : टाटा प्रशासनिक सेवा की स्थापना।

1958 : टिस्को की हड़ताल। आई.ए.टी.ए. के अध्यक्ष के रूप में चुनाव।

1961 : स्वतंत्र पार्टी को समर्थन।

1962 : भारतीय नागर विमानन की तीसवीं वर्षगाँठ को यादगार बनाने के लिए पहली कराची-बंबई उड़ान की पुनरावृत्ति।

मीठापुर जल संकट।

1963 : बहन साइला की मृत्यु।

1964 : 'नाइट कमांडर ऑफ दि ऑर्डर ऑफ सेंट ग्रेगरी द ग्रेट' (पोप द्वारा प्रदत्त)।

1966 : भारतीय वायु सेना के मानद एयर कमोडोर।

राष्ट्रीय अभिनय कला केंद्र, बंबई।

1970 : परिवार नियोजन प्रतिष्ठान के अध्यक्ष नियुक्त।

1974 : भारतीय वायु सेना के मानद एयर वाइस मार्शल।

1978 : मोरारजी देसाई द्वारा एयर इंडिया के बोर्ड से बरखास्तगी। जर्मनी गणतंत्र परिसंघ की योग्यता तालिका के अनुसार 'नाइट कमांडर' क्रॉस की प्राप्ति।

1979 : 'टोनी जैनस अवार्ड' से सम्मानित।

1980 : एयर इंडिया के पुनः निदेशक नियुक्त।

1982 : एयर इंडिया के बोर्ड से बरखास्तगी। भारतीय नागर विमानन की स्वर्ण जयंती मनाने के प्रयोजनार्थ पहली कराची-बंबई उड़ान की पुनरावृत्ति। एयर इंडिया के पुनः निदेशक नियुक्त।

1983 : फ्रेंच 'लीजन ऑफ ऑनर' के कमांडर पद से सम्मानित।

1984 : टिस्को की अध्यक्षता से त्यागपत्र।

1985 : फेडरेशन एयरोनॉटिक इंटरनेशनल द्वारा गोल्ड एयर मेडल प्रदान किया जाना।

1986 : बेसेमर मेडल ऑफ दि इंस्टीट्यूट ऑफ मेटल्स, लंदन। अंतरराष्ट्रीय नागर विमानन संगठन से 'एडवर्ड वारनर अवार्ड'।

1987 : भाई दाराब की मृत्यु।

1988 : 'डेनियल गगेनहीम मेडल अवार्ड' और 'दादाभाई नौरोजी मेमोरियल अवार्ड'।

1991 : टाटा संस की अध्यक्षता से त्यागपत्र। जे.आर.डी. और थेलमा जे. टाटा न्यास।

1992 : 'भारत रत्न' और 'संयुक्त राष्ट्र जनसंख्या पुरस्कार'।

1993 : 29 नवंबर को जिनेवा में जे.आर.डी. का देहावसान।

□□□